14⁹⁵

el hombre
y
sus obras

EL DIARIO DEL CHE EN BOLIVIA

siglo
veintiuno
editores

siglo veintiuno editores, s.a. de c.v.
CERRO DEL AGUA 248, DELEGACIÓN COYOACÁN, 04310 MÉXICO, D.F.

siglo veintiuno de españa editores, s.a.
CALLE PLAZA 5, 28043 MADRID, ESPAÑA

primera edición, 1968
vigésimonovena edición, 1997
© siglo xxi editores, s.a. de c.v.

isbn 968-23-0023-1

Una introducción necesaria
por Fidel Castro

Una introducción necesaria

Era costumbre del Che en su vida guerrillera anotar cuidadosamente en un Diario personal sus observaciones de cada día. En las largas marchas por terrenos abruptos y difíciles, en medio de los bosques húmedos, cuando las filas de los hombres, siempre encorvados por el peso de las mochilas, las municiones y las armas, se detenían un instante a descansar, o la columna recibía la orden de alto para acampar al final de fatigosa jornada, se veía al Che —como cariñosamente lo bautizaron desde el principio los cubanos— extraer una pequeña libreta y con su letra menuda y casi ilegible de médico, escribir sus notas.

Lo que pudo conservar de esos apuntes le sirvió luego para escribir sus magníficas narraciones históricas de la guerra revolucionaria en Cuba, llenas de contenido revolucionario, pedagógico y humano.

Esta vez, gracias a aquel invariable hábito suyo de ir anotando los principales hechos de cada día, podemos disponer de una información pormenorizada, rigurosamente exacta e inapreciable de aquellos heroicos meses finales de su vida en Bolivia.

Esas anotaciones, no escritas propiamente para la publicación, le servían como instrumento de trabajo para la evaluación constante de los hechos, las situaciones y los hombres, a la vez que daban cauce a las expresiones de su espíritu profundamente observador, analítico, y muchas veces matizado de fino humorismo. Están sobriamente redactadas y poseen ininterrumpida coherencia desde el principio hasta el fin.

Téngase en cuenta que fueron escritas en los ratos escasísimos de descanso, en medio de épico y sobrehumano esfuerzo físico y de sus agotadoras obligaciones como jefe de un destacamento guerrillero en la difícil etapa de los comienzos de una lucha de esta naturaleza, que se desenvolvía en condiciones materiales increíblemente duras, lo que revela una vez más su estilo de trabajo y su voluntad de hierro.

En este Diario, al analizar en detalle los incidentes de cada día, se hacen constar faltas, críticas y recriminaciones que son propias e inevitables en el desarrollo de una guerrilla revolucionaria.

En el seno de un destacamento guerrillero esas críticas se tienen

que producir incesantemente, sobre todo en la etapa en que está constituido sólo por un pequeño núcleo, enfrentados a condiciones materiales sumamente adversas y a un enemigo infinitamente superior en número, cuando el menor descuido o la más insignificante falta pueden resultar fatales y el jefe debe ser exhaustivamente exigente, a la vez que utilizar cada hecho o episodio, por insignificante que parezca, para educar a los combatientes y futuros cuadros de los nuevos destacamentos guerrilleros.

El proceso de formación de la guerrilla es un incesante llamado a la conciencia y al honor de cada hombre. El Che sabía tocar las fibras más sensibles de los revolucionarios. Cuando Marcos, reiteradamente amonestado por el Che, fue advertido de que podía ser expulsado deshonrosamente de la guerrilla, respondió: "¡Antes fusilado!" Más adelante dio su vida heroicamente. Similar fue el comportamiento de todos los hombres en los que puso su confianza y a los cuales se vio en la necesidad de amonestar por alguna u otra causa en el transcurso de la lucha. Jefe fraternal y humano sabía también ser exigente y en ocasiones severo; pero lo era en primer lugar, y en mayor grado que con los demás, consigo mismo. Che basaba la disciplina en la conciencia moral del guerrillero y en la fuerza tremenda de su propio ejemplo.

El Diario contiene también numerosas referencias a Debray y evidencian la enorme preocupación que suscitó en el Che el arresto y encarcelamiento del escritor revolucionario a quien había encomendado una misión en Europa, aunque en el fondo habría deseado que aquél permaneciera en la guerrilla. Por eso manifiesta cierta inconformidad, y en ocasiones algunas dudas, sobre su comportamiento.

Che no tuvo posibilidad de conocer la odisea vivida por Debray en las garras de los cuerpos represivos y la actitud firme y valerosa mantenida por éste ante sus captores y torturadores.

Destacó, sin embargo, la enorme importancia política del proceso, y, el 3 de octubre, seis días antes de su muerte, en medio de amargos y tensos sucesos, consigna: "Se escuchó una entrevista de Debray muy valiente frente a un estudiante provocador", siendo ésta su última referencia al escritor.

Como en este Diario la Revolución cubana y sus relaciones con el movimiento guerrillero aparecen reiteradamente señaladas, algunos pudieran interpretar que su publicación por nuestra parte constituye un acto de provocación que dará argumentos a los enemigos de la Revolución y a los imperialistas yanquis y sus aliados, los oligarcas de América Latina, para redoblar sus planes de bloqueo, aislamiento y agresión a Cuba.

A los que así juzgan los hechos, es bueno recordarles que el imperialismo yanqui no ha necesitado nunca de pretextos para perpetrar sus fechorías en cualquier lugar del mundo y que sus esfuerzos para aplastar la Revolución cubana se iniciaron desde la primera ley revolucionaria promulgada en nuestro país, por el obvio y conocido hecho de que ese imperialismo es el gendarme de la reacción mundial, promotor sistemático de la contrarrevolución y protector de las estructuras sociales más retrógradas e inhumanas que subsisten en el mundo.

La solidaridad con el movimiento revolucionario puede ser tomada como pretexto, pero nunca será la causa de las agresiones yanquis. Negar la solidaridad para negar el pretexto es ridícula política de avestruz, que nada tiene que ver con el carácter internacionalista de las revoluciones sociales contemporáneas. Dejar de solidarizarse con el movimiento revolucionario no es negarle un pretexto sino solidarizarse de hecho con el imperialismo yanqui y su política de dominio y esclavización del mundo.

Cuba es un pequeño país de economía subdesarrollada, como todos los que fueron durante siglos dominados y explotados por el colonialismo y el imperialismo, situada sólo a 90 millas de las costas de Estados Unidos, con una base naval yanqui en su propio territorio, que se enfrenta a numerosos obstáculos por llevar a cabo su desarrollo economicosocial. Grandes peligros se han cernido sobre nuestra patria desde el triunfo de la Revolución, pero no por ello conseguirá el imperialismo doblegarla, sin que deban importarnos las dificultades que una línea revolucionaria consecuente pueda conllevar.

Desde el punto de vista revolucionario la publicación del Diario del Che en Bolivia no admite alternativa. El Diario del Che quedó en poder de Barrientos, que de inmediato entregó copia a la CIA, al Pentágono y al gobierno de Estados Unidos. Periodistas allegados a la CIA tuvieron acceso al documento en la propia Bolivia y sacaron copias fotostáticas del mismo, aunque con el compromiso de abstenerse, por el momento, de publicarlo.

El gobierno de Barrientos y los más altos jefes militares tienen sobradas razones para no publicar el Diario, donde se puede constatar la inmensa incapacidad de su ejército y las incontables derrotas que sufrieron en manos de un puñado de guerrilleros decididos que en unas pocas semanas les arrebató en combate cerca de doscientas armas.

Che describe además a Barrientos y su régimen en los términos a que es acreedor con palabras que no podrán borrarse de la historia.

11

Por otro lado, el imperialismo tenía también sus razones: Che y su ejemplo extraordinario cobran fuerza cada vez mayor en el mundo. Sus ideas, su retrato, su nombre, son banderas de lucha contra las injusticias entre los oprimidos y los explotados y suscitan interés apasionado entre los estudiantes y los intelectuales de todo el mundo.

En los propios Estados Unidos el movimiento negro y los estudiantes progresistas, que son cada vez más numerosos, han convertido en algo suyo la figura del Che. En las manifestaciones más combativas por los derechos civiles y contra la agresión a Vietnam, sus retratos son esgrimidos como emblemas de lucha. Pocas veces en la historia, o tal vez nunca, una figura, un nombre, un ejemplo, se han universalizado con tal celeridad y apasionante fuerza. Es que el Che encarna en su forma más pura y desinteresada el espíritu internacionalista que caracteriza al mundo de hoy y cada vez más al de mañana.

De un continente oprimido ayer por las potencias coloniales, explotado hoy y mantenido en el retraso y en el subdesarrollo más inicuo por el imperialismo yanqui, surge esa singular figura que se convierte en aliento universal de lucha revolucionaria hasta en las propias metrópolis imperialistas y colonialistas.

Los imperialistas yanquis temen la fuerza de ese ejemplo y todo lo que pueda contribuir a divulgarlo. Es el valor intrínseco del Diario, expresión viva de una personalidad extraordinaria, lección guerrillera escrita al calor y la tensión de cada día, pólvora inflamable, demostración real de que el hombre latinoamericano no es impotente frente a los esclavizadores de pueblos y sus ejércitos mercenarios, lo que les ha impedido hasta hoy darlo a la publicidad.

Pudieran estar también interesados en que este Diario no se conociera nunca los seudorrevolucionarios, oportunistas y charlatanes de toda laya, que autoconceptuándose marxistas, comunistas y otros títulos por el estilo, no han vacilado en calificar al Che de equivocado, aventurero, y cuando más benignamente, idealista, cuya muerte es el canto de cisne de la lucha armada revolucionaria en América Latina. "¡Si el Che —exclaman—, máximo exponente de esas ideas y experimentado guerrillero, fue muerto en las guerrillas y su movimiento no liberó a Bolivia, eso demuestra cuán equivocado estaba...!" ¡Cuántos de estos miserables se habrán alegrado de la muerte del Che, sin sonrojarse siquiera de pensar que sus posiciones y razonamientos coinciden por entero con los de los oligarcas más reaccionarios y el imperialismo!

De este modo se justifican a sí mismos, o justifican a dirigentes traidores que en determinado momento no vacilaron en jugar a la

lucha armada con el verdadero propósito —según se pudo ver luego— de destruir a los destacamentos guerrilleros, frenar la acción revolucionaria e imponer sus vergonzosas y ridículas componendas políticas, porque eran absolutamente incapaces de ninguna otra línea; o a los que no quieren combatir, ni combatirán jamás, por el pueblo y su liberación y han caricaturizado las ideas revolucionarias haciendo de ellas opio dogmático sin contenido ni mensaje a las masas, y convertido las organizaciones de lucha del pueblo en instrumentos de conciliación con los explotadores internos y externos, y propugnadoras de políticas que no tienen nada que ver con los intereses reales de los pueblos explotados en este continente.

Che contemplaba su muerte como algo natural y probable en el proceso y se esforzó en recalcar, muy especialmente en sus últimos documentos, que esa eventualidad no impediría la marcha inevitable de la revolución en América Latina. En su mensaje a la Tricontinental reiteró ese pensamiento: "Toda nuestra acción es un grito de guerra contra el imperialismo... En cualquier lugar que nos sorprenda la muerte, bienvenida sea, siempre que ese, nuestro grito de guerra, haya llegado hasta un oído receptivo y otra mano se tienda para empuñar nuestras armas."

Se consideró a sí mismo soldado de esa revolución, sin preocuparle en absoluto sobrevivir a ella. Los que ven en el desenlace de su lucha en Bolivia el fracaso de sus ideas, con el mismo simplismo pudieran negar la validez de las ideas y las luchas de todos los grandes precursores y pensadores revolucionarios, incluidos los fundadores del marxismo, que no pudieron culminar la obra y contemplar en vida los frutos de sus nobles esfuerzos.

En Cuba, ni la muerte en combate de Martí y de Maceo, a las que siguió más tarde la intervención yanqui cuando finalizaba la Guerra de Independencia, frustrando en lo inmediato el objetivo de sus luchas, ni la de brillantes propugnadores de la revolución socialista como Julio Antonio Mella, asesinado por agentes al servicio del imperialismo, pudieron impedir a la larga el triunfo de un proceso que comenzó hace cien años, y nadie en absoluto podría poner en duda la profunda justeza de la causa y la línea de lucha de aquellos próceres, ni la vigencia de sus ideas esenciales que inspiraron siempre a los revolucionarios cubanos.

En el Diario del Che se pueden apreciar cuán reales eran sus posibilidades de éxito y cuán extraordinario el poder catalizador de la guerrilla, como él consigna en sus apuntes. En cierta ocasión, ante los evidentes síntomas de debilidad y rápido deterioro del régimen boliviano, expresó: "El gobierno se desintegra rápidamente, lástima no tener cien hombres más en este momento."

13

Che conocía por su experiencia en Cuba cuántas veces nuestro pequeño destacamento guerrillero estuvo a punto de ser exterminado. Pudo ocurrir así en dependencia casi absoluta de los azares e imponderables de la guerra, mas, tal eventualidad, ¿habría dado a nadie el derecho a considerar errónea nuestra línea y tomarla además como ejemplo para desalentar a la revolución e inculcar en los pueblos la impotencia? ¡Muchas veces en la historia los procesos revolucionarios estuvieron precedidos de episodios adversos! Nosotros en Cuba, ¿no tuvimos acaso la experiencia del Moncada apenas seis años antes del triunfo definitivo de la lucha armada del pueblo?

Para muchos, entre el 26 de julio de 1953, ataque al Cuartel Moncada en Santiago de Cuba, y el 2 de diciembre de 1956, desembarco del "Granma", la lucha revolucionaria en Cuba frente a un ejército moderno y bien armado carecía de toda perspectiva y la acción de un puñado de luchadores era vista como quimera de idealistas e ilusos "que estaban profundamente equivocados". La derrota aplastante y la dispersión total del inexperto destacamento guerrillero el 5 de diciembre de 1956 pareció confirmar por entero los pesimistas augurios... Pero, sólo 25 meses después, los restos de aquella guerrilla habían desarrollado ya la fuerza y experiencia necesarias para aniquilar aquel ejército.

Para no luchar habrá siempre sobrados pretextos en todas las épocas y en todas las circunstancias, pero será el único camino de no obtener jamás la libertad. El Che no sobrevivió a sus ideas, pero supo fecundarlas con su sangre. Con toda seguridad sus críticos seudorrevolucionarios, con su cobardía política y su eterna falta de acción, sobrevivirán a la evidencia de su propia estupidez.

Es notable, como se verá en el Diario, que uno de esos especímenes revolucionarios que ya van siendo típicos en América Latina, Mario Monje, esgrimiendo el título de Secretario del Partido Comunista de Bolivia, pretendió discutirle al Che la jefatura política y militar del movimiento. Y puesto que alegó, además, el propósito de renunciar previamente para ello a su cargo partidista, a su juicio, por lo visto, le bastaba el título de haberlo sido para reclamar tal prerrogativa.

Mario Monje, por supuesto, no tenía ninguna experiencia guerrillera ni había librado jamás un combate, sin que por otro lado su autoconceptuación de comunista lo obligase siquiera a prescindir del grosero y mundano chovinismo que ya habían logrado superar los próceres que lucharon por la primera independencia.

Con semejante concepto de lo que debe ser la lucha antimperialista en este continente, tales "jefes comunistas" no han rebasado

siquiera el nivel internacionalista de las tribus aborígenes que sojuzgaron los colonizadores europeos, en la época de la conquista.

Así, el jefe del Partido Comunista de un país que se llama Bolivia, y su capital histórica, Sucre, en honor de sus primeros libertadores que eran venezolanos uno y otro, que tuvo la posibilidad de contar para la definitiva liberación de su pueblo con la cooperación del talento político, organizador y militar de un verdadero titán revolucionario, cuya causa por demás no se limitaba a las fronteras estrechas, artificiales e incluso injustas de ese país, no hizo otra cosa que entrar en vergonzosos, ridículos e inmerecidos reclamos de mando.

Bolivia, por no tener salida al mar, necesita más que ningún otro país, para su propia liberación, sin tener que exponerse a un atroz bloqueo, del triunfo revolucionario de los vecinos. Che era, además, por su prestigio enorme, su capacidad y su experiencia, el hombre que habría podido acelerar ese proceso.

Che había establecido relaciones con dirigentes y militantes del Partido Comunista boliviano, desde antes de producirse en el mismo la escisión, recabando de ellos la ayuda para el movimiento revolucionario en América del Sur. Algunos de esos militantes, autorizados por el Partido, trabajaron con él durante años en diversas tareas. Al producirse la escisión en dicho Partido, se creó una situación especial, puesto que varios militantes de los que habían estado trabajando con él quedaron ubicados en uno u otro grupo. Pero Che no concebía la lucha en Bolivia como un hecho aislado sino como parte de un movimiento revolucionario de liberación que no tardaría en extenderse a otros países de América del Sur. Era su propósito organizar un movimiento sin espíritu sectario, para que a él se incorporasen todos los que quisieran luchar por la liberación de Bolivia y demás pueblos sojuzgados por el imperialismo en América Latina. Pero en la fase inicial de preparación de la base guerrillera venía dependiendo fundamentalmente de la ayuda de un grupo de valiosos y discretos colaboradores que al producirse la escisión habían permanecido en el Partido de Monje. Fue por deferencia con ellos que invitó, en primer término, a éste, a visitar su campamento, aunque ciertamente no experimentaba hacia él ninguna simpatía. Después invitó a Moisés Guevara, líder minero y político que se había separado de aquel Partido para cooperar en la formación de otra organización, y que luego también se había marginado de ella inconforme con Oscar Zamora, otro Monje que hacía algún tiempo se había comprometido con el Che a trabajar en la organización de la lucha armada guerrillera en Bolivia, rehuyendo después los compromisos y cruzándose cobardemente de brazos a

la hora de la acción, para convertirse con posterioridad a su muerte en uno de sus más venenosos críticos, en nombre del "marxismo-leninismo". Moisés Guevara se unió sin vacilación al Che, como le había ofrecido desde mucho antes de que éste llegara a Bolivia, le brindó su apoyo y entregó su vida heroicamente a la causa revolucionaria.

Otro tanto hizo el grupo de guerrilleros bolivianos que habían permanecido hasta entonces en la organización de Monje. Dirigidos por Inti y Coco Peredo, que después demostraron ser valerosos y destacados combatientes, se apartaron de aquél y respaldaron decididamente al Che. Pero Monje, no satisfecho del resultado, se dedicó a sabotear el movimiento, interceptando en La Paz a militantes comunistas bien entrenados que iban a unirse a las guerrillas. Estos hechos demuestran cómo existen en las filas revolucionarias hombres bien dotados de todas las condiciones necesarias para la lucha, cuyo desarrollo es criminalmente frustrado por dirigentes incapaces, charlatanes y maniobreros.

Che fue hombre al que nunca le interesaron personalmente cargos, mandos ni honores, pero estaba firmemente convencido de que en la lucha revolucionaria guerrillera —fundamental forma de acción para la liberación de los pueblos de América Latina, partiendo de la situación económica, política y social de casi todos los países latinoamericanos— el mando militar y político de la guerrilla debía estar unificado y que la lucha sólo podía ser dirigida desde la guerrilla y no desde cómodas y burocráticas oficinas urbanas. Y en este punto no estaba dispuesto a transigir, ni a entregarle a un inexperto seso-hueco de estrechas miras chovinistas el mando de un núcleo guerrillero destinado a desenvolver en su ulterior desarrollo una lucha de amplia dimensión en América del Sur. Che consideraba que ese chovinismo, que muchas veces infecta a los propios elementos revolucionarios de los diversos países de América Latina, debía ser combatido como un sentimiento reaccionario ridículo y estéril. "Que se desarrolle un verdadero internacionalismo proletario —dijo en su mensaje a la Tricontinental—... la bandera bajo la que se luche sea la causa sagrada de la redención de la humanidad de tal modo que morir bajo las enseñas de Vietnam, de Venezuela, de Guatemala, de Laos, de Guinea, de Colombia, de Bolivia..., para citar sólo los escenarios actuales de la lucha armada, sea igualmente gloriosa y deseable para un americano, un asiático, un africano, y aun un europeo. Cada gota de sangre derramada en un territorio bajo cuya bandera no se ha nacido, es experiencia que recoge quien sobrevive para aplicarla luego a la lucha por la liberación de su lugar de origen. Y cada pueblo

que se libere es una fase de la batalla por la liberación del propio pueblo que se ha ganado."

Che pensaba igualmente que en el destacamento guerrillero participasen combatientes de distintos países latinoamericanos y que la guerrilla en Bolivia fuese escuela de revolucionarios que harían su aprendizaje en los combates. A su lado quiso tener para ayudarlo en esa tarea, junto a los bolivianos, un pequeño núcleo de guerrilleros con experiencia, que habían sido casi todos compañeros suyos en la Sierra Maestra, durante la lucha revolucionaria en Cuba, cuya capacidad, valor y espíritu de sacrificio conocía. De esos hombres ninguno vaciló en responder a su solicitud, ninguno lo abandonó y ninguno se rindió.

Che actuó en su campaña de Bolivia con el tesón, la maestría, el estoicismo y la ejemplar actitud que eran proverbiales en él. Puede decirse que, impregnado de la importancia de la misión que se había asignado a sí mismo, procedió en todo instante con un espíritu de responsabilidad irreprochable. En aquellas ocasiones en que la guerrilla cometía algún descuido, se apresuraba en advertirlo y enmendarlo, consignándolo en su Diario.

Factores adversos se combinaron increíblemente en su contra. La separación —que debía ser por unos breves días— de una parte de la guerrilla, donde se encontraba un grupo valioso de hombres, algunos de ellos enfermos o convalecientes, al perderse el contacto entre ambos en un terreno sumamente accidentado, se prolongó durante interminables meses, que ocuparon el esfuerzo del Che en su búsqueda. En ese período el asma —una dolencia que solía dominar fácilmente con sencillos medicamentos, pero que faltando éstos se convertía para él en un terrible enemigo— lo atacó despiadadamente, deviniendo esto en un problema serio por el hecho de que las medicinas que previsoramente había acumulado para la guerrilla fueron descubiertas y ocupadas por el enemigo. Este hecho, unido al aniquilamiento a fines de agosto de la parte de la guerrilla con la que había perdido el contacto, fueron factores que gravitaron considerablemente en el desarrollo de los acontecimientos. Pero Che, con voluntad de acero, se sobrepuso al malestar físico y en ningún instante su acción aminoró, ni decayó su ánimo.

Fueron numerosos sus contactos con los campesinos bolivianos. El carácter de éstos, sumamente desconfiados y cautelosos, no podía sorprender al Che, que conocía perfectamente bien su mentalidad por haberlos tratado en otras ocasiones, y sabía que para ganarlos a su causa se requería una labor prolongada, ardua y paciente, pero no albergaba ninguna duda de que a la larga lo obtendría.

Si se sigue con cuidado el hilo de los acontecimientos se verá que

aun cuando el número de hombres con que contaba en el mes de septiembre, algunas semanas antes de su muerte, era muy reducido, todavía la guerrilla mantenía su capacidad de desarrollo y algunos cuadros bolivianos, como los hermanos Inti y Coco Peredo, se iban ya destacando con magníficas perspectivas de jefes. Fue la emboscada de Higueras, única acción exitosa del ejército contra el destacamento que mandaba el Che, matándole la vanguardia e hiriéndole varios hombres más en pleno día, cuando se trasladaban a una zona campesina de mayor desarrollo político —objetivo éste que no aparece consignado en el Diario, pero que se sabe por los sobrevivientes—, lo que les creó una situación insuperable. Ese avance de día por la misma ruta que venían siguiendo durante varias jornadas en inevitablemente amplio contacto con los moradores de aquella zona que cruzaban por primera vez, y la obvia certeza de que el ejército debería interceptarlos en algún punto, era sin duda peligroso. Pero el Che, plenamente consciente de esto, decidió correr el riesgo para ayudar al médico que venía en muy mal estado físico.

El día anterior a la emboscada, escribe: "Llegamos a Pujio, pero allí había gente que nos había visto abajo el día anterior, vale decir: estamos siendo previstos por Radio Bemba *..." "El caminar en mulo se hace peligroso, pero trato que el médico vaya lo mejor posible pues viene muy débil."

Al día siguiente escribió: "A las 13 salió la vanguardia para tratar de llegar a Jagüey y allí tomar una decisión sobre las mulas y el médico." Es decir, buscaba una solución para el enfermo, a fin de abandonar aquella ruta y tomar las precauciones necesarias. Pero aquella misma tarde, antes de que la vanguardia llegara a Jagüey se produjo la fatal emboscada que llevó al destacamento a una situación insostenible.

Días después, cercado en la quebrada del Yuro, libró su último combate.

Impresiona profundamente la proeza realizada por este puñado de revolucionarios. La sola lucha contra la naturaleza hostil en que desenvolvían su acción constituye una insuperable página de heroísmo. Nunca en la historia un número tan reducido de hombres emprendió una tarea tan gigantesca. La fe y la convicción absoluta en que la inmensa capacidad revolucionaria de los pueblos de América Latina podía ser despertada, la confianza en sí mismos y la decisión con que se entregaron a ese objetivo, nos da la justa dimensión de estos hombres.

* *Radio Bemba:* Se le llama en forma popular en Cuba a los rumores divulgados ampliamente de persona a persona. [E.]

18

Che dijo un día a los guerrilleros en Bolivia: "Este tipo de lucha nos da la oportunidad de convertirnos en revolucionarios, el escalón más alto de la especie humana, pero también nos permite graduarnos de hombres; los que no puedan alcanzar ninguno de estos dos estadios deben decirlo y dejar la lucha."

Los que con él lucharon hasta el final se hicieron acreedores a estos honrosos calificativos. Ellos simbolizan el tipo de revolucionarios y de hombres a quienes la historia en esta hora convoca para una tarea verdaderamente dura y difícil: la transformación revolucionaria de América Latina.

El enemigo que enfrentaron los próceres de la primera lucha por la independencia, era un poder colonial decadente. Los revolucionarios de hoy tienen por enemigo al baluarte más poderoso del campo imperialista, equipado con la técnica y la industria más moderna. Ese enemigo no sólo organizó y equipó de nuevo un ejército en Bolivia, donde el pueblo había destruido la anterior fuerza militar represiva, y le brindó inmediatamente el auxilio de sus armas y asistentes militares para la lucha contra la guerrilla, sino que brinda su aporte militar y técnico en la misma medida a todas las fuerzas represivas de este continente. Y cuando no bastan esas medidas, interviene directamente con sus tropas, como hizo en Santo Domingo.

Para luchar contra ese enemigo se requiere el tipo de revolucionarios y de hombres de que habló el Che. Sin ese tipo de revolucionarios y de hombres, dispuestos a hacer lo que ellos hicieron; sin el ánimo de enfrentarse a enormes obstáculos que ellos tuvieron; sin la decisión de morir que a ellos los acompañó en todo instante; sin la convicción profunda de la justicia de su causa y la fe inconmovible en la fuerza invencible de los pueblos que ellos albergaron, frente a un poder como el imperialismo yanqui, cuyos recursos militares, técnicos y económicos se hacen sentir en todo el mundo, la liberación de los pueblos de este continente no sería alcanzada.

El propio pueblo norteamericano, que empieza a tomar conciencia de que la monstruosa superestructura política que rige su país no es ya hace mucho rato la idílica república burguesa que sus fundadores establecieron hace casi doscientos años, está sufriendo en un grado cada vez más alto la barbarie moral de un sistema irracional, enajenante, deshumanizado y brutal, que cobra en el pueblo norteamericano cada vez más víctimas de sus guerras agresivas, sus crímenes políticos, sus aberraciones raciales, su mezquina jerarquización del ser humano y el repugnante derroche de recursos económicos, científicos y humanos de su desmesurado aparato militar,

reaccionario y represivo, en medio de un mundo en sus tres cuartas partes subdesarrollado y hambriento.

Pero sólo la transformación revolucionaria de América Latina permitiría al pueblo de Estados Unidos ajustar sus propias cuentas con ese mismo imperialismo, a la vez que en la misma medida la lucha creciente del pueblo norteamericano contra la política imperialista podía convertirlo en aliado decisivo del movimiento revolucionario en América Latina.

Y si esta parte del hemisferio no sufre una profunda transformación revolucionaria, la enorme diferencia y desequilibrio que se produjo a principios de este siglo entre la pujante nación que se industrializaba rápidamente, al mismo paso que marchaba por la propia ley de su dinámica social y económica hacia cumbres imperiales, y el haz de países débiles y estancados, sometidos a la coyunda de oligarquías feudales y sus ejércitos reaccionarios, en el balcanizado resto del continente americano, será apenas un pálido reflejo no ya del enorme desnivel actual en la economía, en la ciencia y en la técnica, sino del espantoso desequilibrio que, a pasos cada vez más acelerados, en veinte años más, la superestructura imperialista impondrá a los pueblos de América Latina.

Por ese camino estamos llamados a ser cada vez más pobres, más débiles, más dependientes y más esclavos de ese imperialismo. Esta sombría perspectiva afecta en grado igual a los pueblos subdesarrollados de África y Asia.

Si las naciones industrializadas e instruidas de Europa, con su Mercado Común y sus instituciones científicas supranacionales, se inquietan ante las posibilidades de quedarse rezagadas y contemplan con temor la perspectiva de convertirse en colonias económicas del imperialismo yanqui, ¿qué le depara el futuro a los pueblos de América Latina?

Si frente al cuadro de esta situación real e incuestionable, que decisivamente afecta el destino de nuestros pueblos, algún liberal o reformista burgués, o seudorrevolucionario charlatán, incapaz de la acción, tiene una respuesta que no sea una profunda y urgente transformación revolucionaria que pueda hacer acopio de todas las fuerzas morales, materiales y humanas de esta parte del mundo para lanzarlas hacia adelante, para recuperar el atraso económico y científico-técnico de siglos. cada vez mayor, con el mundo industrializado, del que somos tributarios y lo seremos cada vez más, y en especial de Estados Unidos; y además de la fórmula, el camino mágico de llevarla a cabo, diferente a la concebida por Che, que barra oligarquías, déspotas, politicastros, es decir: criados, y a monopolios yanquis, es decir: amos, y lo haga con toda la urgencia

que las circunstancias requieren, que levante entonces la mano para impugnar al Che.

Como realmente ninguno tiene respuesta honrada ni acción consecuente que implique una esperanza real a los casi 300 millones de seres humanos que componen la población de América Latina, desoladoramente pobres en su abrumadora mayoría, que serán 600 millones a la vuelta de 25 años, y que tienen derecho a la vida material, la cultura y la civilización, entonces lo más decoroso sería el silencio ante el gesto del Che y los que con él cayeron defendiendo sus ideas con coraje, porque la hazaña que este puñado de hombres realizó, guiados por el noble ideal de redimir un continente, quedará como la prueba más alta de lo que pueden la voluntad, el heroísmo y la grandeza humanas. Ejemplo que iluminará las conciencias y presidirá la lucha de los pueblos de América Latina, porque el grito heroico del Che llegará hasta el oído receptivo de los pobres y explotados por los que él dio su vida, y muchos brazos se tenderán para empuñar las armas y conquistar su definitiva liberación.

El 7 de octubre escribió el Che sus últimas líneas. Al día siguiente, a las 13 horas, en una estrecha quebrada donde se proponía esperar la noche para romper el cerco, una numerosa tropa enemiga hizo contacto con ellos. El reducido grupo de hombres que componían en esa fecha el destacamento combatió heroicamente hasta el anochecer desde posiciones individuales ubicadas en el lecho de la quebrada y en los bordes superiores de la misma contra la masa de soldados que los rodeaban y atacaban. No hay ningún sobreviviente de los que combatieron en las posiciones más próximas al Che. Como junto a él estaban el médico, cuyo grave estado de salud se ha señalado antes y un guerrillero peruano también en muy malas condiciones físicas, todo parece indicar que el Che hizo el máximo para proteger la retirada, a lugar más seguro, de esos compañeros, hasta caer herido. El médico no fue muerto en ese mismo combate, sino varios días más tarde, en un punto no distante de la quebrada del Yuro. Lo abrupto del terreno rocoso e irregular hacía muy difícil y a veces imposible el contacto visual de los guerrilleros entre sí. Los que defendían la posición por la otra entrada de la quebrada a varios cientos de metros del Che, entre ellos Inti Peredo, resistieron el ataque hasta el oscurecer en que lograron despegarse del enemigo y dirigirse hacia el punto previamente acordado de concentración.

Se ha podido precisar que el Che estuvo combatiendo herido hasta que el cañón de su fusil M-2 fue destruido por un disparo, inutilizándolo totalmente. La pistola que portaba estaba sin "ma-

gazine". Estas increíbles circunstancias explican que lo hubiesen podido capturar vivo. Las heridas de las piernas le impedían caminar sin ayuda, pero no eran mortales.

Trasladado al pueblo de Higueras permaneció con vida alrededor de 24 horas. Se negó a discutir una sola palabra con sus captores, y un oficial embriagado que intentó vejarlo recibió una bofetada en pleno rostro.

Reunidos en La Paz, Barrientos, Ovando y otros altos jefes militares tomaron fríamente la decisión de asesinarlo. Son conocidos los detalles de la forma en que procedieron a cumplir el alevoso acuerdo en la escuela del pueblo de Higueras. El mayor Miguel Ayoroa y el coronel Andrés Selnich, rángers entrenados por los yanquis, instruyeron al suboficial Mario Terán para que procediera al asesinato. Cuando éste, completamente embriagado, penetró en el recinto, Che —que había escuchado los disparos con que acababan de ultimar a un guerrillero boliviano y otro peruano— viendo que el verdugo vacilaba le dijo con entereza: "¡Dispare! ¡No tenga miedo!". Éste se retiró, y de nuevo fue necesario que los superiores Ayoroa y Selnich le repitieran la orden, que procedió a cumplir, disparándole de la cintura hacia abajo una ráfaga de metralla. Ya había sido dada la versión de que el Che había muerto varias horas después del combate y por eso los ejecutores tenían instrucciones de no disparar sobre el pecho ni la cabeza, para no producir heridas fulminantes. Esto prolongó cruelmente la agonía del Che, hasta que un sargento —también ebrio— con un disparo de pistola en el costado izquierdo lo remató. Tal proceder contrasta brutalmente con el respeto del Che, sin una sola excepción, hacia la vida de los numerosos oficiales y soldados del ejército boliviano que hizo prisioneros.

Las horas finales de su existencia en poder de sus despreciables enemigos tienen que haber sido muy amargas para él; pero ningún hombre mejor preparado que el Che para enfrentarse a semejante prueba.

La forma en que llegó a nuestras manos este Diario no puede ser ahora divulgada; baste decir que fue sin mediar remuneración económica alguna. Contiene todas las notas que escribió desde el 7 de noviembre de 1966, día en que el Che llegó a Ñacahuasú, hasta el 7 de octubre de 1967, vísperas del combate de la quebrada del Yuro. Faltan sólo unas pocas páginas que no han llegado todavía a nuestro poder, pero que por corresponder a fechas en que no tuvieron lugar hechos de importancia, no alteran en absoluto el contenido del mismo.

Aunque el documento por sí mismo no ofrecía la menor duda

acerca de su autenticidad, todas las copias fotostáticas fueron sometidas a un riguroso examen a fin de comprobar no sólo dicha autenticidad sino incluso cualquier posible alteración, por pequeña que fuese. Los datos fueron además cotejados con el Diario de uno de los guerrilleros sobrevivientes, coincidiendo ambos documentos en todos los aspectos. El testimonio pormenorizado de los demás guerrilleros sobrevivientes que fueron testigos de cada uno de los acontecimientos, contribuyó asimismo a la comprobación. Se llegó a la más absoluta certeza de que todas las fotografías eran copia fiel del Diario del Che.

Constituyó una fatigosa tarea desentrañar la letra pequeña y difícil de la escritura, lo que se realizó con la participación laboriosa de su compañera Aleida March de Guevara.

El Diario será publicado en forma aproximadamente simultánea en: Francia, por Editorial François Maspero; Italia, Editorial Feltrinelli; RFA, Trikont Verlag; EUA, Revista Ramparts; Francia, en español, Editorial Ruedo Ibérico; Chile, Revista Punto Final; México, Siglo XXI Editores, y en otros países.

¡Hasta la victoria siempre!

FIDEL CASTRO

23

El diario del Che en Bolivia

7 de noviembre 1

Hoy comienza una nueva etapa. Por la noche
llegamos a la finca. El viaje fue bastante bueno.
Luego de entrar, convenientemente disfrazados,
por Cochabamba, Pachungo y yo hicimos los contactos
y viajamos en jeep, en dos días y dos vehículos.
Al llegar cerca de la finca detuvimos las máquinas
y una sola llegó a ella para no atraer las sos-
pechas de un propietario cercano, que murmura
sobre la posibilidad de que nuestra empresa esté dedi-
cada a la fabricación de cocaína. Como dato curioso,
el inefable Tumaini es indicado como el químico
del grupo. Al seguir hacia la finca, en el segundo
viaje, Bigotes, que acababa de enterarse de mi identidad,
casi se va por un barranco, dejando el jeep varado en
el borde del precipicio. Caminamos algo así como 20
kilómetros, llegando a la finca, donde hay 3 trabajadores
del partido, poco la media noche.

Bigotes se mostró dispuesto a colaborar con nosotros,
haga lo que haga el partido pero se muestra leal a Monje,
a quien respeta y parece querer. Según él, Rodolfo
está en la misma disposición y otro tanto sucede con
el Coco, pero hay que tratar de que el partido se decida
a luchar. Le pedí que no informara al partido hasta
la llegada de Monje, que está de viaje por Bulgaria y
que nos ayudara, accedió a ambas cosas.

1966. Noviembre 7

Hoy comienza una nueva etapa. Por la noche llegamos a la finca. El viaje fue bastante bueno. Luego de entrar, convenientemente disfrazados, por Cochabamba, Pachungo * y yo hicimos los contactos y viajamos en jeep, en dos días y dos vehículos. Al llegar cerca de la finca detuvimos las máquinas y una sola llegó a ella para no atraer las sospechas de un propietario cercano, que murmura sobre la posibilidad de que nuestra empresa esté dedicada a la fabricación de cocaína. Como dato curioso, el inefable Tumaini ** es indicado como el químico del grupo. Al seguir hacia la finca, en el segundo viaje, Bigotes,*** que acababa de enterarse de mi identidad, casi se va por un barranco, dejando el jeep varado en el borde del precipicio. Caminamos algo así como 20 kilómetros, llegando a la finca, donde hay tres trabajadores del partido, pasada la media noche.

Bigotes se mostró dispuesto a colaborar con nosotros, haga lo que haga el partido, pero se muestra leal al Monje **** a quien respeta y parece querer. Según él, Rodolfo está en la misma disposición y otro tanto sucede con el Coco, pero hay que tratar de que el partido se decida a luchar. Le pedí que no informara al partido hasta la llegada de Monje, que está de viaje para Bulgaria, y que nos ayudara; accedió a ambas cosas.

* Aparacerá indistintamente con los sobrenombres de *Pachungo* o *Pacho*. [E.]
** Aparecerá indistintamente como *Tumaini* o *Tuma*. [E.]
*** Aparecerá indistintamente como *Bigotes*, *El Loro* o *Jorge*. [E.]
**** Aparecerá indistintamente como *Estanislao*, *El Negro*, *Mario* o *Monje*. No debe confundirse con el guerrillero *El Negro*, del grupo de Joaquín, que aparece más adelante. [E.]

Noviembre 8

Pasamos el día en la manigua, a escasos 100 metros de la casa y junto al arroyo. Nos dieron su batida una especie de yaguasas muy molestas aunque no pican. Las especies que hay, hasta ahora, son: la yaguasa, el jején, el mariguí, el mosquito y la garrapata.

Bigote sacó su jeep con ayuda de Argañaraz y quedó en comprarle algunas cosas, como puercos y gallinas.

Pensaba escribir informando las peripecias, pero lo dejé para la próxima semana, en que esperamos recibir al segundo grupo.

Noviembre 9

Día sin novedades. Con Tumaini, hicimos una exploración siguiendo el curso del río Ñacahuasú (un arroyo en realidad), pero no llegamos a su nacimiento. Corre encajonado y la región, aparentemente, es poco frecuentada. Con una disciplina conveniente se puede estar allí mucho tiempo.

Por la tarde, una lluvia fuerte nos sacó de la manigua hacia la casa. Me saqué 6 garrapatas del cuerpo.

Noviembre 10

Pachungo y Pombo salieron de exploración; con uno de los compañeros bolivianos, Serafín. Llegaron algo más lejos que nosotros

y encontraron la bifurcación del arroyo, una quebradita que parece estar buena. Al regreso se quedaron haraganeando en la casa y el chofer de Argañaraz, que venía a traer los hombres con unas compras que le habían hecho, los vio. Tremenda bronca eché y decidimos trasladarnos mañana a la manigua, donde haremos campamento perenne. Tumaini se dejará ver porque ya lo conocen y figurará como un empleado más de la finca. Esto se deteriora rápidamente; hay que ver si nos permiten traer, aunque sea a nuestros hombres. Con ellos estaré tranquilo.

Noviembre 11

Día sin novedad pasado en un nuevo compamento, al otro lado de la casa, donde dormimos.

La plaga está infernal y obliga a resguardarse en la hamaca con mosquitero (que sólo yo tengo).

Tumaini fue a visitar a Argañaraz y le compraron algunas cosas: gallinas, pavos. Parece que todavía no hay grandes sospechas por su parte.

Noviembre 12

Día sin novedad alguna. Hicimos una breve exploración para preparar el terreno destinado a campamento cuando lleguen los 6 del segundo grupo. La zona elegida está a unos 100 metros del principio de la tumba, sobre un montículo, y cerca hay una hondonada en la que se pueden hacer cuevas para guardar comida y otros objetos. A estas alturas debe estar llegando el primero de los tres

grupos de a dos en que se divide la partida. A fines de la semana que empieza deben llegar a la finca. Mi pelo está creciendo, aunque muy ralo y las canas se vuelven rubias y comienzan a desaparecer; me nace la barba. Dentro de un par de meses volveré a ser yo.

Noviembre 13

Domingo. Algunos cazadores pasan por nuestra vivienda; peones de Argañaraz. Son hombres de monte, jóvenes y solteros, ideales para ser reclutados y que le tienen un odio concentrado a su patrón. Informaron que a 8 leguas, por el río, hay casas y que éste tiene algunas quebradas con agua. No hay otra novedad.

Noviembre 14

Una semana de campamento. Pachungo luce algo inadaptado y triste, pero debe recuperarse. Hoy comenzamos una excavación para hacer un túnel y meter en él todo lo que pueda ser comprometedor; lo disimularemos con un enrejado de palos y defenderemos de la humedad lo más posible. Ya está hecho el pozo de metro y medio y comenzado el túnel.

Noviembre 15

Seguimos en la tarea del túnel; por la mañana Pombo y Pachungo, por la tarde Tumaini y yo. A las 6, cuando dejamos el trabajo, ya había alcanzado los 2 metros de hondo el túnel. Mañana pensamos acabarlo y meter todas las cosas comprometedoras en él. Por la noche una lluvia me obligó a huir de mi hamaca, que se moja, pues el nylon es chico. No hubo otra novedad.

Noviembre 16

El túnel quedó terminado y camuflado; sólo falta disimular el camino; trasladaremos las cosas a nuestra casita y mañana la guardaremos, tapando la boca con un enrejado de palos y barro. El esquema de este túnel que lleva el No. 1 está en el documento I. Lo demás sin novedad; desde mañana podemos razonablemente esperar novedades de La Paz.

Noviembre 17

El túnel está ocupado con los artículos que pudieran ser comprometedores para los de la casa y algo de comida en lata y ha quedado bastante disimulado.

No hubo novedad alguna desde La Paz. Los muchachos de la casa hablaron con Argañaraz, a quien compraron algunas cosas y éste les volvió a insistir en su participación en la fábrica de cocaína.

Noviembre 18

Sin novedad de La Paz. Pachungo y Pombo volvieron a explorar el arroyo pero no están muy convencidos de que sea el campamento indicado. El lunes lo exploraremos con Tumaini. Argañaraz vino a arreglar el camino para sacar piedras del río y estuvo un buen rato en ese trabajo. Al parecer, no sospecha de nuestra presencia aquí. Todo transcurre monótonamente; los mosquitos y las garrapatas están empezando a crear llagas molestas en las picaduras infectadas. El frío se hace sentir un poco en la madrugada.

Noviembre 19

Sin novedad de La Paz. Sin novedad aquí; pasamos recluidos por ser sábado, día en que se mueven los cazadores.

Noviembre 20

A medio día llegaron Marcos y Rolando. Ahora somos seis. Enseguida se procedió al anecdotario del viaje. Tardaron tanto porque el aviso les llegó hace una semana. Son los que viajaron más rápido por la vía de Sao Paolo. Hasta la semana que viene no es de esperar la llegada de los otros cuatro.

Vino con ellos Rodolfo, que me hizo muy buena impresión. Al

parecer, está más decidido que Bigote a romper con todo. Papi *
le informó de mi presencia, así como al Coco, violando las instruc-
ciones; al parecer es un caso de celos de autoridad. Escribí a Ma-
nila con algunas recomendaciones (documentos I y II) y Papi
contestando sus preguntas. Rodolfo retornó en la madrugada.

Noviembre 21

Primer día del grupo ampliado. Llovió bastante y el traslado a
nuestro nuevo punto nos costó una buena mojadura. Ya estamos
instalados. La carpa resultó ser una lona de camión que se moja,
pero protege algo. Nosotros tenemos nuestra hamaca con nylon. Han
llegado algunas armas más; Marcos tiene un Garand, a Rolando
se le dará un M-1 del depósito. Jorge se quedó con nosotros, pero
en la casa; allí dirigirá trabajos encaminados a mejorar la finca.
A Rodoldo le pedí un agrónomo de confianza. Trataremos de que
esto dure lo más posible.

Noviembre 22

Tuma, Jorge y yo hicimos recorrido por el río Ñacahuasú para
inspeccionar el arroyo descubierto. Con la lluvia del día anterior
el río estaba desconocido y nos costó bastante trabajo llegar al punto
deseado. Éste es un hilito de agua que tiene bien cerrada la desem-
bocadura, convenientemente preparada se puede utilizar para un
campamento permanente. Volvimos a las 9 y pico de la noche. Aquí
sin novedad.

* Aparecerá indistintamente como *Papi, Ricardo* o *Chinchu.* [E.]

33

Noviembre 23

Inauguramos un observatorio que domina la casita de la finca para estar prevenidos en caso de alguna inspección o visita molesta. Como dos salen de exploración, a los restantes les tocan tres horas de guardia. Pombo y Marcos exploraron el firme de nuestro campamento hasta el arroyo que todavía está crecido.

Noviembre 24

Pacho y Rolando salieron para hacer una exploración en el arroyo; deben volver mañana.

Por la noche, dos peones de Argañaraz llegaron "de paseo" en una visita insólita. No había nada extraño, pero faltaban Antonio,* que estaba con los exploradores y Tuma, que oficialmente pertenece a la casa. Pretexto: cacería. Cumpleaños de Aliucha.

Noviembre 25

Desde el observatorio informaron que había venido un jeep con 2 o tres tripulantes. Resultaron ser de un servicio de lucha contra el paludismo; se fueron inmediatamente que sacaron muestras de sangre. Pacho y Rolando llegaron por la noche, muy tarde. Encon-

* Aparecerá indistintamente como *Antonio* u *Olo*. [E.]

34

traron el arroyo del mapa y lo exploraron, además siguieron por el curso principal del río hasta encontrar campos abandonados.

Noviembre 26

Por ser sábado, todos quedamos acantonados. Pedí a Jorge que hiciera una exploración a caballo por el cauce del río para ver hasta dónde llegaba; el caballo no estaba y salió a pie a pedir uno a Don Remberto (20 a 25 Kms.). A la noche no había regresado. Sin novedad de La Paz.

Noviembre 27

Jorge seguía sin aparecer. Di orden de hacer posta toda la noche pero a las 9 llegó el primer jeep de La Paz. Con el Coco venían Joaquín * y Urbano y un boliviano a quedarse: Ernesto, estudiante de medicina. Viró el Coco y trajo a Ricardo con Braulio y Miguel y otro boliviano, Inti, también a quedarse. Ahora somos 12 alzados y Jorge que funge de dueño; Coco y Rodolfo se encargarán de los contactos. Ricardo trajo una noticia incómoda: El Chino está en Bolivia y quiere mandar 20 hombres y verme. Esto trae inconvenientes porque internacionalizaremos la lucha antes de contar con Estanislao. Quedamos en que le enviaría a Santa Cruz y allí lo recogerá Coco trayéndolo aquí. Coco salió por la madrugada con Ricardo que tomaría el otro jeep para seguir a La Paz. Coco debe pasar por lo de Remberto para averiguar de Jorge. En con-

* Aparecerá indistintamente como *Joaquín* o *Vilo*. [E.]

versación preliminar con el Inti, éste opina que Estanislao no se alzará, pero parece decidido a cortar amarras.

Noviembre 28

Por la mañana no había aparecido Jorge y el Coco tampoco había regresado. Después llegaron y todo lo que pasó es que se había quedado en lo de Remberto.
Un poco irresponsable. Por la tarde convoqué al grupo boliviano para plantearle el pedido peruano de enviar 20 hombres y todos estuvieron de acuerdo en que los mandaran, pero después de empezar acciones.

Noviembre 29

Salimos a hacer el catastro del río y explorar el arroyo que será nuestro próximo campamento. Tumaini, Urbano, Inti y yo formamos el grupo. El arroyo es muy seguro pero muy lóbrego. Trataremos de buscar en otro que está a una hora. Tumaini se cayó y aparentemente sufrió una fractura en el tarso. Llegamos al campamento por la noche, luego de hacer la medición del río. Aquí sin novedad; Coco salió a Santa Cruz para esperar al Chino.

Noviembre 30

Marcos, Pacho, Miguel y Pombo salieron con la instrucción de explorar un arroyo más lejano; deben estar dos días fuera. Llovió bastante. En la casa, sin novedad.

Análisis del mes

Todo ha salido bastante bien: mi llegada sin inconvenientes; la mitad de la gente está aquí también sin inconvenientes, aunque se demoraron algo; los principales colaboradores de Ricardo se alzan contra viento y marea. El panorama se perfila bueno en esta región apartada donde todo indica que podremos pasarnos prácticamente el tiempo que estimemos conveniente. Los planes son: esperar el resto de la gente, aumentar el número de bolivianos por lo menos hasta 20 y comenzar a operar. Falta averiguar la reacción de Monje y cómo se comportará la gente de Guevara.

1966. Diciembre 1

Pasa el día sin novedad. Por la noche llegan Marcos y sus compañeros quienes han hecho un recorrido mayor del especificado, correteando lomas. A las dos de la mañana me informan que llegó Coco con un compañero; lo dejo para mañana.

Diciembre 2

Temprano llega el Chino, muy efusivo. Nos pasamos el día charlando. Lo sustancial: irá a Cuba e informará personalmente de la situación, dentro de dos meses podrán incorporarse 5 peruanos, es decir, cuando hayamos comenzado a actuar; por ahora vendrán dos, un técnico en radio y un médico que estarán algún tiempo con nosotros. Pidió armas y accedí a darle una Bz, algunos máusers y granadas y comprar M-1 para ellos. También decidí darles apoyo para que enviaran 5 peruanos a establecer enlace para pasar las armas para una región cercana a Puno, del otro lado del Titicaca. Me contó de sus cuitas en el Perú, incluso un audaz plan para liberar a Calixto que me parece un poco fantaseoso. Cree que algunos sobrevivientes de la guerrilla están actuando en la zona, pero no lo saben a ciencia cierta, pues no pudieron llegar hasta la zona.

Lo demás de la conversación fue anecdótico. Se despidió con el mismo entusiasmo partiendo para La Paz; lleva fotos nuestras. Coco tiene instrucciones de preparar contactos con Sánchez (a quien veré posteriormente) y de contactar al jefe de informaciones de la presidencia, que se ha brindado para darlas pues es cuñado de Inti. La red todavía está en pañales.

Diciembre 3

Sin novedad. No hay exploración por ser sábado. Los tres peones de la finca salen para Lagunillas para hacer mandados.

Diciembre 4

Sin novedad. Todo el mundo quieto debido al domingo. Doy una charla sobre nuestra actitud hacia los bolivianos que vendrán y hacia la guerra.

Diciembre 5

Sin novedad. Pensábamos salir pero el día fue de agua completo. Hubo una pequeña alarma motivada por unos tiros del Loro sin avisar.

caída. Apolinar he planteado que se incorpora a la
guerrilla pero quisiera ir a arreglar ciertos parti cu
lares a la paz, se le contestó que sí, pero que debía espe
rar un poco. Cerca de las 11 llegamos al arroyo, hicimos
un trillo disimulado y exploramos para buscar
un lugar adecuado para la cueva, pero todo es fondo
y el arroyo, luego de recorte, repara su curso entre
barrancos de piedra para seguir la exploración para ma
ñana. Inti, Urbano retornan a tirar en cazar un ve
nado, pues la comida es muy escasa y tenemos
que aguantar hasta el viernes con ella.

7

Miguel, Apolinar localizaron un lugar propicio
y se dedicaron a hacer el túnel, las herramientas
son insuficientes. Inti y Urbano volvieron sin lograr
nada, pero al anochecer Urbano cazó una pava
en el M.1. como ya teníamos comida, la dejamos
para el desayuno de mañana.

Hoy se cumple, en realidad, el primer mes de
nuestra estancia aquí, pero, por razones de comodi
dad, doré los síntesis todos los fines de mes.

Diciembre 6

Salimos a comenzar la segunda cueva en el primer arroyo. Somos Apolinar,* Inti, Urbano, Miguel y yo. Miguel viene a reemplazar a Tuma que no está repuesto de su caída. Apolinar ha planteado que se incorpora a la guerrilla pero quiere ir a arreglar asuntos particulares a La Paz; se le contesta que sí, pero que debía esperar un poco. Cerca de las 11 llegamos al arroyo, hicimos un trillo disimulado y exploramos para buscar un lugar adecuado para la cueva, pero todo es piedra y el arroyo, luego de secarse, sigue su cauce entre derriscos de piedra pura. Dejamos la exploración para mañana. Inti y Urbano salieron a tratar de cazar venados, pues la comida es muy escasa y tenemos que aguantar hasta el viernes con ella.

Diciembre 7

Miguel y Apolinar localizaron un lugar propicio y se dedicaron a hacer el túnel; las herramientas son ineficientes. Inti y Urbano volvieron sin lograr nada, pero al anochecer Urbano cazó una pava con el M-1; como ya teníamos comida, la dejamos para el desayuno de mañana.

Hoy se cumple, en realidad, el primer mes de nuestra estancia aquí, pero, por razones de comodidad, daré las síntesis todos los fines de mes.

* Aparecerá indistintamente como *Apolinar* o *Polo*. [E.]

Diciembre 8

Con Inti fuimos hasta un firme que corona el arroyo. Miguel y Urbano continuaron el pozo. Por la tarde, Apolinar reemplazó. a Miguel. Al anochecer, llegaron Marcos, Pombo y Pacho, éste muy atrasado y cansado. Marcos me pidió que lo sacara de la vanguardia si no mejoraba. Marqué el camino de la cueva que está en el esquema II. Les dejé las tareas más importantes para hacer durante su estadía. Miguel se quedará con ellas y nosotros regresaremos mañana.

Diciembre 9

Regresamos lentamente por la mañana, llegando cerca de las 12. Pacho recibió la orden de quedarse cuando el grupo regrese. Tratamos de hacer contacto con el campamento 2 pero no se pudo. No hubo otra novedad.

Diciembre 10

El día pasó sin novedad, salvo la primera horneada de pan hecho en la casa. Conversé con Jorge e Inti sobre algunas tareas urgentes. No hubo novedad de La Paz.

Diciembre 11

El día transcurrió sin novedad, pero a la noche apareció Coco con Papi. Traía a Alejandro y Arturo y a un boliviano, Carlos. El otro jeep se quedó, como es habitual, en el camino. Luego trajeron al médico, Moro * y Benigno y a dos bolivianos; ambos "cambas" ** de la finca de Caranavi. Transcurrió la noche en los habituales comentarios de viaje y sobre la ausencia de Antonio y Félix,*** que ya debían estar aquí. Se discutió con Papi, resolviéndose que todavía tiene que hacer dos viajes para traer a Renán **** y Tania. Se liquidarán las casas y los depósitos, dándosele $1 000 de ayuda a Sánchez. Éste se quedará con la camioneta y venderemos un jeep a Tania, quedándonos con el otro. Falta por hacer un viaje de armas y le di orden de que cargara todo en un jeep para no insistir en el trasbordo que puede ser descubierto más rápido. El Chino salió para Cuba, aparentemente muy entusiasmado y piensa volver por aquí cuando esté de regreso. Coco se quedó aquí para ir a buscar alimentos a Camiri y Papi salió para La Paz. Sucedió un incidente peligroso: el vallegrandino, cazador, descubrió una pisada hecha por nosotros, vio las huellas, aparentemente vio a alguno y encontró un guante perdido por Pombo. Eso cambia nuestros planes y debemos ser muy cuidadosos. El vallegrandino saldrá mañana con Antonio para mostrarle dónde puso sus armadillas contra las antas.***** Inti me manifestó sus reservas contra el estudiante, Carlos, que, al llegar, ya planteó la discusión de la participación cubana y antes había manifestado que no se alzaba sin la participación del partido. Rodolfo le mandó porque dijo que todo se debía a una mala interpretación.

* Aparecerá indistintamente en lo adelante como *Moro, Morogoro, Muganga* o *El Médico.* [E.]
** *Camba:* oriundo de la región oriental de Bolivia. [E.]
*** Aparecerá indistintamente como *Félix* o *El Rubio.* [E.]
**** Aparecerá indistintamente como *Renán* o *Iván.* [E.]
***** *Anta:* tapir americano. [E.]

Diciembre 12

Le hablé a todo el grupo, "leyéndole la cartilla" sobre la realidad de la guerra. Hice hincapié en la unicidad del mando y en la disciplina y advertí a los bolivianos sobre la responsabilidad que tenían al violar la disciplina de su partido para adoptar otra línea. Hice los nombramientos que recayeron en: Joaquín, como segundo jefe militar; Rolando e Inti, como comisarios; Alejandro, como jefe de operaciones; Pombo, de servicios; Inti, finanzas; Ñato, abastecimientos y armamentos; por ahora, Moro de servicios médicos.

Rolando y Braulio salieron para avisar al grupo que se quedara quieto allí, esperando que el vallegrandino pusiera sus trampas o hiciera la exploración con Antonio. A la noche volvieron; la trampa no está muy lejos. Emborracharon al vallegrandino que se fue por la noche, muy contento, con una botella de singani en el cuerpo. Coco volvió de Caranavi donde compró los comestibles necesarios pero fue visto por algunos de Lagunillas que se asombraron de la cantidad.

Más tarde llegó Marcos con Pombo. El primero sufrió una herida sobre el arco superciliar al cortar un palo; le dieron dos puntos.

Diciembre 13

Salieron Joaquín, Carlos, y el médico para unirse a Rolando y Braulio. Pombo los acompañaba con la misión de volver hoy mismo. Mandé tapar el camino y hacer otro que, saliendo de ése, desembocara en el río, con tan buen éxito que Pombo, Miguel y Pacho se perdieron al regresar y siguieron por él.

Se habló con Apolinar que irá unos días a su casa en Viacha, dándole dinero para su familia y recomendándole hermetismo absoluto. Coco se despidió al anochecer, pero a las 3 horas se dio la alarma porque se escucharon silbidos y ruidos y la perra ladró; resultó él mismo, perdido en el monte.

Diciembre 14

Día sin novedad. El vallegrandino pasó por la casa a ver la trampa, porque la había armado ayer, contra lo que dijo antes. Se le indicó a Antonio el camino abierto en el monte para que lleve al vallegrandino por él, para evitar sospechas.

Diciembre 15

Sin novedad. Se tomaron las previsiones para salir (8 hombres) a instalarnos definitivamente en el campamento 2.

Diciembre 16

Salimos, por la mañana, Pombo, Urbano, Tuma, Alejandro, Moro, Arturo, Inti y yo para quedarnos; fuertemente cargados. El recorrido se hizo en 3 horas.

Rolando quedó con nosotros y volvieron Joaquín, Braulio, Carlos y el Médico. Carlos se ha mostrado como un buen caminador y buen trabajador. Moro y Tuma descubrieron una cueva del río con pescados bastante grandes y cogieron 17, lo que da para una buena comida; Moro se hirió en la mano con un bagre.* Se buscó el lugar para hacer la cueva secundaria, ya que la primaria quedó acabada. y se suspendieron las actividades hasta mañana. El mismo Moro e

* *Bagre:* pescado fluvial característico de la zona, tiene bigotes. [E.]

Inti trataron de cazar el anta y salieron para pasar la noche en acecho.

Diciembre 17

Moro e Inti sólo cazaron una pava. Nosotros, Tuma, Rolando y yo, nos dedicamos a hacer la cueva secundaria que puede quedar lista mañana. Arturo y Pombo exploraron un lugar para emplazar el radio y luego se dedicaron a arreglar el camino de entrada que está bastante malo. Por la noche comenzó a llover y lo hizo continuadamente hasta la mañana.

Diciembre 18

El día siguió de agua pero se continuó la cueva, a la que le falta poco para alcanzar los 2.5 requeridos. Inspeccionamos una loma para instalar la planta de radio. Parece bastante buena pero las pruebas lo dirán.

Diciembre 19

También el día fue lluvioso y no invitaba a la caminata, pero cerca de las 11 llegaron Braulio y el Ñato con noticias de que el río daba paso aunque estaba hondo. Al salir nosotros, nos encontramos con Marcos y su vanguardia que llegaban a instalarse. Se quedará al mando y se le ordenó enviar de 3 a 5 hombres según las posibilidades. En poco más de 3 horas hicimos la caminata.

Por la noche, a las 12, llegaban Ricardo y Coco, trayendo a Antonio y el Rubio (no consiguieron pasaje el jueves pasado) y a Apolinar, que viene a incorporarse definitivamente. Además, llegó Iván, para tratar toda una serie de asuntos.

Prácticamente, quedó la noche en claro.

Diciembre 20

Se procedió a discutir varios puntos y se estaba ordenando todo, cuando apareció el grupo del campamento II dirigidos por Alejandro, con la noticia de que había en el camino, cerca del campamento, un venado muerto de un tiro, con una cinta en la pata. Joaquín había pasado una hora antes por el lugar y no había comentado nada. Se supuso que el vallegrandino lo había llevado hasta allí y por alguna razón desconocida lo arrojó, huyendo. Se puso una guardia por la parte trasera y se mandaron dos hombres para que cogieran al cazador si aparecía. Al rato vino la noticia de que el venado estaba muerto desde tiempo atrás agusanado y después Joaquín, de vuelta, confirmaba que lo había visto. Coco y el Loro trajeron al vallegrandino para que viera al animalito y éste dictaminó que era un animal herido por él varios días atrás. Allí quedó concluso el incidente.

Se resolvió apurar los contactos con el hombre de información que Coco ha descuidado y hablar con Megía para que sirviera de contacto entre Iván y el de información. Este mantendrá relaciones

con Megía, Sánchez, Tania y el del partido, que no ha sido nombrado. Existe la posibilidad de que sea uno de Villamontes, pero falta concretar. Se recibe un telegrama de Manila indicando que Monje viene por el sur.

Inventaron un sistema de contacto, pero no me satisface porque indica una clara suspicacia hacia Monje por parte de sus propios compañeros.

A la una de la madrugada informarán de La Paz si ya se fue a buscar a Monje.

Iván tiene posibilidades de hacer negocios pero el pasaporte chueco no se lo permite; la próxima etapa es mejorar el documento y debe escribir a Manila para que lo apuren con los amigos.

Tania vendrá en la próxima para recibir instrucciones; probablemente la mande a Bs. As.

En definitiva, se resuelve que Ricardo, Iván y Coco salgan en avión desde Camiri y el jeep se quede aquí. Cuando vuelvan, hablarán por teléfono a Lagunillas e informarán que están allí; Jorge irá por la noche para requerir noticias y los buscará si hay algo positivo. A la una no se pudo captar nada desde La Paz. Por la madrugada salieron para Camiri.

Diciembre 21

El Loro no me había dejado los planos que hizo el explorador de modo que me quedé sin saber el tipo de camino que hay hasta Yaqui. Salimos por la mañana haciendo el camino sin contratiempos. Se tratará de tener todo aquí para el 24, día en que hay fiesta programada.

Nos cruzamos con Pacho, Miguel, Benigno y el Camba que iban a cargar la planta. A las 5 de la tarde, Pacho y el Camba volvieron sin traer la planta, que dejaron escondida en el monte, por lo pesada que era. Mañana saldrán 5 hombres desde aquí para traerla. Se acabó la cueva de las mercancías; mañana comenzaremos la del radio.

Diciembre 22

Comenzamos la cueva del radista. Al principio con mucho éxito en tierra floja, pero pronto encontramos una laja durísima que no nos dejó avanzar.

Trajeron la planta, que es bastante pesada, pero no se ha probado por falta de gasolina. El Loro anunció que no mandaba mapas porque el informe era verbal y vendría mañana a darlo.

Diciembre 23

Salimos con Pombo y Alejandro a explorar el firme de la izquierda. Tendremos que abrirlo pero da la impresión de que se puede caminar cómodamente por él. Joaquín llegó con dos compañeros, anunciando que el Loro no venía porque se le había escapado un puerco y salió a buscarlo.

No hay nada del recorrido del lagunillero.

Por la tarde llegó el puerco, bastante grande pero faltan las bebidas. El Loro es incapaz hasta de conseguir estas cosas, luce muy desorganizado.

Diciembre 24

Día dedicado a noche buena. Hubo gente que dio dos viajes y llegó tarde pero al final nos reunimos todos y la pasamos bien,

con algunos pasaditos. El Loro explicó que el viaje del lagunillero no había resultado fructífero y sólo logró el pequeño resultado del apunte, muy impreciso.

Diciembre 25

Retorno al trabajo, no hubo viajes al campamento de arrancada. Éste ha quedado bautizado C26 por una proposición del médico boliviano. Marcos, Benigno y el Camba salieron a hacer el camino por el firme de nuestra derecha, volvieron por la tarde con la noticia de que avistaron a una especie de pampa pelada a dos horas de camino; mañana llegarán a ella. El Campa volvió con fiebre. Miguel y Pacho hicieron unos caminos de distracción por la banda izquierda y una senda de acceso a la cueva del radio. Inti, Antonio, Tuma y yo continuamos la cueva del radio, que está muy difícil porque es pura piedra. La retaguardia se encargó de hacer su campamento y buscar una atalaya que domine ambos extremos del río de acceso; el lugar está muy bueno.

Diciembre 26

Inti y Carlos salieron para explorar hasta el punto denominado Yaki en el mapa; es un viaje calculado en dos días. Rolando, Alejandro y Pombo siguieron en la cueva que está durísima. Pacho y yo salimos a inspeccionar los caminos hechos por Miguel, no vale la pena seguir el del firme. El camino de acceso a la cueva está bastante bien y difícil de encontrar. Se mataron dos víboras y ayer otra; parece que hay bastantes. Tuma, Arturo, el Rubio y Antonio

salieron a cazar y Braulio y el Ñato a quedarse de posta en el otro campamento. Vinieron con la noticia de que el Loro se había volcado y la nota explicatoria en que anuncia la llegada de Monje. Marcos, Miguel y Benigno salieron a desarrollar el camino del firme, pero no regresaron en toda la noche.

Diciembre 27

Salimos con Tuma para tratar de encontrar a Marcos; caminamos 2.30 horas hasta llegar al nacimiento de una quebrada que bajaba del lado izquierdo, dirección oeste; seguimos las huellas por allí bajando por derriscos bastante grandes. Pensaba llegar al campamento por esa vía, pero transcurrieron las horas y no llegaba. Pasadas las 5 de la tarde llegamos a Ñacahuasú, unos 5 kilómetros debajo del campamento 1, y a las 7 al campamento. Allí nos enteramos que Marcos había pasado la noche anterior allí. No mandé a nadie a avisar pues supuse que Marcos los hubiera orientado sobre mi posible ruta. Vimos el jeep, bastante desvencijado; Loro había ido a Camiri a buscar unos repuestos. Según el Ñato, se había caído dormido.

Diciembre 28

Cuando salíamos para el campamento, Urbano y Antonio llegaban buscándome. Marcos había seguido con Miguel para hacer un camino hasta el campamento por los firmes y no había llegado, Benigno y Pombo salieron a buscarme por el propio camino seguido por nosotros. Cuando llegué al campamento me encontré con Mar-

cos y Miguel que habían dormido en un firme sin poder llegar al campamento, aquél me dio las quejas de la forma en que me habían tratado. Al parecer, la queja era contra Joaquín, Alejandro y el Médico. Inti y Carlos habían regresado sin encontrar casa habitada; sólo una abandonada que, presumiblemente, no es el punto marcado como Yaki en el mapa.

Diciembre 29

Con Marcos, Miguel y Alejandro, fuimos a la loma pelada para apreciar mejor la situación. Parece ser la Pampa del Tigre que comienza, es una cordillera de altura uniforme y lomas peladas, situada a unos 1 500 metros de altura. El firme de la izquierda debe desecharse porque realiza un arco hacia el Ñacahuasú. Bajamos y llegamos al campamento en una hora y veinte minutos. A buscar mercancías se mandaron 8 hombres que no agotaron la carga. El Rubio y el Médico reemplazaron a Braulio y al Ñato. Aquél hizo un nuevo camino antes de venir; dicho camino sale del río en unas piedras y se entra al monte del otro lado por otras piedras, con lo que no se dejan rastros. No se trabajó en la cueva. El Loro partió para Camiri.

Diciembre 30

A pesar de la lluvia caída, que había hecho crecer el río, fueron 4 hombres a liquidar las cosas restantes del campamento 1; quedó limpio ya. No había novedad de afuera. 6 hombres fueron a la cueva y en dos viajes guardaron todo lo que estaba destinado a allí.

El horno no se pudo acabar por estar blando el barro.

Diciembre 31

A las 7.30 llegó el Médico con la noticia de que Monje estaba allí. Fui con Inti, Tuma, Urbano y Arturo. La recepción fue cordial, pero tirante; flotaba en el ambiente la pregunta: ¿a qué vienes? Lo acompañaba "Pan Divino",* el nuevo recluta, Tania, que viene a recibir instrucciones y Ricardo que ya se queda.

La conversación con Monje se inició con generalidades pero pronto cayó en su planteamiento fundamental resumido en tres condiciones básicas:

1º Él renunciaría a la dirección del partido, pero lograría de éste al menos la neutralidad y se extraerían cuadros para la lucha.

2º La dirección político-militar de la lucha le correspondería a él mientras la revolución tuviera un ámbito boliviano.

3º El manejaría las relaciones con otros partidos sudamericanos, tratando de llevarlos a la posición de apoyo a los movimientos de liberación (puso como ejemplo a Douglas Bravo).

Le contesté que el primer punto quedaba a su criterio, como secretario del partido, aunque yo consideraba un tremendo error su posición. Era vacilante y acomodaticia y preservaba el nombre histórico de quienes debían ser condenados por su posición claudicante. El tiempo me daría la razón.

Sobre el tercer punto, no tenía inconveniente en que tratara de hacer eso, pero estaba condenado al fracaso. Pedirle a Codovila que apoyara a Douglas Bravo era tanto como pedirle que condonara un alzamiento dentro de su partido. El tiempo también sería el juez.

Sobre el segundo punto no podía aceptarlo de ninguna manera. El jefe militar sería yo y no aceptaba ambigüedades en esto. Aquí la discusión se estancó y giró en un círculo vicioso.

Quedamos en que lo pensaría y hablaría con los compañeros bolivianos. Nos trasladamos al campamento nuevo y allí habló con todos planteándoles la disyuntiva de quedarse o apoyar al partido: todos se quedaron y parece que eso lo golpeó.

A las 12 hicimos un brindis en que señaló la importancia histórica de la fecha. Yo contesté aprovechando sus palabras y marcando este momento como el nuevo grito de Murillo de la revolu-

* Aparecerá también como *Pedro*. [E.]

ción continental y que nuestras vidas no significaban nada frente al hecho de la revolución.

Fidel me envió los mensajes adjuntos.

Análisis del mes

Se ha completado el equipo de cubanos con todo éxito; la moral de la gente es buena y sólo hay pequeños problemitas. Los bolivianos están bien aunque sean pocos. La actitud de Monje puede retardar el desarrollo de un lado pero contribuir por otro, al liberarme de compromisos políticos. Los próximos pasos, fuera de esperar más bolivianos, consisten en hablar con Guevara y con los argentinos Mauricio * y Jozami (Massetti y el partido disidente).

* Aparecerá indistintamente como *Mauricio*, *El Pelao* o *Carlos*. [E.]

1967. Enero 1

Por la mañana, sin discutir conmigo, Monje me comunicó que se retiraba y que presentaría su renuncia a la dirección del partido el día 8/1. Su misión había acabado según él. Se fue con la apariencia de quien se dirige al patíbulo. Mi impresión es que al enterarse por Coco de mi decisión de no ceder en las cosas estratégicas, se aferró a ese punto para forzar la ruptura, pues sus argumentos son inconsistentes.

Por la tarde, reuní a todo el mundo y le expliqué la actitud de Monje, anunciando que realizaríamos la unidad con todos los que quieran hacer la revolución y vaticiné momentos difíciles y días de angustia moral para los bolivianos; trataríamos de solucionarles los problemas mediante la discusión colectiva o con los comisarios.

Precisé el viaje de Tania a la Argentina para entrevistarse con Mauricio y Jozami y citarlos aquí. Con Sánchez, precisamos sus tareas y resolvimos dejar en La Paz a Rodolfo, Loyola, Humberto, por ahora. En Camiri una hermana de Loyola y en Santa Cruz, Calvimonte. Mito viajará por la zona de Sucre para ver dónde se podría instalar. Loyola será la encargada del control de finanzas y se le envían 80 mil, de los cuales hay 20 para un camión que debe comprar Calvimonte. Sánchez contactará a Guevara para tener una entrevista con él. Coco irá a Santa Cruz para entrevistar a un hermano de Carlos y encargarlo de la recepción de 3 que vienen de La Habana. Escribí a Fidel el mensaje que en documento CZO # 2.

Enero 2

Se pasó la mañana en el cifrado de la carta. La gente (Sánchez, Coco y Tania) salieron por la tarde, cuando acababa el discurso de Fidel. Éste se refirió a nosotros en términos que nos obligan más aún, si cabe.

En el campamento sólo se trabajó en la cueva, los restantes salieron a buscar las cosas del primer campamento. Marcos, Miguel y Benigno salieron para hacer su exploración por el norte; Inti y Carlos exploraron el Ñacahuasú hasta encontrar gente, presumiblemente en Yaki; Joaquín y el Médico deben explorar el río Yaki hasta su nacimiento o topar con gente. Todos tienen cinco días de plazo máximo.

La gente llegó del campamento con la noticia de que el Loro no había vuelto, luego de dejar a Monje.

Enero 3

Trabajamos en la cueva, para techarla, sin lograrlo; mañana debemos acabar. Sólo dos hombres fueron a recoger carga y trajeron la noticia de que todo el mundo había salido ayer por la noche. El resto de compañeros se dedicó a hacer el techo por la cocina; ya está listo.*

* Las páginas del Diario que todavía no han llegado a nuestro poder son: 4, 5 8 y 9 de enero; 8 y 9 de febrero; 14 de marzo; 4 y 5 de abril; 9 y 10 de junio; 4 y 5 de julio. Con posterioridad fueron publicadas en Bolivia y las incluimos en el apéndice, pp. 243 *ss*. [E.]

Enero 6

Por la mañana fuimos Marcos, Joaquín, Alejandro, Inti y yo al firme pelado. Allí tomé la decisión siguiente: Marcos, con el Camba y Pacho, trataría de llegar al Ñacahuasú por la derecha, sin encontrar gente; Miguel, con Braulio y Aniceto, buscaron un paso por el firme para tratar de hacer el camino central; Joaquín, con Benigno e Inti, buscarán el paso para el río Frías que, según el mapa, corre paralelo al Ñacahuasú, del otro lado del firme que debe ser la Pampa del Tigre.

Por la tarde llegó el Loro con dos mulas que había comprado en 2 mil pesos; buena compra; los animales son mansos y fuertes. Se mandó a buscar a Braulio y Pacho para que aquél pudiera salir mañana; los reemplazaron Carlos y el Médico.

Después de clase lancé una descarguita sobre las cualidades de la guerrilla y la necesidad de una mayor disciplina y expliqué que nuestra misión, por sobre todas las cosas, era formar el núcleo ejemplo, que sea de acero, y por esa vía expliqué la importancia del estudio, imprescindible para el futuro. A continuación reuní a los responsables Joaquín, Marcos, Alejandro, Inti, Rolando, Pombo, el Médico, el Ñato y Ricardo. Expliqué por qué se había hecho la selección de Joaquín como segundo, debido a algunos errores de Marcos, que se repetían constantemente, hice la crítica de la actitud de Joaquín por su incidente con Miguel en Año Nuevo y a continuación expliqué algunas de las tareas, que se precisa realizar para mejorar nuestra organización. Al final Ricardo me contó un incidente que había tenido con Iván, en presencia de Tania, donde se carajearon mutuamente y Ricardo le ordenó a Iván abandonar el jeep. Los incidentes desagradables entre compañeros están estropeando el trabajo.

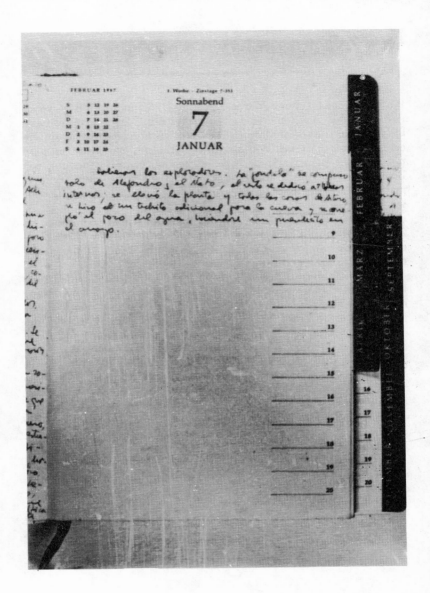

Enero 7

Salieron los exploradores. La "góndola" * se compuso sólo de Alejandro y el Ñato, el resto se dedicó a tareas internas; se llevó la planta y todas las cosas de Arturo, se hizo un techito adicional para la cueva y se arregló el pozo del agua, haciéndose un puentecito en el arroyo.

Enero 10

Se hizo el cambio de la posta fija del campamento viejo; Rubio y Apolinar reemplazaron a Carlos y el Médico. El río sigue crecido, aunque va bajando. El Loro se fue a Santa Cruz y no ha vuelto.

Con el Médico (Moro), Tuma y Antonio, que debe quedarse a cargo del campamento, subimos a la Pampa del Tigre, allí expliqué a Antonio su tarea para mañana en la exploración del posible arroyo situado al oeste de nuestro campamento. De allí buscamos una conexión con el antiguo camino de Marcos, lo que logramos con relativa facilidad. Al anochecer llegaron 6 de los exploradores: Miguel, con Braulio y Aniceto; Joaquín, con Benigno e Inti. Miguel y Braulio lograron una salida al río que cortaba el firme y fueron a caer a otra que parece ser el Ñacahuasú. Joaquín logró bajar el río, que debe ser el Frías, y lo siguió un poco; éste parece ser el mismo que siguieron los del otro grupo, lo que indica que nuestros mapas son muy malos pues ambos ríos aparecen separados por un macizo y desembocando separados en el Grande. Marcos no ha vuelto aún.

Se recibió un mensaje de La Habana en que se anuncia que el Chino sale el 12, con el Médico y el radiotécnico y Rea el 14. No habla de nuestros dos compañeros restantes.

* *Góndola*: término usado popularmente en Bolivia para designar el ómnibus. En este caso designa los viajes para el avituallamiento de la guerrilla. [E.]

Enero 11

Antonio salió a hacer la exploración del arroyo adyacente con Carlos y Arturo; volvió a la noche y la única noticia concreta que trajo fue que el arroyo moría en el Ñacahuasú, enfrente del potrero donde se caza. Alejandro y Pombo se dedicaron a la confección de mapas en la cueva de Arturo y llegaron con la noticia de que mis libros se habían mojado; algunos se habían deshecho y los radiocomunicadores estaban mojados y oxidados. Sumando esto a que los dos radios están rotos, da un panorama triste de las aptitudes de Arturo.

Marcos llegó por la noche; había caído al Ñacahuasú muy atrás y ni siquiera llegó a la confluencia de éste con el presunto Frías. No estoy muy seguro de los mapas ni de la identidad de esta última vía de agua.

Comenzamos el estudio de kechua, dirigidos por Aniceto y Pedro.

Día del "boro";* se le sacaron larvas de moscas a Marcos, Carlos, Pombo, Antonio, Moro y Joaquín.

Enero 12

Se envió la góndola a traer lo último. El Loro no había regresado todavía. Hicimos algunos ejercicios de subir las lomas de nuestro arroyo, pero eso arrojó más de dos horas para los lados y sólo 7 minutos para el centro; aquí hay que realizar la defensa.

Joaquín me dijo que Marcos se había mostrado dolido por la referencia a sus errores hecha en la reunión del otro día. Debo hablar con él.

* *Boro:* mosca que deposita una larva al picar. [E.]

Enero 13

Hablé con Marcos; su queja era que se le había hecho crítica delante de los bolivianos. Su argumentación no tenía base; salvo su estado emocional, digno de atención, todo el resto era intrascendente.

Se refirió a frases despectivas que había tenido Alejandro contra él, esto fue aclarado con éste y parece que no hubo tal, sino un poco de chismografía. Marcos quedó un poco más calmado.

Inti y Moro salieron a cazar, pero no lograron nada. Salieron equipos para hacer una cueva en el lugar donde las mulas pueden llegar, pero no se pudo hacer nada en ese sentido y se resolvió hacer una cabañita vara en tierra. Alejandro y Pombo hicieron un estudio de la defensa de la entrada y marcaron trincheras; mañana seguirán.

Volvieron el Rubio y Apolinar y fueron al viejo campamento Braulio y Pedro. No hay noticias del Loro.

Enero 14

Marcos, con su vanguardia, salvo Benigno, salió río abajo para hacer el vara en tierra; tenía que volver a la noche, pero al medio día retornó por la lluvia, sin acabar el rancho.

Joaquín dirigía un grupo que comenzó las trincheras. Moro, Inti, Urbano y yo salimos para hacer un camino que bordeara nuestra posición por el firme de la derecha del arroyo, pero salimos mal y hubo que bordear despeñaderos algo peligrosos. A medio día comenzó a llover y se suspendieron las actividades.

Sin noticias del Loro.

Enero 15

Quedé en el campamento, redactando unas instrucciones para los cuadros de la ciudad. Por ser domingo, se trabajó medio día; Marcos, con la vanguardia, en el vara en tierra, la retaguardia y el centro en las trincheras; Ricardo, Urbano y Antonio a mejorar el camino de ayer, cosa que no lograron, pues hay un farallón entre la loma que da al río y el firme.

No hubo viaje hacia el campamento viejo.

Enero 16

Se prosiguió el trabajo de las trincheras, que aún no se acabó. Marcos dejó casi liquidado su trabajo, haciendo una pequeña casita bastante buena. El Médico y Carlos reemplazaron a Braulio y Pedro; éstos llegaron con la noticia de que el Loro había llegado y que venía con las mulas, pero no apareció a pesar de que Aniceto fue a alcanzarlo.

Alejandro presenta síntomas de paludismo.

Enero 17

Día de poco movimiento; se acabaron las trincheras de la primera línea y el vara en tierra.

El Loro vino a informar de su viaje; cuando le pregunté por qué había ido, me contestó que él consideraba sobreentendido su

viaje, confesó que había ido a visitar una mujer que tiene allí. Trajo los aperos para el mulo, pero no pudo hacerlo caminar por el río.

No hay noticias de Coco; ya es un poco alarmante.

Enero 18

El día amaneció nublado, por lo que no hice la inspección de las trincheras. Salieron para la góndola Urbano, Ñato, el Médico (Moro), Inti, Aniceto, Braulio. Alejandro no trabajó por sentirse enfermo.

Al poco rato comenzó a llover copiosamente. Bajo el aguacero llegó el Loro para informar que Argañaraz había hablado con Antonio, mostrándose conocedor de muchas cosas y ofreciéndose a colaborar con nosotros, para la cocaína o lo que sea, mostrando en ese lo que sea la sospecha de que hay algo más. Le di instrucciones al Loro de que lo comprometa sin ofrecerle mucho; sólo el pago de todo lo que acarree con su jeep y amenazarlo de muerte si traiciona. Debido a lo fuerte del aguacero, el Loro salió inmediatamente para evitar que el río lo cercara.

La "góndola" no llegó a las 8 y se dio carta blanca para la comida de los gondoleros, que fue devorada; pocos minutos después llegaban Braulio y el Ñato, informando que la crecida los había sorprendido en el camino; trataron de seguir todos pero Inti había caído al agua perdiendo el fusil y sufriendo contusiones. Los otros decidieron quedarse a pasar la noche allí y ellos dos llegaron con bastante dificultad.

Enero 19

El día comenzó de rutina, trabajando en las defensas y mejorando el campamento. Miguel cayó con una fiebre fuerte que tiene todas las características de ser paludismo. Yo estuve con el cuerpo "cortado" todo el día pero no explotó la enfermedad.

A las 8 de la mañana llegaron los 4 rezagados trayendo una buena provisión de choclos; * pasaron la noche acurrucados en torno a un fuego. Se esperará que baje el río para tratar de rescatar el fusil.

Cerca de las 4 de la tarde, cuando ya habían salido el Rubio y Pedro a reemplazar a la pareja de guardia del otro campamento, llegó el Médico para anunciar que la policía había llegado al otro campamento. El teniente Fernández y cuatro policías, vestidos de civil, llegaron en un jeep de alquiler buscando la fábrica de cocaína; sólo revisaron la casa y les llamó la atención algunas cosas extrañas, como el carburo traído para nuestras lámparas y que no se habían trasladado a la cueva. Le quitaron la pistola al Loro pero le dejaron el máuser y el 22; hicieron el "paripé" de quitarle un 22 a Argañaraz que mostraron al Loro, y se retiraron con la advertencia de que conocían todo y había que contar con ellos. La pistola podía reclamarla el Loro en Camiri "sin hacer mucho ruido, hablando conmigo", dijo el Tte. Fernández. Preguntó por el "brasilero". Se le dio al Loro la instrucción de que metiera frío al vallegrandino y a Argañaraz, que deben ser los autores del espionaje y del chivatazo y fuera a Camiri con el pretexto de buscar la pistola para tratar de conectarse con Coco (tengo mis dudas de que esté en libertad). Deben vivir en el monte lo más posible.

* *Choclo:* maíz tierno en la mazorca. [E.]

Enero 20

Hice la inspección de las posiciones y dicté las órdenes para realizar el plan de defensa que fue explicado por la noche. Se basa en la defensa rápida de una zona aledaña al río, dependiendo de ella el que se contraataque con algunos hombres de la vanguardia por caminos paralelos al río que desemboquen en la retaguardia.

Pensábamos hacer varias prácticas pero se sigue comprometiendo la situación en el viejo campamento, ya que apareció un gringo con un M-2 tirando ráfagas; es "amigo" de Argañaraz y viene a pasar 10 días de vacaciones en su casa. Se mandarán partidas de exploración y mudaremos el campamento hacia un punto más cercano a casa de Argañaraz; si esto explota, antes de dejar la zona le haremos sentir nuestra influencia a ese sujeto.

Miguel sigue con fiebre alta.

Enero 21

Se hizo el simulacro, que resultó fallido en algunos puntos, pero, en general, bien; es preciso insistir en la retirada que fue el punto más flojo del ejercicio. Después partieron las comisiones; una con Braulio a hacer un camino paralelo al río hacia el oeste y otra, con Rolando, a hacer lo mismo hacia el este. Pancho fue a la loma pelada para probar un comunicador y Marcos salió con Aniceto para tratar de buscar un camino que permita vigilar adecuadamente a Argañaraz. Todos debían volver antes de las 2, salvo Marcos. Se hicieron los caminos y la prueba de audición, que resultaron positivos. Marcos volvió temprano pues la lluvia impedía toda visibilidad. En medio de la lluvia llegó Pedro conduciendo a Coco y tres reclutas nuevos: Benjamín, Eusebio y Walter. El primero, que viene de Cuba y va a la vanguardia, pues tiene conocimientos de armas y los otros dos a la retaguardia. Mario Monje habló con 3 que vinieron de Cuba y los disuadió de entrar

en la guerrilla. No sólo no renunció a la dirección del partido, sino que mandó a Fidel el documento adjunto D.IV. Recibí nota de Tania comunicando su partida y la enfermedad de Iván y otra de éste, que se adjunta (D.V.). Por la noche reuní a todo el grupo y les leí el documento, señalando las inexactitudes contenidas en los puntos: a) y b) de los planteamientos y les eché una descarguita adicional. Parece que respondieron adecuadamente. De los 3 nuevos, 2 parecen firmes y conscientes, el más joven es un campesino aymará * que luce muy sano.

Enero 22

Salió una "góndola" de 13 personas, más Braulio y Walter para hacer el relevo de Pedro y el Rubio. Volvieron por la tarde, sin agotar la carga. Todo está tranquilo por allá. Al volver, el Rubio sufrió una caída sin graves consecuencias pero aparatosa.

Escribo a Fidel un documento, el # 3, para explicar la situación y probar el buzón. Debo mandarlo a La Paz con Guevara, si aparece a la cita del 25, en Camiri.

Escribo una instrucción para los cuadros urbanos, el D.III. Debido a la góndola, no hubo actividad en el campamento. Miguel mejoró pero ahora cayó Carlos con fiebre alta.

Se hizo hoy la prueba de la tuberculina. Se cazaron dos pavos; un animalito cayó en la trampa, pero ésta le cercenó la pata y pudo escapar.

* *Aymará:* indio del altiplano. [E.]

66

Enero 23

Se repartieron tareas dentro del campamento y algunas exploracio-
nes: Inti, Rolando y Arturo fueron a buscar un lugar para un
eventual escondite del Médico con algún herido. Marcos, Urbano
y yo fuimos a explorar la loma de enfrente para buscar un lugar
desde el que se vea la casa de Argañaraz; se logró y se ve bas-
tante bien.

Carlos sigue con fiebre; típicamente palúdica.

Enero 24

La "góndola" salió con 7 hombres, volviendo temprano con toda
la carga y maíz; esta vez fue Joaquín el que se bañó, perdiendo
el Garand pero recuperándolo. El Loro está de vuelta y ya escon-
dido; Coco y Antonio siguen fuera; deben venir mañana o pasado
con Guevara.

Se mejoró uno de los caminos para envolver a los guardias frente
a una eventual defensa de estas posiciones. Por la noche se hizo
una explicación del ejercicio del otro día, corrigiendo algunas fallas.

Enero 25

Salimos con Marcos para explorar el camino que saldría a reta-
guardia de los atacantes, empleamos casi una hora en llegar, pero
el lugar era muy bueno.

Aniceto y Benjamín salieron para comprobar el transmisor desde la loma donde se domina la casa de Argañaraz pero se perdieron y no hubo comunicación; debe repetirse el ejercicio. Se comenzó otra cueva para efectos personales. Llegó el Loro y se incorporó a la vanguardia. Habló con Argañaraz y le dijo lo que yo indiqué. Éste reconoció que había mandado a espiar al vallegrandino pero negó ser el autor de la denuncia. Coco espantó a este último de la casa, pues Argañaraz lo había mandado a espiar. Se recibió mensaje de Manila informando haber recibido todo bien y que Kolle va hacia allá donde lo espera Simón Reyes. Fidel advierte que los escuchará y será duro con ellos.

Enero 26

Apenas habíamos comenzado a trabajar en la nueva cueva llegó la noticia de que había llegado Guevara con Loyola; salimos a la casita del campamento intermedio y allí llegaron a las 12.

Le planteé a Guevara mis condiciones: disolución del grupo, ño hay grados para nadie, no hay organización política todavía y hay que evitar las polémicas en torno a las discrepancias internacionales o nacionales. Aceptó todo con gran sencillez, y tras un comienzo frío, se hicieron cordiales las relaciones con los bolivianos.

Loyola me hizo muy buena impresión. Es muy joven y suave, pero se le nota una cabal determinación. Está a punto de ser expulsada de la juventud, pero tratan de lograr su renuncia. Le di las instrucciones a los cuadros y otro documento; además, repuse la cantidad gastada que se monta en $ 70 mil pesos. Nos vamos quedando cortos de dinero.

Se nombrará jefe de la red al Dr. Pareja y Rodolfo vendrá a incorporarse dentro de 15 días.

Le envió carta a Iván (D.VI) con instrucciones.

Le di instrucciones a Coco de vender el jeep pero asegurando las comunicaciones con la finca.

A las 7 aproximadamente, cayendo la noche, nos despedimos. Saldrán mañana por la noche y Guevara vendrá con el primer grupo del 4 al 14 de febrero; dijo que no podría venir antes por

las comunicaciones y que los hombres se le rajaban ahora por los carnavales.

Vendrán radios más potentes para transmitir.

Enero 27

Se envió una "góndola" fuerte que trajo casi todo, pero aún resta carga. Por la noche debieron salir Coco y los enviados; éstos se quedarán en Camiri y Coco irá a Santa Cruz para arreglar la venta del jeep, preparándola para después del 15.

Seguimos preparando la cueva. Se cazó un tatú * en las trampas. Se están aﾱbando los preparativos de abastecimientos para el viaje. En principio, saldremos cuando vuelva Coco.

Enero 28

La góndola limpia el campamento viejo. Traen la información de que el vallegrandino fue sorprendido rondando el maizal pero escapó. Todo indica que se acerca un momento de decisión en torno a la finca.

Ya está completo el abastecimiento para diez días de marcha y decidida la fecha: uno o dos días después de que venga el Coco el 2 de febrero.

*: *Tatú:* armadillo. [E.]

Enero 29

Día de absoluta holganza salvo para los cocineros, cazadores y posta. Por la tarde llegó Coco que no había ido a Santa Cruz, sino a Camiri. Dejó a Loyola para seguir en avión a La Paz y a Moisés para ir en góndola a Sucre. Dejaron establecido el domingo como día de contactos. Se fijó el día 1ro. de febrero para salir.

Enero 30

La góndola fue de 12 hombres y trasladó la mayor cantidad de víveres; queda carga para 5 hombres. La caza no dio nada. Se acabó la cueva para los objetos personales; no quedó buena.

Enero 31

Último día de campamento. La góndola limpió el campamento viejo y se retiraron los hombres de posta. Quedaron Antonio, el Ñato, Camba y Arturo; las instrucciones son: hacer contacto a lo más cada tres días, mientras sean 4 irán dos armados; la posta no se descuidará un momento; los nuevos ingresos serán instruidos en las normas generales, pero no deben conocer más que lo imprescindible; se limpiará el campamento de todos los efectos personales y las armas se esconderán en el monte, tapadas por una carpa. La reserva de dinero permanecerá constantemente en el campamento, sobre el cuerpo de alguno; se explorarán los caminos ya hechos y

los arroyos vecinos. En caso de retirada precipitada 2 irán a la cueva de Arturo: Antonio y él mismo; Ñato y Camba se retirarán por el arroyo y uno correrá a dejar el aviso en un lugar que elegiremos mañana. Si hubiera más de 4 hombres, un grupo cuidará la cueva de reserva.

Hablé a la tropa, dándole las últimas instrucciones sobre la marcha. Dirigí a Coco también las últimas instrucciones (D.VII).

Análisis del mes

Como lo esperaba, la actitud de Monje fue evasiva en el primer momento y traidora después.

Ya el partido está haciendo armas contra nosotros y no sé dónde llegará, pero eso no nos frenará y quizás, a la larga, sea beneficioso (casi estoy seguro de ello). La gente más honesta y combativa estará con nosotros, aunque pasen por crisis de conciencia más o menos graves.

Guevara, hasta ahora, ha respondido bien. Veremos cómo se portan él y su gente en el futuro.

Tania partió pero los argentinos no han dado señales de vida, ni ella tampoco. Ahora comienza la etapa propiamente guerrillera y probaremos la tropa; el tiempo dirá qué da y cuáles son las perspectivas de la revolución boliviana.

De todo lo previsto, lo que más lentamente anduvo fue la incorporación de combatientes bolivianos.

Febrero 1

Se realizó la primera etapa. La gente llegó algo cansada, pero en general, se cumplió bien. Antonio y el Ñato subieron a convenir la contraseña y arriaron con mi mochila y la de Moro que está convaleciente de la palúdica.

Se estableció un sistema de alarma dentro de una botella, bajo una mata cercana al camino.

En la retaguardia, Joaquín se resintió del peso y se retrasó todo el grupo.

Febrero 2

Día trabajoso y lento. El Médico retrasa un poco la marcha pero el ritmo general es lento. A las 4 llegamos al último lugar con agua y acampamos. La vanguardia recibió la orden de llegar al río (presumiblemente el Frías) pero tampoco llevaba un ritmo bueno. Llovió por la noche.

Febrero 3

El día amaneció lluvioso, por lo que retardamos la salida hasta las 8. Cuando comenzábamos a caminar, llegó Aniceto con la soga para ayudarnos en los pasos difíciles, y poco después se reiniciaba la lluvia. Llegamos al arroyo a las 10, empapados, y se resolvió

no seguir en el día de hoy. El arroyo no puede ser el río Frías; simplemente, no está en el mapa.

Mañana, la vanguardia saldrá con Pacho en la punta y nos comunicaremos cada hora.

Febrero 4

Caminamos desde la mañana hasta las 4 de la tarde, con parada de 2 horas para tomar una sopa a medio día. El camino fue siguiendo el Ñacahuasú; relativamente bueno pero fatal para los zapatos pues ya hay varios compañeros casi descalzos.

La tropa está fatigada pero todos han respondido bastante bien. Yo estoy liberado de casi 15 libras y puedo caminar con soltura aunque el dolor en los hombros se hace a ratos insoportable.

No se han encontrado señales recientes del paso de gente por el río pero debemos toparnos con zonas habitadas de un momento a otro, según el mapa.

Febrero 5

Inesperadamente, luego de caminar 5 horas por la mañana (12-14 kms.) nos avisaron de la vanguardia que habían encontrado animales (resultó una yegua y su potrillo). Nos detuvimos ordenando una exploración para evitar el presunto lugar poblado. La discusión era si estábamos en el Iripiti o en la confluencia con el Saladillo, marcada en el mapa. Pacho volvió con la noticia de que había un río grande varias veces mayor que el Ñacahuasú y que no daba paso. Nos trasladamos allí y nos encontramos con el auténtico Río

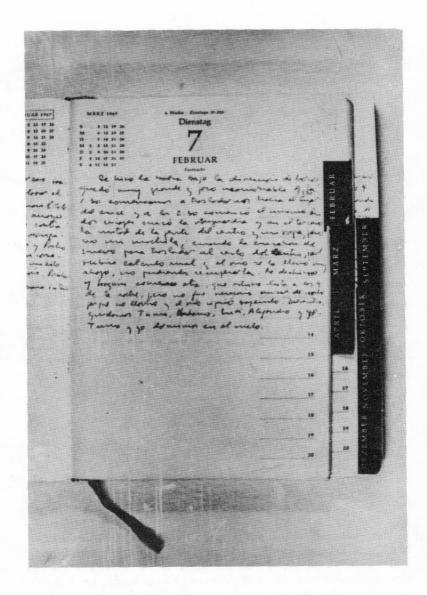

Grande crecido además. Hay señales de vida pero un poco viejas y los caminos que se siguieron mueren en yerbazales donde no hay señales de tránsito.

Acampamos en un lugar malo, cerca del Ñacahuasú para aprovechar su agua y mañana haremos exploraciones de ambos lados del río (este y oeste) para conocer los parajes y otro grupo tratará de cruzarlo.

Febrero 6

Día de calma y reposición de fuerzas. Joaquín sale con Walter y el Médico a explorar el Río Grande siguiendo su cauce; caminan 8 kilómetros sin encontrar vados y sólo un arroyo con agua salada. Marcos camina poco contra la corriente y no llega al Frías; lo acompañan Aniceto y el Loro. Alejandro, Inti y Pacho tratan de atravesar el río a nado sin conseguirlo. Nosotros nos trasladamos cerca de un kilómetro hacia atrás buscando mejor ubicación. Pombo está algo enfermo.

Mañana comenzaremos la balsa para intentar atravesarlo.

Febrero 7

Se hizo la balsa bajo la dirección de Marcos; quedó muy grande y poco maniobrable. A la 1.30 comenzamos a trasladarnos hacia el lugar del cruce y a las 2.30 comenzó el mismo. En dos viajes cruzó la vanguardia y en el tercero la mitad de la gente del centro y mi ropa, pero no mi mochila; cuando lo cruzaban de nuevo para trasladar al resto del centro, el Rubio calculó mal y el río se la

llevó muy abajo, no pudiendo recuperarla. Se deshizo y Joaquín comenzó otra que estuvo lista a las 9 de la noche, pero no fue necesario cruzar de noche porque no llovió y el río siguió bajando. Del centro quedamos Tuma, Urbano, Inti, Alejandro y yo. Tuma y yo dormimos en el suelo.

Febrero 10

Convertido en ayudante de Inti fui a hablar con los campesinos. Creo que la comedia no fue muy efectiva debido a la cortedad de aquél.

El campesino está dentro del tipo; incapaz de ayudarnos, pero incapaz de prever los peligros que acarrea y por ello potencialmente peligroso. Dio una serie de indicaciones sobre los campesinos pero no se pudo precisar por cierta inseguridad.

El Médico curó los hijos, engusanados y otro pateado por una yegua y nos despedimos.

La tarde y la noche la invertimos en preparar huminta * (no está buena). Por la noche hice algunas observaciones a todos los compañeros reunidos, sobre los 10 días siguientes. En principio, pienso caminar 10 días más rumbo a Masicuri y hacer que todos los compañeros vean físicamente los soldados, luego trataremos de llegar por el Frías para dejar otro camino explorado.

(El campesino se llama Rojas.)

* *Huminta:* panecillo horneado preparado con harina de maíz tierno. [E.]

Febrero 11

cumpleaños del viejo; 67

Seguimos una senda claramente marcada por la orilla del río, hasta que se hizo poco transitable y a ratos se perdía, con la característica de que por allí no había pasado nadie en mucho tiempo. Al mediodía llegamos a un punto en que se cerraba totalmente junto a un río grande, que, de pronto nos hizo surgir la duda sobre si sería o no el Masicuri. Hicimos alto en un arroyo; mientras Marcos y Miguel iban de exploración río arriba, el Inti, con Carlos y Pedro lo hacían río abajo, tratando de localizar la desembocadura. Así fue y se confirmó que éste es el Masicuri, cuyo primer vado parece estar más abajo y donde vieron de lejos a varios campesinos que cargaban unos caballos. Probablemente hayan visto nuestras huellas, de ahora en adelante hay que extremar las precauciones. Estamos una o dos leguas de Arenales, según los informes del campesino.
h - 760.

Febrero 12

Los dos kilómetros hechos ayer por la vanguardia se caminaron rápidamente. A partir de ese momento las picadas se hicieron muy lentamente. A las 4 de la tarde caímos en un camino real que lucía ser el buscado. En frente, del otro lado del río, nos quedaba una casa que decidimos desechar y buscarnos otra de este lado que debía ser la de Montaño, un recomendado de Rojas. Inti y el Loro fueron hasta allí pero no encontraron a nadie, aunque las características indicaban que ésa era.

A las 7.30 salimos en una marcha nocturna que sirvió para demostrar lo mucho que queda por aprender. A las 10, aproximadamente, Inti y el Loro volvieron a ir a la casa trayendo noticias

no muy buenas: el hombre estaba borracho y muy poco acoge-
dor; no tiene más que maíz. Se había emborrachado en la casa
de Caballero, del otro lado del río, cuyo vado pasa por allí. Deci-
dimos quedarnos a dormir en un bosquecito cercano. Tenía un
cansancio atroz, pues las humintas me habían caído mal y llevaba
un día sin comer.

Febrero 13

En la madrugada se desató una lluvia fuerte que duró toda la
mañana, creciendo el río. Las noticias mejoraron: Montaño, es el hijo
del dueño, de unos 16 años. El padre no estaba y tardaría una se-
mana en volver. Dio bastante información precisa hasta los bajos,
para el que falta una legua. Un pedazo de camino va por la mar-
gen izquierda, pero es pequeño. En esta banda sólo vive un herma-
no de Pérez, un campesino medio cuya hija es novia de un
miembro del ejército.

Nos trasladamos hasta un nuevo campamento, al lado del arro-
yo y de un maizal —Marcos y Miguel hicieron una trocha hasta el
camino real.

h - 650 (tiempo tormentoso).

Febrero 14

Día de tranquilidad, pasado en el mismo campamento. El mucha-
cho de la casa vino 3 veces, una de ellas a avisar que alguna gente
había cruzado del otro lado del río a buscar unos puercos, pero
no pasó de allí. Se le pagó más por el destrozo hecho al maizal.

Todo el día se lo pasaron los macheteros chapeando, sin encontrar casa; calculan haber preparado unos 6 kilómetros que será la mitad de la tarea de mañana.

Se descifra un largo mensaje de La Habana cuyo núcleo es la noticia de la entrevista con Kolle. Éste dijo allá que no se le había informado de la magnitud continental de la tarea, que en ese caso estarían dispuestos a colaborar en un plano cuyas características pidieron discutir conmigo; vendrían el mismo Kolle, Simón Rodríguez y Ramírez. Se me informa además que Simón ha manifestado su decisión de ayudarnos independientemente de lo que resuelva el partido.

Informan, además, que el francés viajando con su pasaporte llega el 23 a La Paz y se alojará en casa de Pareja o Rhea. Falta un pedazo indescifrable hasta ahora. Veremos cómo afrontamos esta nueva ofensiva conciliadora. Otras noticias: Merci apareció sin plata, alegando robo, se sospecha malversación aunque no se descarta algo más grave. Lechín va a pedir dinero y entrenamiento.

Febrero 15

cumpleaños de Hildita (11)

Día de marcha tranquila. A las 10 de la mañana habíamos alcanzado el punto a donde llegaron los picadores. Luego todo fue marchando lentamente. A las 5 de la tarde informaron haber encontrado un sembrado y a las 6 se confirmaba. Mandamos a Inti, Loro y Aniceto para que hablaran con el campesino; éste resultó ser Miguel Pérez, hermano de Nicolás, un campesino rico, pero él es pobre y explotado por el hermano, de modo que se mostró dispuesto a colaborar. No comimos debido a lo avanzado de la hora.

Febrero 16

Caminamos unos metros para ponernos a cubierto de la curiosidad del hermano y acampamos en un alto que da al río, 50 metros abajo. La posición es buena en cuanto a estar cubierto de sorpresas, pero un poco incómoda. Comenzamos la tarea de preparar una buena cantidad de comida para la travesía, que haremos cruzando la sierra hacia el Rosita. Por la tarde, una lluvia violenta y pertinaz, que siguió sin pausas toda la noche, entorpeció nuestros planes, pero hizo crecer el río y nos dejó nuevamente aislados. Se le prestará $1 000 al campesino para que compre y engorde puercos; tiene ambiciones capitalistas.

Febrero 17

La lluvia siguió toda la mañana, 18 horas de lluvia. Todo está mojado y el río muy crecido. Mandé a Marcos, con Miguel y Braulio a que busque un camino para ir al Rosita. Volvió a la tarde luego de hacer 4 kilómetros de trocha. Informó que se levanta un firme pelado similar a lo que llamamos la Pampa del Tigre. Inti se siente mal, producto del atracón.
h - 720 (condiciones atmosféricas anormales).

Febrero 18

cumpleaños de Josefina (33)

Fracaso parcial. Caminamos lentamente siguiendo el ritmo de los macheteros, pero a las 2 éstos habían arribado al firme llano donde no se precisa machete; nosotros nos demoramos algo más y a las 3 llegamos a una aguada donde acampamos, esperando cruzar el firme por la mañana. Marcos y Tuma fueron de exploración, pero volvieron con muy malas noticias; toda la loma es cortada por farallones cortados a pico, imposibles de bajar. No hay más remedio que retroceder.
h - 980 m.

Febrero 19

Día perdido. Bajamos la loma hasta encontrar el arroyo e intentamos subir por él, pero fue imposible. Mandé a Miguel y Aniceto para que subieran por el nuevo estribo y trataran de pasar al otro lado, sin resultado. Consumimos el día esperándolos y retornaron anunciando que los farallones eran del mismo tipo: impasables. Mañana intentaremos subir por el último firme después del arroyo que cae en dirección oeste (los otros lo hacen en dirección sur y allí se quiebra la loma).
h - 760 m.

Febrero 20

Día de lenta marcha, pero accidentado; Miguel y Braulio salieron por el viejo camino para llegar al arroyito del maizal; y allí perdieron el rumbo y volvieron al arroyo al anochecer. Al llegar al siguiente arroyo mandé a Rolando y Pombo a explorarlo hasta que se encontraron con el farallón, pero no volvieron hasta las 3, por lo que seguimos por el camino que Marcos iba haciendo, dejando a Pedro y el Rubio a esperarlos. Llegamos a las 4.30 al arroyo del maíz, donde hicimos campamento. No volvieron los exploradores.

h - 720 m.

Febrero 21

Lenta caminata arroyo arriba. Pombo y Rolando volvieron con la noticia de que el otro arroyo daba paso, pero Marcos exploró éste y lucía lo mismo. A las 11 salimos, pero a las 13.30 nos encontramos con unos pozos de agua muy fría que no se podían vadear. Se mandó a Loro a explorar y tardó mucho por lo que envié por la retaguardia a Braulio y Joaquín. Loro volvió con la noticia de que el arroyo ensanchaba más arriba y era más practicable por lo que se resolvió seguir sin esperar los resultados de Joaquín. A las 6 acampamos cuando aquél traía la noticia de que se podía subir el firme y había bastante camino practicable. Inti está mal; "aventado" por segunda vez en una semana.

h - 860.

Febrero 22

Todo el día se invirtió en subir por firmes bastante difíciles y de mucha manigua. Tras un día agotador nos tomó la hora de acampar sin coronar, mandé a Joaquín y Pedro para que trataran de hacerlo solos y volvieron a las 7 con la noticia de que faltaban por lo menos tres horas de chaqueo.

h - 1 180. Estamos en las cabezas del arroyo que desemboca en el Masicuri, pero con rumbo sur.

Febrero 23

Día negro para mí; lo hice a pulmón pues me sentía muy agotado. Por la mañana salieron Marcos, Braulio y Tuma para preparar el camino, mientras nosotros esperábamos en el campamento. Allí desciframos un nuevo mensaje que anuncia el recibo del mío al buzón francés. A las 12 salimos, con un sol que rajaba piedras y poco después me daba una especie de desmayo al coronar la loma más alta y a partir de ese momento caminé a fuerza de determinación. La altura máxima de la zona está a 1 420 m.; de allí se domina una amplia zona incluido el Río Grande, la desembocadura del Ñacahuasú y una parte de Rosita. La topografía es distinta de la que marca el mapa: luego de una clara línea divisoria, se baja abruptamente a una especie de meseta arbolada de 8 a 10 kilómetros de ancho en cuyo extremo corre el Rosita; luego se eleva otro macizo con alturas equivalentes a la de esta cadena y a lo lejos se ve el llano.

Decidimos bajar por un lugar practicable, aunque muy pendiente, para tomar un arroyo que conduce a Río Grande y de allí al Rosita. Luce que no hay casas en la orilla, contra lo que marca el mapa. Acampamos a 900 m., luego de un camino infernal, sin agua y ya anocheciendo.

En la madrugada anterior oí a Marcos mandando a la mierda a un cro. y por el día a otro. Hay que hablar con él.

Febrero 24

cumpleaños de Ernestico (2)

Día trabajoso y desganado. Se avanzó muy poco, sin agua, pues el arroyo que llevamos está seco. A las 12 se cambiaron los macheteros por el agotamiento; a las 2 de la tarde llovía un poco y se cargaban las cantimploras; poco después encontramos una poceta y a las 5 acampábamos en un relleno, al lado del agua. Marcos y Urbano siguieron la exploración y Marcos volvió con la noticia de que el río estaba a un par de kilómetros pero el camino por el arroyo era muy malo, pues se convertía en una ciénaga.
h - 680 m.

Febrero 25

Día negro. Se avanzó muy poco, y, para colmo Marcos equivocó la ruta y se perdió la mañana; había salido con Miguel y el Loro. A las 12 comunicó esto y pidió relevo y la comunicación; fueron Braulio, Tuma y Pacho. A las 2 horas retornó Pacho diciendo que Marcos lo había enviado porque ya no se escuchaba bien. A las 4.30 envié a Benigno para que avisara a Marcos que si a las 6 no encontraba el río retornara; después de la salida de Benigno, Pacho me llamó para decirme que Marcos y él habían tenido una discusión y que Marcos le había dado órdenes perentorias amena-

zándolo con un machete y dándole con el cabo en la cara; al volver Pacho y decirle que no seguía más, lo volvió a amenazar con el machete, zarandeándolo y rompiéndole la ropa.

Ante la gravedad del hecho, llamé a Inti y Rolando, quienes confirmaron el mal clima que existía en la vanguardia por el carácter de Marcos, pero también informaron de algunos desplantes de Pacho.

Febrero 26

Por la mañana tuve una explicación con Marcos y Pacho, de la que salí convencido de que existió por parte de Marcos la injuria y el maltrato y, quizás, la amenaza con el machete, pero no el golpe; de parte de Pacho, contestaciones injuriosas y una tendencia a la bravuconería innata en él, con algunos antecedentes aquí. Esperé que todo el mundo estuviera reunido y hablé entonces de lo que significaba este esfuerzo por llegar al Rosita, explicando cómo este tipo de privaciones era una introducción a lo que sufriríamos y explicando que, producto de la falta de adaptación, se producían incidentes vergonzosos, como éste protagonizado entre dos cubanos; critiqué a Marcos por sus actitudes y aclaré a Pacho que otro incidente como éste provocaría su baja deshonrosa de la guerrilla. Pacho, además de negarse a seguir con el comunicador, volvió sin avisarme nada del incidente, y luego, según todas las probabilidades, me mintió sobre los golpes de Marcos.

Le pedí a los bolivianos que el que se sintiera flojo no apelara a métodos torcidos, me lo dijera a mí y lo licenciábamos en paz.

Seguimos caminando, tratando de alcanzar el Río Grande, para seguir por él; lo logramos y se pudo seguir durante un poco más de 1 Km., pero hubo que volver a subir pues el río no daba paso en un farallón. Benjamín se había quedado atrás, por dificultades en su mochila y agotamiento físico; cuando llegó a nuestro lado le di órdenes de que siguiera y así lo hizo; caminó unos 50 m. y perdió el trillo de subida, poniéndose a buscarlo arriba de una laja; cuando le ordenaba a Urbano que le advirtiera la pérdida, hizo

un movimiento brusco y cayó al agua. No sabía nadar. La corriente era intensa y lo fue arrastrando mientras hizo pie; corrimos a tratar de auxiliarlo y, cuando nos quitábamos la ropa desapareció en un remanso. Rolando nadó hacia allí y trató de bucear, pero la corriente lo arrastró lejos. A los 5 minutos renunciamos a toda esperanza. Era un muchacho débil y absolutamente inhábil, pero con una gran voluntad de vencer; la prueba fue más fuerte que él, el físico no lo acompañó y tenemos ahora nuestro bautismo de muerte a orillas del Río Grande, de una manera absurda. Acampamos sin llegar al Rosita a las 5 de la tarde. Nos comimos la última ración de frijoles.

Febrero 27

Tras otro día fatigoso, marchando por la ribera y subiendo farallas, llegamos al río Rosita. Éste es más grande que el Ñacahuasú y menor que el Masicuri y tiene las aguas rojizas. Nos comimos la última ración de reserva y no se encontraron señales de vida próxima, a pesar de lo cerca que estamos de lugares poblados y carreteras.

h - 600.

Febrero 28

Día de semidescanso. Después del desayuno (té) di una corta charla, analizando la muerte de Benjamín y contando algunas anécdotas de la Sierra Maestra. A continuación salieron las exploraciones, Miguel, Inti, y el Loro Rosita arriba, con la instrucción de cami-

nar 3½ horas, lo que yo creía fuera necesario para alcanzar el río Abaposito, pero no fue así por la falta de senda; no encontraron señales de vida reciente. Joaquín y Pedro subieron a los montes de enfrente, pero no vieron nada ni encontraron senda alguna o restos de ella. Alejandro y Rubio cruzaron el río pero no encontraron senda, aunque la exploración fue superficial. Marcos dirigió la construcción de la balsa y se inició el cruce apenas terminada, en un recodo del río donde desemboca el Rosita. Pasaron las mochilas de 5 hombres, pero pasó la de Miguel y quedó la de Benigno, mientras que sucedía al revés con ellos, y para colmo, Benigno dejó los zapatos.

La balsa no pudo ser recuperada y la segunda no estaba terminada, de modo que suspendimos el cruce hasta mañana.

Análisis del mes

Aunque no tengo noticias de lo ocurrido en el campamento, todo marcha aproximadamente bien, con las debidas excepciones, fatales en estos casos.

En lo externo, no hay noticias de los dos hombres que debían mandarme para completar el conjunto; el francés ya debe estar en La Paz y cualquier día en el campamento; no tengo noticias de los argentinos ni del Chino; los mensajes se reciben bien en ambas direcciones; la actitud del partido sigue siendo vacilante y doble, lo menos que se puede decir de ella, aunque queda una aclaración, que puede ser definitiva, cuando hable con la nueva delegación.

La marcha se cumplió bastante bien, pero fue empañada por el accidente que costó la vida a Benjamín; la gente está débil todavía y no todos los bolivianos resistirán. Los últimos días de hambre han mostrado una debilitación del entusiasmo, caída que se hace más patente al quedar divididos.

De los cubanos, dos de los de poca experiencia, Pacho y el Rubio no han respondido todavía, Alejandro lo ha hecho a plenitud; de los viejos, Marcos da continuos dolores de cabeza y Ricardo no está cumpliendo cabalmente. Los demás bien.

La próxima etapa será de combate y decisiva.

Marzo 1

A las 6 de la mañana comenzó a llover. Pospusimos el cruce hasta que pasara, pero la lluvia arreció y siguió hasta las 3 de la tarde, hora en que llegó la crecida y no consideramos prudente intentar el cruce. Ahora está muy crecido y sin trazas de bajar pronto. Yo me trasladé a una tapera * abandonada para huirle al agua y allí hice el nuevo campamento. Joaquín quedó en su mismo lugar. Por la noche me informó que Polo se había tomado su lata de leche y Eusebio la de leche y las sardinas; por ahora, como sanción, no comerán cuando toquen esas cosas. Mal síntoma.

Marzo 2

El día amaneció lluvioso y la gente disparada, empezando por mí. El río más crecido aún. Se decide dejar el campamento apenas escampe y seguir paralelo al río por el camino que trajimos. Salimos a las 12 e hicimos buena provisión de palmitos de corojo.** A las 4.30 nos detuvimos, pues habíamos dejado nuestro camino en un intento por aprovechar una vieja senda que se perdió. No se tiene noticias de la vanguardia.

* *Tapera:* bohío abandonado o cabaña para uso provisional. [E.]
** *Palmito de corojo:* corazón del corojo. [E.]

Marzo 3

Empezamos con entusiasmo, caminando bien, pero las horas nos fueron moderando y hubo que enderezar el camino por el firme, pues temí que se produjera algún accidente en la zona por donde cayó Benjamín. Tardamos cuatro horas en hacer el camino que nos tomó menos de ½ hora por abajo. A las 6 llegamos a la orilla del arroyo donde hicimos campamento, pero como sólo teníamos dos palmitos, Miguel y Urbano, luego Braulio fueron a buscar unos lejanos, volviendo a las 9 de la noche. Cerca de las 12 comimos; el palmito y el corojo (totaí en Bolivia) están salvando la situación.

h - 600 ms.

Marzo 4

Miguel y Urbano salieron por la mañana y estuvieron todo el día macheteando, retornando a las 6 de la tarde; avanzaron unos 5 kilómetros y ven un llano que debe permitir avanzar; pero no hay lugar para campamento, por lo que decidimos quedarnos aquí hasta alargar el trillo. Los cazadores lograron dos monitos, una cotorra y una paloma, que fue nuestra comida junto con el palmito, abundante en este arroyo.

El ánimo de la gente está bajo y el físico se deteriora día a día; yo tengo comienzo de edemas en las piernas.

Nieve. La parte está esta vez más desanimada.
Cuando llegué al fin de las posiciones, próximo del
camino. Hoy avanzamos entre 4, 5 kilómetros por la
orilla del río, y llevamos al final con una tortilla por
metodos. La comida a _____ a _____ y el _____
palmito, a partir de mañana, está _____ a
un tercio por ahora, durante dos días; luego lo
bebe que es la expedida. Para el ahuachiun
deben falar dos a 3 jornadas.
h = 610 m.

Marzo 5

Joaquín y Braulio salieron de macheteros, con lluvia, pero ambos están flojos y no avanzaron mucho. Se colectaron 12 palmitos y se cazaron algunos pajaritos, lo que permite guardar las latas un día más y hacer reserva de palmito para dos días.

Marzo 6

Día de caminata intermitente hasta las 5 de la tarde. Miguel, Urbano y Tuma son los macheteros. Se avanzó algo y se ven a lo lejos unos firmes que parecen ser los de Ñacahuasú. Sólo se cazó un lorito entregado a la retaguardia. Hoy comemos palmito con carne. Nos quedan tres comidas muy escasas.
h - 600 ms.

Marzo 7

4 meses. La gente está cada vez más desanimada, viendo llegar el fin de las provisiones, pero no del camino. Hoy avanzamos entre 4 y 5 kilómetros por la orilla del río y dimos al final con un trillo prometedor. La comida: 3 pajaritos y ½ y el resto del palmito; a partir de mañana, lata pelada, a un tercio por cabeza, durante dos días; luego la leche, que es la despedida. Para Ñacahuasú deben faltar dos a 3 jornadas.
h - 610 m.

Marzo 8

Días de poco camino, de sorpresa y tensiones. A las 10 de la mañana salimos del campamento sin esperar a Rolando que estaba cazando. Caminamos sólo hora y media y nos encontramos con los macheteros y los cazadores (Urbano, Miguel, Tuma y Médico y Chinchu, respectivamente), tenían un montón de loros pero se habían encontrado con que había una toma de agua y se detuvieron. Fui a ver el lugar luego de ordenar un campamento y lució una estación de bombeo de petróleo. Inti y Ricardo se tiraron al agua; debían simular ser cazadores. Se tiraron vestidos a pasar en dos etapas pero Inti tuvo dificultades y casi se ahoga; Ricardo lo auxilió y por fin salieron a la orilla llamando la atención de todo el mundo. La contraseña si había peligro no se produjo y desaparecieron. Habían iniciado el cruce a las 12 y a las 15.15 me retiré sin que dieran señales de vida. Pasó toda la tarde y no aparecieron. La última posta se retiró a las 21 y no se habían dado nuevas señales.

Me preocupé mucho, dos valiosos compañeros estaban expuestos y no se sabía lo que había pasado. Se resolvió que Alejandro y Rolando los mejores nadadores, crucen mañana al aclarar.

Comimos mejor que otros días, a pesar de la falta de palmito, por la abundancia de loros y dos monitos que mató Rolando.

Marzo 9

Temprano iniciamos la tarea del cruce, pero fue necesario hacer una balsa, lo que demoró bastante. La posta anunció que se veían gentes semidesnudas del otro lado; eran las 8.30 y se suspendió el cruce. Se ha hecho un caminito que sale al otro lado pero a un claro desde donde nos ven, por lo que hay que salir de mañanita aprovechando la niebla del río. Cerca de las 16, tras un desesperante observatorio que para mí duró desde las 10.30, se tiraron al río

los proveedores (Inti y Chinchu), saliendo muy abajo. Trajeron un puerco, pan, arroz, azúcar, café, algunas latas, maíz sarazo, etc. Nos dimos un pequeño festín de café, pan y se autorizó a consumir la lata de leche condensada hecha dulce que traíamos en reserva. Explicaron que habían salido cada hora para que los vieran pero infructuosamente para nosotros. Marcos y su gente pasaron hace 3 días y parece que Marcos hizo de las suyas mostrando las armas. Los ingenieros de yacimientos no saben bien cuánto hay al Ñacahuasú, pero suponen 5 días de camino; los víveres nos alcanzan si fuera así. La bomba pertenece a una planta de bombeo que se está construyendo.

Marzo 10

Salimos a las 6.30 caminando 45 minutos hasta alcanzar a los macheteros. A las 8 comenzó a llover siguiendo hasta las 11. Caminamos, efectivos, unas 3 horas acampando a las 5. Se ven unas lomas que podría ser el Ñacahuasú. Braulio salió a explorar y regresó con la noticia de que hay una senda y el río sigue recto al oeste.
h - 600.

Marzo 11

El día comenzó bajo buenos auspicios. Caminamos más de 1 hora por un camino perfecto, pero éste se perdió sin transición. Braulio tomó el machete y siguió trabajosamente hasta encontrar una playa. Les dejamos tiempo a él y Urbano para que abrieran camino y

cuando íbamos a seguir, la creciente nos cortó el camino, fue cosa fulminante y el río creció cerca de un par de metros.

Quedamos aislados de los macheteros y constreñidos a hacer camino en el monte. A las 13.30 paramos y mandé a Miguel y Tuma con el encargo de conectar con los vanguardistas y dar orden de regresar si no se lograba llegar al Ñacahuasú o a un lugar bueno.

A las 18 volvieron; habían caminado unos 3 kilómetros llegando a un farallón cortado a pico. Parece que estamos cerca pero las últimas jornadas serán muy duras si no baja el río, lo que luce muy improbable. Caminamos 4-5 K.

Se suscitó un incidente desagradable porque a la retaguardia le falta azúcar y oscila la sospecha entre menos cantidad en el reparto o ciertas licencias de Braulio. Hay que hablar con éste.

h - 610.

Marzo 12

En una hora y diez caminamos el tramo que se había hecho ayer. Cuando llegamos, Miguel y Tuma, que habían salido primero, ya estaban explorando para tratar de pasar un farallón cortado a pique. En esto pasó todo el día: nuestra única actividad fue cazar cuatro pajaritos que comimos como complemento del arroz con mejillones. Nos quedan dos comidas. Miguel quedó del otro lado y parece que consiguió paso al Ñacahuasú.

Caminamos unos 3-4 K.

Marzo 13

Desde las 6.30 hasta las 12 estuvimos montados en farallas infernales, siguiendo el camino hecho por Miguel en un trabajo ciclópeo. Pensábamos que ya estaba el Ñacahuasú cuando nos topamos con algunos pasitos malos y en 5 horas avanzamos bastante poco. Acampamos bajo un aguacero moderado a las 17. La gente está bastante cansada y un poco desmoralizada nuevamente. Queda una sola comida. Caminamos unos 6 K. pero poco de provecho.

Marzo 15

Cruzamos el río, pero sólo el centro, y el Rubio y el Médico para ayudarnos. Pensábamos llegar a la desembocadura del Ñacahuasú pero llevábamos 3 hombres que no saben nadar y un gran peso. La corriente nos arrastró cerca de un kilómetro y ya la balsa no se podía cruzar, como era nuestra intención. Quedamos los 11 de este lado y mañana volverán a cruzar el Médico y el Rubio. Cazamos 4 gavilanes que fue nuestra comida, no tan mala como podía preverse. Todas las cosas se mojaron y el tiempo sigue cargado de agua. La moral de la gente es baja; Miguel tiene los pies hinchados y hay varios más en esas condiciones.
h - 580.

Marzo 16

Decidimos comernos el caballo, pues ya era alarmante la hinchazón. Miguel, Inti, Urbano, Alejandro, presentaban diversos síntomas; yo una debilidad extrema. Tuvimos un error de cálculo, pues creíamos que Joaquín pasaría pero no fue así. El Médico y Rubio trataron de cruzar para ayudarlos y fueron expulsados río abajo, perdiéndose de vista; Joaquín solicitó autorización para cruzar y se la di; también se perdieron río abajo. Mandé a Pombo y Tuma a alcanzarlos, pero no los encontraron, retornando a la noche. Desde las 17 horas fue una orgía de caballo. Mañana serán las consecuencias, probablemente. Calculo que hoy debe llegar Rolando al campamento.

Se descifra completo mensaje No. 32 que anuncia la llegada de un boliviano para incorporarse con otro cargamento de glucantine, un antiparasitario (leismania). Hasta ahora no tenemos casos de ésos.

Marzo 17

Otra vez la tragedia antes de probar el combate. Joaquín apareció a media mañana; Miguel y Tuma habían ido a alcanzarlo con buenos trozos de carne. La odisea había sido seria: no pudieron dominar la balsa y ésta siguió Ñacahuasú abajo, hasta que les tomó un remolino que la tumbó, según ellos, varias veces. El resultado final fue la pérdida de varias mochilas, casi todas las balas, 6 fusiles y un hombre: Carlos. Éste se desprendió en el remolino junto con Braulio pero con suerte diversa: Braulio alcanzó la orilla y pudo ver a Carlos que era arrastrado sin ofrecer resistencia. Joaquín ya había salido con toda la gente, más adelante, y no lo vio pasar. Hasta ese momento, era considerado el mejor hombre de los bolivianos en la retaguardia, por su seriedad, disciplina y entusiasmo. Las armas perdidas son: una Brno, la de Braulio; 2 M-1, Carlos

y Pedro; 3 máusers, Abel, Eusebio y Polo. Joaquín informó que había visto al Rubio y al Médico en la otra banda y ya les había ordenado hacer una balsita y volver. A las 14 aparecieron con su cuenta de peripecias y sinsabores, desnudos y con el Rubio descalzo. La balsa se les descalabró en el primer remolino. Salieron a la orilla casi donde lo hiciéramos nosotros.

Nuestra partida está fijada para mañana temprano y Joaquín lo hará por el mediodía. Espero encontrarme con noticias mañana mismo en el curso del día. La moral de la gente de Joaquín parece buena.

Marzo 18

Salimos temprano, dejando a Joaquín para digerir y acabar de aderezar su medio caballo, con instrucciones de salir en cuanto se sienta fuerte.

Tuve una lucha para mantener cierta reserva de carne; contra la opinión de la gente que quería metérsela toda. A media mañana se habían retrasado Ricardo, Inti y Urbano y hubo que esperarlos contra mis propósitos de descansar en el campamento de donde habíamos partido a la ida. De todas maneras, caminamos mal.

A las 14.30 se presentó Urbano con una urina * cazada por Ricardo, lo que nos permite cierta holgura y una reserva de costillar de caballo. A las 16.30 llegamos al punto que debía ser intermedio, pero allí dormimos. Hay varios hombres quedones y malhumorados: Chinchu, Urbano y Alejandro.

* *Urina:* venadito. [E.]

Marzo 19

Por la mañana caminamos bien los de adelante y paramos a las
11, como habíamos convenido, pero otra vez se retrasaron Ricardo
y Urbano, y esta vez, Alejandro. Llegaron a las 13, pero con otra
urina, también cazada por Ricardo y con ellos Joaquín. Se suscitó
urina, también cazada por Ricardo y con ellos llegó Joaquín. Se
suscitó un incidente por un cambio de palabras entre Joaquín y
el Rubio en que tuve que tratar duramente a este último sin estar
convencido de que fuera culpable.
teando una avioneta que no presagiaba nada bueno y, además, me
tenía preocupado la falta de noticias de la base. Pensaba que la
tirada sería más larga, pero, a pesar del desgano de la gente, lle-
gamos a las 17.30. Allí nos recibió el médico peruano, Negro, que
ha venido con el Chino y el telegrafista con la noticia de que Be-
nigno esperaba con comida y de que habían desertado dos hombres
de Guevara y la policía había caído a la finca. Benigno explicó
que había salido a encontrarnos con alimentos y se cruzó hace tres
días con Rolando; lleva dos días aquí pero no se había animado
a seguir porque el ejército podía avanzar por el río, ya que la avio-
neta llevaba tres días volteando. El Negro era testigo presencial
del ataque a la finca por 6 hombres. No estaban ni Antonio ni
Coco; éste había ido a Camiri a buscar otro lote de hombres de
Guevara y Antonio salió en seguida a avisarle la deserción. Recibo
un largo informe de Marcos (D.VIII) en el que explica sus an-
danzas a su manera; llegó a la finca contra mis órdenes expresas
y dos informes de Antonio explicando la situación (D.IX y X).

Están ahora en la base el francés, el Chino, sus compañeros, el
Pelado, Tania y Guevara con la primera parte de su grupo. Tras
de comer una opípara cena de arroz congrís y urina, Miguel salió
a buscar a Joaquín que no había llegado y localizar a Chinchu, re-
trasado una vez más. Volvió con Ricardo y a la madrugada se pre-
sentó Joaquín juntándonos todos aquí.

Marzo 20

Salimos a las 10, con buen paso, Benigno y el Negro nos precedían con un mensaje para Marcos en que le ordenaba hacerse cargo de la defensa y dejarle las cosas administrativas a Antonio. Joaquín salió después de haber borrado las huellas de entrada al arroyo pero sin apuro. Trae tres hombres descalzos. A las 13, cuando estábamos haciendo una parada larga, apareció Pacho con un mensaje de Marcos. La información ampliaba la primera de Benigno, pero ahora era más complicada pues los guardias se habían metido por el camino del vallegrandino en número de 60 y apresaron un mensajero nuestro de la gente de Guevara, Salustio. Nos quitaron una mula y se perdió el jeep. No se tenían noticias del Loro que se había quedado en la posta de la casita. Decidimos llegar de todas maneras al Campamento del Oso, como se llama ahora por el hecho de haber matado un animal de ésos. Mandamos a Miguel y Urbano para preparar comida para hombres hambrientos y llegamos nosotros al anochecer. En el campamento estaban Dantón, el Pelao, y el Chino, además de Tania y un grupo de bolivianos usados en góndola para llevar comida y retirarse. Rolando había sido enviado para organizar la retirada de todo; un clima de derrota imperaba. Poco después llegó un médico boliviano recién incorporado con un mensaje para Rolando en el que se le comunicaba que Marcos y Antonio estaban en la aguada, que fuera a entrevistarse. Le mandé a decir con el mismo mensajero que la guerra se ganaba a tiros, que se retiraran inmediatamente hacia el campamento y allí me esperaran. Todo da la impresión de un caos terrible; no saben qué hacer.

Hablé preliminarmente con el Chino. Pide 5 mil dólares mensuales durante 10 meses y de La Habana le dijerón que discutiera conmigo. Trae además un mensaje que Arturo no pudo descifrar por ser muy largo. Le dije que en principio sí, sujeto a que en 6 meses se alzara. Piensa hacerlo con 15 hombres y él como jefe en la zona de Ayacucho. Convinimos además, en que le recibiría 5 hombres ahora y 15 más, con algún lapso y les enviaría con sus armas luego de entrenarlos en combate. Él me debe enviar un par de trasmisores de alcance medio (40 millas) y trabajaremos en la confección de una clave para nuestro uso y estar en permanente contacto. Parece muy entusiasmado.

Trajo también una serie de informes de Rodolfo muy viejos ya.
Se conoce que el Loro apareció y anunció haber matado un soldado.

Marzo 21

Me pasé el día en charlas y discusiones con el Chino, precisando
algunos puntos, el francés, el Pelao y Tania. El francés traía no-
ticias ya conocidas sobre Monje, Kolly, Simón Reyes, etc. Viene
a quedarse pero yo le pedí que volviera a organizar una red de
ayuda en Francia y de paso fuera a Cuba, cosa que coincide con
sus deseos de casarse y tener un hijo con su compañera. Yo debo
escribir cartas a Sartre y B. Russell para que organicen una colecta
internacional de ayuda al movimiento de liberación boliviano. Él
debe, además, hablar con un amigo que organizará todas las vías de
ayuda, fundamentalmente, dinero, medicinas y electrónica, en for-
ma de un ingeniero del ramo y equipos.

El Pelao, por supuesto, está en disposición de ponerse a mis ór-
denes y yo le propuse ser una especie de coordinador, tocando por
ahora sólo a los grupos de Jozamy, Gelman y Stamponi y mandán-
dome 5 hombres para que comiencen el entrenamiento. Debe salu-
dar a María Rosa Oliver y al viejo. Se le dará 500 pesos para
mandar y mil para moverse. Si aceptan, deben comenzar la acción
exploratoria en el norte argentino y mandarme un informe.

Tania hizo los contactos y la gente vino, pero según ella, se la
hizo viajar en su jeep hasta aquí y pensaba quedarse un día pero
se complicó la cosa. Jozamy no pudo quedarse la primera vez y
la segunda ni siquiera se hizo contacto por estar Tania aquí. Se
refiere a Iván con bastante desprecio; no sé qué habrá en el fondo
de todo. Se recibe la rendición de cuentas de la Loyola hasta el
9 de febrero (1 500 dólares).*

Se reciben dos informes de Iván; uno sin interés, con fotos, sobre
un colegio militar, otro informando de algunos puntos, sin mayor
importancia tampoco.

Lo fundamental es que no puede descifrar la escritura (D.XIII).

* [*Al margen*]: e informa de su separación de la Dirección de la juventud.

Se recibe un informe de Antonio (D.XII) donde trata de justificar su actitud. Se escucha un informe radial en que se anuncia un muerto y se desmiente luego; lo que indica que fue verdad lo del Loro.

Marzo 22

A [] * salimos dejando abandonado el campamento [] con alguna comida, precariamente guardada []. Llegamos abajo a las 12, constituimos un grupo de 47 hombres, contando visitantes y todo.

Al llegar Inti me planteó una serie de faltas de respeto cometidas por Marcos; yo me exploté y le dije a Marcos que de ser cierto sería expulsado de la guerrilla, contestando él que moría, antes fusilado.

Se había ordenado una emboscada de 5 hombres hacia adelante en el río y una exploración de 3 hombres, encabezados por Antonio, con Miguel y el Loro. Pacho fue de observación a la loma pelada, que domina la casa de Argañaraz pero no observó nada. A la noche regresaron los exploradores y les espeté una descarga abundante. Olo reaccionó muy emocionalmente y negó los cargos. La reunión fue explosiva e intempestiva y no dejó buen saldo. No está claro qué es lo que Marcos dijo. Mandé buscar a Rolando para arreglar definitivamente el problema de los incorporados con sus números y distribución, ya que fuimos más de 30 comensales pasando hambre en el centro.

* Los espacios en blanco corresponden a palabras ilegibles en el original. [E.]

Marzo 23

Día de acontecimientos guerreros. Pombo quería organizar una góndola hasta arriba para rescatar mercancía, pero yo me opuse hasta aclarar la sustitución de Marcos. A las 8 y pico llegó Coco a la carrera a informar que había caído una sección del ejército en la emboscada. El resultado final ha sido, hasta ahora, 3 morteros de 60 mm., 16 máusers, 2 Bz, 3 Usis, 1 30, dos radios, botas, etc., 7 muertos, 14 prisioneros sanos y 4 heridos, pero no logramos capturarles víveres. Se capturó el plan de operaciones que consiste en avanzar por ambos cabos del Ñacahuasú para hacer contacto en un punto medio. Trasladamos aceleradamente gente al otro lado y puse a Marcos con casi toda la vanguardia en el final del camino de maniobras mientras el centro y parte de la retaguardia queda en la defensa y Braulio hace una emboscada al final del otro camino de maniobras. Así pasaremos la noche para ver si mañana llegan los famosos rángers. Un mayor y un capitán, prisioneros, hablaron como cotorras.

Se descifra el mensaje enviado con el Chino. Habla del viaje de Debray, el envío de $ 60 mil, los pedidos del Chino y una explicación de por qué no escriben a Iván. También recibo una comunicación de Sánchez donde informa sobre las posibilidades de establecer a Mito en algunos puntos.

Marzo 24

El botín completo es el siguiente: 16 máusers, 3 morteros con 64 proyectiles, 2 Bz, 2 000 tiros de máuser, 3 Usis con 2 cargadores cada una, una 30 con dos cintas. Hay 7 muertos y 14 prisioneros, incluyendo 4 heridos. Se manda a Marcos a hacer una exploración la que no arroja nada, pero los aviones bombardean cerca de la casa nuestra.

Mandé a Inti a hablar por última vez con los prisioneros y po-

nerlos en libertad. desnudándolos de toda prenda que sirva, menos a los dos oficiales con los que se habló aparte y salieron vestidos. Al mayor se le dijo que le dábamos hasta el 27 a las 12.00 para retirar los muertos y les ofrecimos una tregua para toda la zona de Lagunillas si él se quedaba por aquí, pero contestó que se retiraba del Ejército. El capitán informó que había reingresado al Ejército hacía un año, a pedido de la gente del partido y que tenía un hermano estudiando en Cuba; además, dio los nombres de otros dos oficiales dispuestos a colaborar. Cuando los aviones comenzaron el bombardeo que dieron un susto mayúsculo, pero también lo sufrieron dos hombres nuestros, Raúl y Walter; este último también estuvo flojo en la emboscada.

Marcos hizo una exploración sin encontrar nada por su zona. Ñato y Coco fueron con la resaca a una góndola hacia arriba pero debieron devolverlos porque no querían caminar. Hay que licenciarlos.

Marzo 25

El día pasó sin novedad. León, Urbano y Arturo fueron enviados a un observatorio que domina las entradas del río por ambos lados. A las 12 se retiró Marcos de su posición en la emboscada y toda la gente quedó concentrada en la emboscada principal. A las 18.30, con casi todo el personal presente, hice un análisis del viaje y su significado y expuse los errores de Marcos, destituyéndolo y nombrando a Miguel jefe de la vanguardia. Al mismo tiempo se anunció el licenciamiento de Paco, Pepe, Chingolo y Eusebio, comunicándoles que no comerán si no trabajan y se les suspende la fuma, redistribuyendo las cosas personales entre los otros compañeros más necesitados. Me referí al proyecto de Kolle de venir a discutir qué se hace simultáneamente con la expulsión de los miembros de la juventud aquí presentes, lo que interesan son hechos; las palabras que no concuerden con los hechos no tienen importancia. Anuncié la búsqueda de la vaca y la reiniciación del estudio.

Hablé con Pedro y el Médico a quienes anuncié su casi total graduación de guerrilleros y con Apolinar a quien di ánimos. A Wal-

ter le hice críticas por ablandarse durante el viaje, por su actitud en el combate y por el miedo que mostró a los aviones; no reaccionó bien. Precisamos detalles con el Chino y el Pelado y le hice al francés un largo informe oral sobre la situación. En el curso de la reunión se le dio a este grupo el nombre de Ejército de Liberación Nacional de Bolivia y se hará un parte del encuentro.

Marzo 26

Inti salió temprano con Antonio, Raúl y Pedro para buscar una vaca en la zona de Ticucha pero encontraron tropas a 3 horas de aquí y volvieron, al parecer, sin ser vistos. Informaron que los soldados tenían una posta en una pelada y una como casa de techo brillante de la que vieron salir unos 8 hombres. Están en las inmediaciones del río que llamábamos Yaki. Hablé con Marcos y le envié a la retaguardia; no creo que mejore mucho su conducta.

Se hizo una pequeña góndola y las habituales postas; desde el observatorio de Argañaraz se vieron 30-40 soldados y aterrizó un helicóptero.

Marzo 27

Hoy hizo explosión la noticia acaparando todo el espacio radial y produciendo multitud de comunicados, incluida una conferencia de prensa de Barrientos. El parte oficial incluye un muerto más que nosotros y los da como heridos y luego fusilados y nos asigna 15 muertos y 4 prisioneros, dos de ellos extranjeros, pero también se habla de un extranjero que se autoeliminó y de la composición de

la guerrilla. Es evidente que los desertores o el prisionero hablaron, sólo que no se sabe exactamente cuánto dijeron y cómo lo dijeron. Todo parece indicar que Tania está individualizada con lo que se pierden dos años de trabajo bueno y paciente. La salida de la gente es muy difícil ahora; me dio la impresión de que no le hizo ninguna gracia a Dantón cuando se lo dije. Veremos en el futuro.

Benigno, Loro y Julio salieron para buscar el camino a Pirirenda; deben tardar dos o tres días y sus instrucciones son llegar sin ser vistos a Pirirenda para hacer luego una expedición a Gutiérrez. El avión de reconocimiento tiró unos paracaídas que la vigía informó habían caído en el campo de caza; se envió a Antonio y dos más para investigar y tratar de hacer prisioneros pero no había nada.

Por la noche tuvimos una reunión de Estado Mayor en la que fijamos los planes para los días venideros. Hacer mañana una góndola a la casita nuestra para recoger maíz, luego otra para comprar en Gutiérrez y por fin un ataquecito de distracción, que puede ser en el monte entre Pincal y Lagunilla a los vehículos que transiten allí.

Se confecciona el comunicado No. 1 que trataremos de hacer llegar a los periodistas de Camiri (D.XVII).

Marzo 28

Las radios siguen saturadas de noticias sobre las guerrillas. Estamos rodeados por 2 000 hombres en un radio de 120 km, y se estrecha el cerco, complementado por bombardeos con napalm; tenemos unas 10-15 bajas.

Mandé a Braulio al frente de 9 hombres para tratar de buscar maíz. Volvieron a la noche con un rosario de noticias locas: 1° Coco, que había salido antes para avisarnos, desaparece. 2° A las 16.00 llegan a la finca; se encuentran con que la cueva ha sido revisada pero se despliegan para comenzar la recogida cuando aparecen 7 hombres de la cruz roja, 2 médicos y varios militares sin armas. Se les toma prisioneros, explicándoles que la tregua ya venció, pero autorizándolos a seguir. 3° Llega un camión lleno

de soldados, y, en vez de tirar, les hacen decir que se retiren. 4º Los soldados, disciplinadamente, se retiran y los nuestros acompañan a los sanitarios hasta donde están los cadáveres podridos, pero éstos no los pueden cargar y dicen que vendrán mañana a quemarlos. Se les confiscan 2 caballos de Argañaraz y vuelven, quedando Antonio, Rubio y Aniceto donde los animales no pueden seguir; cuando se iba a buscar a Coco, éste apareció; parece que se había quedado dormido.

No hay noticias de Benigno todavía.

El francés planteó con demasiada vehemencia lo útil que podría ser fuera.

Marzo 29

Día de poca acción pero de extraordinaria movilidad en las noticias; el Ejército suministra una amplia información que, de ser cierta, puede sernos de mucho valor. Radio Habana ya dio la noticia y el Gobierno anuncia que apoyará la acción de Venezuela presentando el caso Cuba en la OEA. Entre las noticias, hay una que me preocupa; la de que hubo un encuentro en la quebrada de Tiraboy donde murieron dos guerrilleros. Por ese lugar se va a Pirirenda, punto que debía explorar Benigno y hoy debía estar de vuelta, sin hacerlo. Tenían orden de no pasar por la quebrada, pero en los últimos días se han incumplido reiteradamente las órdenes que doy.

Guevara va avanzando muy lentamente en su trabajo; se le dio dinamita pero no pudieron explotarla en todo el día. Se mató un caballo y se comió carne generosamente, aunque ésta debe durar 4 días; trataremos de traer el otro hasta aquí, aunque luce difícil. A juzgar por las aves de rapiña, todavía no han quemado los cadáveres. Apenas esté la cueva podemos hacer el traslado de este campamento, que ya resulta incómodo y muy conocido. Comuniqué a Alejandro que él quedaría aquí junto con el Médico y Joaquín (probablemente en el Campamento del Oso). Rolando está también muy agotado.

Hablé con Urbano y Tuma; con este último no pude siquiera hacerme entender sobre el origen de mis críticas.

Marzo 30

Todo vuelve a la tranquilidad: a media mañana aparecen Benigno y sus compañeros. Efectivamente, habían transitado por la quebrada de Piraboy, pero no encontraron sino rastros del paso de dos personas. Llegaron al lugar de destino, aunque fueron vistos por los campesinos, y regresaron. El informe expresa que se tarda unas 4 horas en llegar a Pirirenda y que, aparentemente, no hay peligro. La aviación ametralló constantemente la casita.

Mandé a Antonio con dos más para explorar el río hacia arriba y el informe es que los guardias permanecen estáticos, aunque hay huellas de un recorrido de exploración por el río. Han cavado trincheras.

Llegó la yegua que faltaba, de manera que, en el peor de los casos, tenemos carne para cuatro días. Mañana se descansará y pasado mañana saldrá la vanguardia para las dos próximas operaciones: tomar Gutiérrez y hacerles una emboscada en el camino a Argañaraz-Lagunillas.

Marzo 31

Sin mayores novedades. Guevara anunció para mañana la terminación de la cueva. Inti y Ricardo reportaron que los guardias habían vuelto a tomar nuestra finquita, previa a una preparación artillería (morteros), aviación, etc. Esto obstaculiza nuestros planes

de ir a Pirienda a abastecernos; no obstante, le di instrucciones a Manuel de avanzar con su gente hasta la casita. Si ésta está vacía, tomarla y mandar dos hombres a avisarme para que nosotros nos movilicemos pasado mañana, si está tomada y no se puede hacer, un ataque por sorpresa, retornar y explorar la posibilidad de flanquear a Argañaraz para hacerles una emboscada entre el Pincal y Lagunillas. La radio sigue con la alharaca y los partes se suceden a los anuncios oficiosos de combate. Han fijado nuestra posición con absoluta precisión entre el Yaki y Ñacahuasú y temo que traten de hacer algún movimiento envolvente. Hablé con Benigno sobre su error en no irnos a buscar y le expliqué la situación de Marcos; reaccionó bien.

Por la noche hablé con Loro y Aniceto. La conversación fue muy mala; Loro llegó a decir que estábamos descompuestos y cuando lo precisé, dejó eso para Marcos y Benigno; Aniceto se solidarizó a medias con él pero luego le confesó a Coco que habían sido cómplices en un robo de latas y a Inti que no se solidarizaba con las expresiones de Loro sobre Benigno y otra sobre Pombo y sobre la "descomposición general de la guerrilla", aproximadamente.

Análisis del mes

Éste está pletórico de acontecimientos pero el panorama general se presenta con las siguientes características: Etapa de consolidación y depuración para la guerrilla, cumplida a cabalidad; lenta etapa de desarrollo con la incorporación de algunos elementos venidos de Cuba, que no parecen malos, y los de Guevara que han resultado con un nivel general muy pobre (2 desertores, 1 prisionero y "hablador", 3 rajados, 2 flojos); etapa de comienzo de la lucha, caracterizada por un golpe preciso y espectacular, pero jalonada de indecisiones groseras antes y después del hecho (retirada de Marcos, acción de Braulio), etapa del comienzo de la contraofensiva enemiga, caracterizada hasta ahora por: a) tendencia a establecer controles que nos aíslen, b) clamoreo a nivel nacional e internacional, c) inefectividad total, hasta ahora, d) movilización campesina.

Evidentemente, tendremos que emprender el camino antes de lo que yo creía y movernos dejando un grupo en remojo y con el lastre de 4 posibles delatores. La situación no es buena, pero ahora comienza otra etapa de prueba para la guerrilla, que le ha de hacer mucho bien cuando la sobrepase.

Composición: vanguardia —Jefe: Miguel; Benigno, Pacho, Loro, Aniceto, Camba, Coco, Darío, Julio, Pablo, Raúl.

Retaguardia —Jefe: Joaquín; segundo: Braulio; Rubio, Marcos, Pedro, Médico, Polo, Walter, Víctor (Pepe, Paco, Eusebio, Chingolo).

Centro —Yo, Alejandro, Rolando, Inti, Pombo, Ñato, Tuma, Urbano, Moro, Negro, Ricardo, Arturo, Eustaquio, Guevara, Willy, Luis,* Antonio, León (Tania, Pelado, Dantón, Chino —visitantes), (Serapio —refugiado).

* Aparecerá más adelante, también, como *Chapaco*. [E.]

Abril 1

La vanguardia partió a las 7, con bastante retraso. Falta el Camba que no regresó de su expedición con el Ñato para esconder las armas en la cueva del Oso. A las 10.00 llegó Tuma del observatorio avisando que había visto 3 o 4 soldados en la pampita de caza. Ocupamos las posiciones y Walter, desde la vigía, avisó que había visto 3 y un mulo o burro y que estaban emplazando algo; me lo mostró pero no vi nada. A las 16.00 me retiré, juzgando que, en todo caso, ya no era necesario permanecer pues no atacarían, pero me parece que fue una ilusión óptica de Walter.

Decidí evacuar todo mañana mismo y que Rolando se hiciera cargo de la retaguardia en ausencia de Joaquín. El Ñato y Camba llegaron a las 21.00 dejando todo guardado, menos una comida para los 6 que se quedaron. Éstos son: Joaquín, Alejandro, Moro, Serapio, Eustaquio y Polo. Los tres cubanos bajo protesta. Se mató la otra yegua, para dejarle charqui * a los 6. A las 23.00 llegó Antonio con la noticia de que todo había transcurrido sin novedad y con un saco de maíz.

A las 4.00 de la madrugada salió Rolando, llevándose la impedimenta de los 4 flojos (Chingolo, Eusebio, Paco, Pepe). Pepe quiso que le dieran un arma y que se quedaba. Camba fue con él.

A las 5 llegó Coco con un nuevo mensaje indicando que habían sacrificado una vaca y nos esperaban. Le di como punto de reunión el arroyo que sale monte abajo de la finca pasado mañana a las 12 del día.

Abril 2

La increíble cantidad de cosas acumuladas hizo que invirtiéramos todo el día en guardarlas en sus cuevas respectivas, terminando

* *Charqui:* carne secada al sol. [E.]

el traslado a las 17.00. Se mantuvo posta de 4 hombres, pero el día transcurrió en una calma chicha; ni aviones sobrevolaron la zona. Los comentarios de la radio hablan de "estrechamiento del cerco" y de que los guerrilleros se aprestan a la defensa en el callejón del Ñacahuasú; informan que Don Remberto está preso y cómo le vendió la finca a Coco.

Debido a lo avanzado de la hora, decidimos no salir hoy, sino a las 3 de la mañana y ganar el día yendo directamente por el Ñacahuasú, a pesar de que la cita es por detrás. Hablé con Moro, explicándole que a él no lo nombré en el grupo de los mejores porque tenía ciertas debilidades en la comida y alguna tendencia a exasperar los compañeros con sus chanzas. Conversamos un rato sobre estos tópicos.

Abril 3

El programa se cumplió sin inconvenientes: salimos a las 3.30 y caminamos lentamente hasta pasar el codo del atajo a las 6.30 y llegar al borde de la finca a las 8.30. Cuando pasamos frente a la emboscada, en los cuerpos, de los 7 cadáveres no quedaba más que unos esqueletos perfectamente limpios, en los que las aves de rapiña habían ejercido su función con toda responsabilidad. Mandé dos hombres (Urbano y Ñato) a hacer contacto con Rolando y por la tarde nos trasladamos a la quebrada de Piraboy donde dormimos ahitos de vaca y maíz.

Hablé con Dantón y Carlos expeniéndoles 3 alternativas: Seguir con nosotros, salir solos o tomar Gutiérrez y de allí tentar fortuna en la forma que mejor se pudiera; eligieron la tercera. Mañana probaremos suerte.

Abril 6

Día de mucha tensión. Pasamos a las 4.00 el río Ñacahuasú y nos quedamos a esperar el día para caminar; luego Miguel comenzó a explorar pero debió volver dos veces debido a equivocaciones que nos ponían muy cerca de los guardias. A las 8 informó Rolando que una decena de soldados estaba frente a la quebrada que acabábamos de abandonar. Salimos lentamente y a las 11 ya estábamos fuera de peligro, en un firme. Rolando llegaba con la noticia de que eran más de 100 los que se habían apostado en la quebrada.

A la noche, cuando todavía no habíamos llegado al arroyo, se oyeron voces de vaqueros en el río. Le salimos y tomamos 4 campesinos con una partida de vacas de Argañaraz. Traían un salvoconducto del ejército para buscar 12 reses; algunos ya habían pasado de largo y no fue posible recogerlos. Dejamos dos vacas para nosotros y las trasladamos por el río hasta nuestro arroyo. Los cuatro civiles resultaron el contratista y su hijo, un campesino de Chuquisaca y otro de Camiri que se mostró muy receptivo y a quien le dimos el documento y prometió difundirlo.

Lo retuvimos un rato y luego lo soltamos con el pedido de que no dijera nada, cosa que prometieron.

Nos pasamos la noche comiendo.

Abril 7

Nos internamos arroyo adentro llevando la vaca sobreviviente, la que fue sacrificada para hacer charqui. Rolando quedó en la emboscada del río con orden de tirarle a lo que apareciera; no hubo nada en todo el día. Benigno y Camba siguieron la senda que debe llevarnos a Pirirenda e informaron haber escuchado como el motor de un aserrío en un cañón cercano a nuestro arroyo.

Envié a Urbano y Julio con un mensaje para Joaquín y no regresaron en todo el día.

Abril 8

Día de pocas novedades. Benigno fue y volvió a su trabajo sin acabarlo y manifiesta que mañana tampoco lo hará. Miguel partió a buscar un cañón que Benigno vio desde el alto y no retornó. Urbano y Julio volvieron con Polo. Los guardias han tomado el campamento y están haciendo recorridos de exploración por las lomas; pasaron el elevador viniendo desde arriba. Joaquín informa de estos y otros problemas en el documento adjunto (D.XIX).

Teníamos 3 vacas con sus terneros, pero se nos escapó una, quedan 4 animales, de los cuales charquiaremos uno o dos más con la sal que nos queda.

Abril 9

Salieron Polo, Luis y Willy con la misión de entregar una nota a Joaquín y ayudarlos a volver para situarlos en algún lugar oculto, arroyo arriba, que Ñato y Guevara se ocuparán de seleccionar. Según Ñato, hay buenos lugares aunque un poco cerca del arroyo a una hora y pico de nuestro punto actual. Llegó Miguel; según su exploración, el cañado va a salir a Pirirenda y se tarda un día en recorrerlo, con mochila, razón por la que ordené suspender el que estaba haciendo Benigno al que le falta por lo menos otro día.

Abril 10

Amaneció y siguió por la mañana con cosa de pocos acontecimientos, mientras nos preparábamos a dejar el arroyo, impoluto y cruzar por la quebrada de Miguel hasta Pirirenda-Gutiérrez. A media mañana llegó muy agitado el Negro a avisar que venían 15 soldados río abajo. Inti había ido a avisar a Rolando en la emboscada. No quedaba otra cosa que esperar y eso se hizo; mandé a Tuma para que estuviera listo a informarme. Pronto llegaron las primeras noticias, con un saldo desagradable: El Rubio, Jesús Suárez Gayol, estaba herido de muerte. Y muerto llegó a nuestro campamento; un balazo en la cabeza. La cosa sucedió así: La emboscada estaba compuesta por 8 hombres de la retaguardia, 1 refuerzo de 3 de la vanguardia, distribuidos a ambos lados del río. Al informar de la llegada de los 15 soldados, Inti pasó por donde estaba el Rubio y observó que éste estaba en muy mala posición, pues era claramente visible desde el río. Los soldados avanzaban sin mayores precauciones pero explorando las márgenes en busca de sendas y por una de éstas se internaron chocando con Braulio o Pedro antes de penetrar en la emboscada. El fuego duró unos segundos, quedando sobre el terreno 1 muerto y 3 heridos, más 6 prisioneros; al rato cayó también un suboficial y se escaparon 4. Junto a un herido encontraron al Rubio ya agonizante; su Garand estaba trabado y una granada, con la espoleta suelta, pero sin estallar, estaba a su lado. No se pudo interrogar al prisionero por su estado de gravedad, muriendo al rato, así como el teniente que los mandaba.

Del interrogatorio de los prisioneros surge el siguiente panorama: estos 15 hombres pertenecen a una compañía que era la que estaba río arriba en Ñacahuasú, había atravesado por el cañón, recogido las osamentas y luego tomado el campamento. Según los soldados no habían encontrado nada, aunque la radio habla de fotos y documentos encontrados allí. La compañía constaba de 100 hombres de los cuales 15 fueron a acompañar un grupo de periodistas al campamento nuestro y éstos habían salido con la misión de hacer un recorrido de exploración y retornar a las 17.00. En el Pincal están las fuerzas mayores; en Lagunillas, unos 30 y se supone que el grupo que anduvo por Piraboy haya sido retirado a Gutiérrez. Contaron la odisea de este grupo perdido en los montes y sin agua; por lo que hubo que ir a rescatarlo; calculando que los prófugos llegarían tarde resolví dejar instalada la emboscada que Rolando

había adelantado unos 500 metros pero contando ahora con el auxilio de toda la vanguardia. En primera instancia había ordenado el repliegue pero me pareció lógico dejarla así. Cerca de las 17 llega la noticia de que el Ejército avanza con grandes efectivos. Ya no queda sino esperar. Mando a Pombo para que me dé una idea clara de la situación. Se oyen disparos aislados durante un rato y retorna Pombo anunciando que volvieron a caer en la emboscada, hay varios muertos y un mayor prisionero.

Esta vez, las cosas suceden así: avanzaron desplegados por el río, pero sin mayores precauciones y la sorpresa fue completa. Esta vez hay 7 muertos, 5 heridos y un total de 22 prisioneros. El balance es el siguiente: (total) (No se puede hacer por falta de datos).

Abril 11

Por la mañana iniciamos el traslado de todos los enseres y enterramos al Rubio en una pequeña fosa a flor de tierra, dada la falta de materiales. Se dejó a Inti con la retaguardia para acompañar a los prisioneros y dejarlos en libertad, amén de buscar más armas regadas. El único resultado de la búsqueda fue hacer dos nuevos prisioneros con sus correspondientes Garands. Se le dieron dos partes No. 1 al mayor con el compromiso de hacerlo llegar a los periodistas.

El total de bajas se descompone así: 10 muertos, entre ellos 2 tenientes, 30 prisioneros, un mayor y algunos suboficiales, el resto soldados; 6 están heridos, uno del primer combate y el resto del segundo.

Están bajo las órdenes de la 4a. división pero con elementos de varios regimientos mezclados; hay rángers, paracaidistas y soldados de la zona, casi niños.

Sólo por la tarde acabamos todo el acarreo y localizamos la cueva para dejar la impedimenta, pero sin acondicionarla todavía. En el último tramo se espantaron las vacas y nos quedamos con un ternero nada más.

Temprano, en el momento de llegar al nuevo campamento, nos topamos con Joaquín y Alejandro que bajaban con toda su gente.

Del informe se desprende que los soldados vistos fueron sólo fantasía de Eustaquio y el traslado hasta aquí un esfuerzo inútil.

La radio dio el parte de "un nuevo y sangriento choque" y habla de 9 muertos del ejército y 4 "comprobados" de nosotros.

Un periodista chileno hizo una narración pormenorizada de nuestro campamento y descubrió una foto mía, sin barba y con pipa. Había que investigar más cómo fue obtenida. No hay pruebas de que la cueva superior haya sido localizada aunque algunos indicios así lo manifiestan.

Abril 12

A las 6.30 reuní a todos los combatientes menos los 4 de la resaca para hacer una pequeña recordación del Rubio y significar que la primera sangre derramada fue cubana. Les salí al paso a una tendencia observada en la vanguardia a menospreciar a los cubanos y que había cristalizado ayer al manifestar el Camba que cada vez confiaba menos en los cubanos, a raíz de un incidente con Ricardo. Hice un nuevo llamado a la integración como única posibilidad de desarrollar nuestro ejército, que aumenta su poder de fuego y se foguea en combates, pero no ve aumentar su número, sino al contrario, disminuye en los últimos días.

Luego de guardar todo el botín en una cueva bien condicionada por el Ñato, salimos a las 14, con paso lento. Tan lento que casi no avanzamos, debiendo dormir en una pequeña aguada, apenas iniciando el camino.

Ahora los muertos confesos del ejército son 11; parece que encontraron algún otro o murió uno de los heridos. Inicié un cursillo sobre el libro de Debray.

Se ha descifrado parte de un mensaje, que no parece muy importante.

Abril 13

Dividimos el grupo en 2 para poder caminar más rápido; a pesar de todo lo hicimos con lentitud, llegando a las 16 al campamento y los últimos a las 18.30. Miguel había llegado por la mañana: las cuevas no han sido descubiertas y nada se ha tocado: permanecen intactos los bancos, las cocinas, el horno y los sementeros.

Aniceto y Raúl fueron a explorar pero no lo hicieron bien y mañana debe insistirse, llegando hasta el río Ikira.

Los norteamericanos anuncian que el envío de asesores a Bolivia responde a un viejo plan y no tiene nada que ver con las guerrillas. Quizás estamos asistiendo al primer episodio de un nuevo Vietnam.

Abril 14

Día monótono. Se traen algunas cosas del refugio de los enfermos lo que nos da comida para cinco días. De la cueva superior se buscan las latas de leche, encontrándonos con que faltan 23 latas en forma inexplicable, pues Moro dejó 48 y nadie parece haber tenido tiempo material de sacarlas. La leche es uno de nuestros factores de perversión. Se sacaron de la cueva especial un mortero y la ametralladora para reforzar la posición hasta que venga Joaquín. No está claro cómo hacer la operación, pero me parece lo más indicado salir todo el mundo y operar un poco por la zona de Muyupampa, para luego retroceder hasta el norte. Si fuera posible, quedarían Dantón y Carlos encaminados hacia Sucre-Cochabamba, de acuerdo con las circunstancias. Se escribe el parte No. 2 * para el pueblo boliviano y el informe No. 4 para Manila, que deberá llevar el francés.

* [Al margen:] D.XXI.

Abril 15

Llegó Joaquín con toda la retaguardia y se resolvió salir mañana. Informó que habían sobrevolado la zona y tiraban con cañón contra los montes. El día transcurrió sin novedad. Se completó el armamento del grupo asignando la ametralladora 30 a la retaguardia (Marcos) teniendo de ayudantes a los de la resaca.

Por la noche hice la advertencia del viaje y sobre el problema de la desaparición de las latas de leche, haciendo una severa advertencia.

Se descifró parte de un largo mensaje de Cuba, en síntesis, Lechín sabe lo mío y va a redactar una declaración de apoyo, reingresando clandestinamente al país en 20 días más.

Se le escribe una nota a Fidel (# 4) informándole de los últimos acontecimientos. Va cifrado y en escritura invisible.

Abril 16

La vanguardia salió a las 6.15 y nosotros a las 7.15, caminando bien hasta el río Ikira, pero Tania y Alejandro se retrasaron. Cuando se les tomó la temperatura, Tania tenía más de 39 y 38 Alejandro. Además, el retraso nos impedía marchar como estaba programado. Dejamos a ellos dos, más el Negro y Serapio, un kilómetro río arriba del Ikira, y seguimos tomando el caserío llamado Bella Vista o más precisamente a 4 campesinos que nos vendieron papas, un puerco y maíz. Son campesinos pobres y están muy atemorizados por nuestra presencia aquí. Nos pasamos la noche cocinando y comiendo y no nos movimos esperando la de mañana para pasar a Tikucha sin ser observados en nuestras características.

Abril 17

Fueron variando las noticias y con ellas las decisiones; Tikucha es una pérdida de tiempo, según los campesinos, ya hay un camino directo a Muyupampa (Vaca Guzmán) que es más corto y cuyo tramo final permite el paso de vehículos; resolvimos seguir directo a Muyupampa, tras muchas vacilaciones de mi parte. Mandé buscar a los 4 rezagados para que se quedaran con Joaquín y a éste le ordené hacer una demostración por la zona para impedir un movimiento excesivo y esperarnos durante tres días, al cabo de los cuales debe permanecer por la zona pero sin combatir frontalmente y esperarnos hasta el regreso. Por la noche se supo que uno de los hijos de un campesino había desaparecido y podía haber ido a dar aviso, pero se resolvió salir a pesar de todo para tratar de sacar al francés y Carlos de una vez por todas. Al grupo de los rezagados se unió Moisés, que debe quedarse por un fuerte cólico de vías biliares.

Éste es el esquema de nuestra situación:

Al volver por el mismo camino, nos exponemos a chocar con el Ejército alertado en Lagunillas o alguna columna que viniera de Tikucha, pero debemos hacerlo para no quedar desconectados de la retaguardia.

Salimos a las 22.00 caminando con pausas hasta las 4.30 en que

paramos para dormir un poco. Se avanzaron unos 10 Kms. De todos los campesinos que vimos, hay uno, Simón, que se muestra cooperativo aunque con miedo y otro, Vides, que puede ser peligroso; es el "rico" de la zona. Además hay que considerar que el hijo de Carlos Rodas desapareció y puede ser un chivato (aunque bajo la influencia de Vides que es el capo económico de la zona).

Abril 18

Caminamos hasta la madrugada, dormitando la última hora de la noche con un frío considerable. Por la mañana fue la vanguardia a explorar encontrando una casa de guaraníes que dieron muy poca información. Nuestra posta detuvo a un jinete que resultó ser un hijo de Carlos Rodas (otro) que iba a Yakunday y lo llevamos prisionero. Se caminó lentamente y a las 3.00 fue que pudimos llegar a Matagal, casa de A. Padilla, hermano pobre de otro que vive a una legua de allí y por cuya casa pasamos. El hombre tenía temor y trató por todos los medios de que nos fuéramos, sólo que, para colmo, comenzó a llover y debimos refugiarnos en su casa.

Abril 19

Permanecimos todo el día en el lugar, deteniendo a los campesinos que venían en ambas direcciones del cruce con lo que logramos un amplio surtido de prisioneros. A las 13.00 la posta nos trajo un presente griego: un periodista inglés de apellido Roth que venía, traído por unos niños de Lagunilla, tras nuestras huellas. Los docu-

mentos estaban en regla pero había cosas sospechosas: el pasaporte estaba tachado en la profesión de estudiante y cambiado por la de periodista (en realidad dice ser fotógrafo); tiene visa de Puerto Rico y luego confesó haber sido profesor de español para los alumnos de ese cuerpo ante las preguntas sobre una tarjeta del organizador en Bs. As. Contó que había estado en el campamento y le habían mostrado un diario de Braulio donde contaba sus experiencias y viajes. Es la misma historia de siempre. La indisciplina y la irresponsabilidad dirigiendo todo. Por informes de los muchachitos que guiaban al periodista, se supo que la misma noche de nuestra llegada allí se conoció en Lagunillas gracias a un informe traído por alguien. Presionamos al hijo de Rodas y éste confesó que su hermano y un peón de Vides habían ido para ganarse la recompensa que oscila entre $ 500 y 1 000. Le confiscamos el caballo como represalia y lo hicimos saber a los campesinos retenidos.

El francés pidió plantearle el problema al inglés y como una prueba de su buena fe que ayude a sacarlos; Carlos aceptó de mala gana y yo me lavé las manos. Llegamos a las 21.00 a [] y seguimos viaje hacia Muyupampa, donde, según informes de los campesinos, todo estaba tranquilo. El inglés aceptó las condiciones que Inti le puso, incluido un pequeño relato que yo redacté y a las 23.45, previo apretón de manos a los salientes, se inició la marcha para la toma del pueblo, quedándome yo con Pombo, Tuma y Urbano. El frío era muy intenso e hicimos una pequeña fogata. A la 1 llegó el Ñato a informar que el pueblo estaba en estado de alerta con tropas del Ejército acantonadas en número de 20 y patrullas de autodefensa; una de éstas, con dos M-3 y 2 revólveres sorprendió a nuestras avanzadas pero se entregaron sin combatir. Me pidieron instrucciones y les dije que se retiraran dado lo avanzado de la hora, dejando al periodista inglés y que el francés y Carlos tomaran la decisión que consideraran más conveniente. A las 4 iniciamos el regreso, sin haber logrado nuestro objetivo, pero Carlos decidió quedarse y el francés lo siguió, esta vez él de mala gana.

Abril 20

Llegamos cerca de las 7 a casa de Nemesio Caraballo, a quien habíamos encontrado por la noche y que nos ofreciera un café. El hombre se había ido, dejando con llave la casa y sólo unos sirvientes asustados. Organizamos la comida allí mismo, comprándoles a los peones el maíz y los jocos * (zapallos).** A eso de las 13 apareció una camioneta con bandera blanca en la que venían el subprefecto, el médico y el cura de Muyupampa, este último alemán. Inti habló con ellos. Venían en son de paz, pero una paz de tipo nacional de la que se ofrecían a ser intermediarios; Inti ofreció la paz para Muyupampa, sobre la base de una lista de mercancías que debían traernos antes de las 18.30, cosa que no se comprometieron a hacer pues según ellos el ejército está a cargo del poblado y pidieron ampliación del plazo hasta las 6.00 de mañana, lo que no se aceptó.

Trajeron en señal de buena voluntad dos cartones de cigarrillos y la noticia de que los 3 salientes habían sido apresados en Muyupampa y dos estaban comprometidos por tener documentos falsos. Malas perspectivas para Carlos: Dantón debe salir bien.

A las 17.30 vinieron 3 AT-6 y nos hicieron un bombardeíto en la propia casa donde cocinábamos. Una de ellas cayó a 15 metros e hirió muy levemente a Ricardo con una esquirla. Fue la respuesta del Ejército. Hay que conocer las proclamas para lograr la total desmoralización de los soldados que, a guiarse por los enviados, están bastante cagados.

Salimos a las 22.30 con dos caballos, el confiscado y el del periodista, caminando rumbo a Tikucha hasta la 1.30 en que paramos a dormir.

* *Jocos:* calabazas de cáscara dura. [E.]
** *Zapallos:* calabazas de cáscara blanda. [E.]

Abril 21

Caminamos poco hasta la casa de Rosa Carrasco, quien nos atendió muy bien, vendiendo lo necesario. Por la noche caminamos hasta el cruce de la carretera Muyupampa-Monteagudo, en un lugar llamado Taperillas. La idea era quedarnos en una aguada y hacer 1 exploración para situar la emboscada. Existía una razón adicional, que es la noticia dada por la radio de la muerte de 3 mercenarios, un francés, un inglés y un argentino. Esa incertidumbre debe aclararse para hacer un escarmiento especial.

Antes de cenar pasamos por la casa del veterano Rodas que era padrastro de Vargas, el muerto de Ñacahuasú; le dimos una explicación que pareció satisfacerle. La vanguardia no entendió bien y siguió por el camino despertando unos perros que ladraron excesivamente.

Abril 22

Desde por la mañana comenzaron los errores: Rolando, Miguel y Antonio fueron a explorar para poner una emboscada, luego que retrocedimos, internándonos en el monte, pero sorprendieron a uno de una camioneta de YPFB que analizaban nuestras huellas mientras el campesino les informaba de nuestra presencia nocturna y resolvieron apresar a todo el mundo. Eso trastrocó los planes, pero resolvimos emboscarnos durante el día y capturar los camiones con mercancías que pasaran y emboscar al Ejército si venía. Fue apresado un camión con alguna mercancía y abundante plátano y un número considerable de campesinos, pero dejaron pasar alguno que venía observando las huellas y, sobre todo, otras camionetas de yacimientos. La comida con la tentación del pan ofrecido, que no llegaba nunca, nos fue demorando.

Mi intención era cargar la camioneta de yacimiento con todos los comestibles y avanzar con la vanguardia hasta el cruce del

camino de Tikucha, situado a 4 Kms. Al anochecer, la avioneta comenzó a dar vueltas en torno a nuestra posición y los ladridos de los perros en casas vecinas se hicieron más insistentes. A las 20.00 estábamos listos para partir a pesar de las evidencias de que se había detectado nuestra presencia, cuando comenzó un corto combate y luego se oyeron voces intimándonos la rendición. Todos estábamos descuidados y no tenía idea de lo que pasaba, afortunadamente, nuestras pertenencias y las mercancías estaban sobre la camioneta. Al rato se organizaron las cosas; faltaba solamente el Loro pero todo indicaba que hasta ahora no le había pasado nada, pues el choque fue con Ricardo que sorprendió al guía de los guardias cuando coronaban el firme para rodearnos; puede ser que el guía haya sido tocado. Salimos con la camioneta y todos los caballos disponibles, 6 en total, alternando la gente a pie y a caballo, para finalizar todo el mundo en la camioneta y 6 de vanguardia de caballería. Llegamos a Tikucha a las 3.30 y al mesón, la propiedad del cura, a las 6.30 previo atasque en un hoyo.

El balance de la acción es negativo; indisciplina e imprevisión por un lado, la pérdida (aunque espero transitoria) de un hombre, por otro; mercancía que pagamos y no llevamos y, por último, la pérdida de un paquete de dólares que se me cayó de la bolsa de Pombo, son los resultados de la acción. Sin contar con que nos sorprendió y puso en retirada un grupo que necesariamente debía ser pequeño. Falta mucho para hacer de esto una fuerza combatiente, aunque la moral es bastante alta.

Abril 23

Fue declarado día de descanso y pasó sin novedad. A mediodía la avioneta (AT-6) sobrevoló la zona; se reforzó la posta, pero no hubo novedad. Por la noche se dieron las instrucciones para mañana. Benigno y Aniceto irán a buscar a Joaquín 4 días; Coco y Camba explorarán la senda al Río Grande y la prepararán para hacerla practicable: 4 días; nosotros permaneceremos cerca del maíz, esperando a ver si viene el ejército hasta la incorporación

de Joaquín, quien recibe la instrucción de venir con todo el mundo y sólo dejar allí, si está enfermo, alguno de la resaca.

Subsiste la incógnita sobre Dantón y el Pelado y el periodista inglés; hay censura de prensa y ya han anunciado otro choque en el que hay de 3 a 5 prisioneros.

Abril 24

Salieron los exploradores. Nos pusimos a un km. arroyo arriba, en un firmecito; la observación domina hasta la casa del último campesino, unos 500 ms. antes de la finca del cura (encontramos mariguana en el sembrado). El campesino llegó de nuevo y estuvo curioseando; por la tarde un AT-6 lanzó dos ráfagas sobre la casita. Pacho desapareció misteriosamente; estaba enfermo y se quedó atrás; Antonio le indicó el camino y fue marchando en la dirección de donde debía llegar en cinco hs., pero no retornó. Mañana lo buscaremos.

Abril 25

Día negro. A eso de las 10 de la mañana volvió Pombo del observatorio avisando que 30 guardias avanzaban hacia la casita. Antonio quedó en el observatorio. Mientras nos preparábamos llegó éste con la noticia de que eran 60 hombres y se aprestaban a seguir. El observatorio se mostraba ineficaz para su cometido de avisar con antelación. Resolvimos hacer una emboscada improvisada en el camino de acceso al campamento; a toda prisa, elegimos

una pequeña recta que bordeaba el arroyo con una visibilidad de 50 ms. Allí me puse con Urbano y Miguel con el fusil automático; el Médico, Arturo y Raúl ocupaban la posición de la derecha para impedir todo intento de fuga o avance por ese lado; Rolando, Pombo, Antonio, Ricardo, Julio, Pablito, Darío, Willy, Luis, León ocupaban la posición lateral del otro lado del arroyo, para cogerlos completamente de flanco; Inti quedaba en el cauce, para atacar a los que retornaran a buscar refugio en el cauce; Ñato y Eustaquio iban a la observación con instrucciones de retirarse por atrás cuando se iniciara el fuego; el Chino permanecía en la retaguardia custodiando el campamento. Mis escasos efectivos se disminuían en 3 hombres, Pacho perdido, Tuma y Luis buscándolo.

Al poco rato apareció la vanguardia, que para nuestra sorpresa estaba integrada por 3 pastores alemanes con su guía. Los animales estaban inquietos pero no me pareció que nos hubieran delatado; sin embargo, siguieron avanzando y tiré sobre el primer perro, errando el tiro; cuando iba a darle al guía, se encasquilló el M-2. Miguel mató otro perro, según pude ver sin confirmar, y nadie más entró a la emboscada. Sobre el flanco del Ejército comenzó un fuego intermitente. Al producirse un alto mandé a Urbano para que ordenara la retirada pero vino con la noticia de que Rolando estaba herido; lo trajeron al poco rato ya exangüe y murió cuando se empezaba a pasarle plasma. Un balazo le había partido el fémur y todo el paquete vasculonervioso; se fue en sangre antes de poder actuar. Hemos perdido el mejor hombre de la guerrilla, y naturalmente, uno de sus pilares, compañero mío desde que, siendo casi un niño, fue mensajero de la columna 4, hasta la invasión y esta nueva aventura revolucionaria, de su muerte oscura sólo cabe decir, para un hipotético futuro que pudiera cristalizar: "Tu cadáver pequeño de capitán valiente ha extendido en lo inmenso su metálica forma."

El resto fue la lenta operación de la retirada, salvando todas las cosas y el cadáver de Rolando (San Luis). Pacho se incorporó más tarde: se había equivocado y alcanzó a Coco, tomándole la noche el regreso. A las 3 enterramos el cadáver bajo una débil capa de tierra. A las 16 llegaron Benigno y Aniceto informando que habían caído en una emboscada (más bien un choque) del Ejército, perdiendo las mochilas pero saliendo indemnes. Esto sucedió cuando, según cálculos de Benigno, faltaba poco para llegar al Ñacahuasú. Ahora tenemos las dos salidas naturales bloqueadas y tendremos que "jugar montaña", ya que la salida al Río Grande no es oportuna, por la doble razón de ser natural y de alejarnos de Joaquín, de quien no tenemos noticias. Por la noche llegamos a la

confluencia de los dos caminos, el de Ñacahuasú y el Río Grande donde dormimos. Aquí esperaremos a Coco y Camba para concentrar toda nuestra tropita. El balance de la operación es altamente negativo: muere Rolando, pero no sólo eso; las bajas que le hicimos al Ejército no deben pasar de dos y el perro, a todo tirar, pues la posición no estaba estudiada ni preparada y los tiradores no veían al enemigo. Por último, la observación era muy mala, lo que nos impidió prepararnos con tiempo.

Un helicóptero descendió dos veces en la casita del cura, no se sabe si a retirar algún herido, y la aviación bombardeó nuestras antiguas posiciones, lo que indica que no avanzaron nada.

Abril 26

Caminamos pocos metros y ordené a Miguel que buscara un lugar donde acampar mientras mandábamos a buscar a Coco y Camba, pero se apareció a mediodía con los dos. Según ellos había trabajado para 4 horas de camino, cargados y había posibilidades de tentar la subida del firme. Sin embargo, mandé a Benîgno y Urbano a explorar una posible escalada cercana al cañón del arroyo que desemboca en el Ñacahuasú pero volvieron al atardecer con la noticia de que todo estaba muy malo. Resolvimos seguir por la senda abierta por Coco para tratar de encontrar otra que cae al Ikiri.

Tenemos una mascota: Lolo; un pichón de urina. Veremos si sobrevive.

Abril 27

Las 4 horas de Coco resultaron 2½. Creíamos reconocer en un lugar donde hay muchas matas de naranja agria al punto señalado en el mapa como Masico. Urbano y Benigno siguieron abriendo camino y prepararon recorrido para una hora más. El frío es intenso por la noche.

Las emisoras bolivianas trasmitieron partes del ejército en que se consigna la muerte de un guía civil, el instructor de los perros y el perro Rayo. A nosotros nos asignan dos muertos: uno presuntamente cubano, apodado Rubio y otro boliviano. Se confirma que Dantón está preso cerca de Camiri; es seguro que los otros estarán vivos con él.

h - 950 ms.

Abril 28

Caminamos lentamente hasta las 15. A esa hora se había secado el arroyo y tomaba otro rumbo, por lo que paramos. Ya era tarde para explorar, de modo que volvimos hacia el agua para hacer campamento. Nos queda comida corta para 4 días. Mañana trataremos de llegar al Ñacahuasú por el Ikiri y tendremos que cortar montaña.

Abril 29

Se hizo otra prueba por algunas abras que se veían. Con resultado negativo. En este punto, al menos, estamos en un cañón sin fallas. Coco cree haber visto un cañón transversal que no exploró; mañana lo haremos con toda la tropa.

Con mucho retardo se descifra completamente el mensaje No. 35 que tenía un párrafo en el que se me pedía autorización para poner mi firma en un llamado a favor de Vietnam encabezado por Bertrand Russell.

Abril 30

Iniciamos el ataque de la loma. El presunto cañón muere en unos acantilados, pero logramos un nervio por donde subir; la noche nos sorprendió cerca del pico y allí dormimos, sin mucho frío.

Lolo murió víctima del torbellino de Urbano, que le tiró un fusil en la cabeza.

Radio Habana trasmite una noticia de reporteros chilenos indicando que las guerrillas tienen tanta fuerza que ponen en jaque a las ciudades y que recientemente tomaron dos camiones militares llenos de alimentos. La revista *Siempre* entrevistó a Barrientos, quien, entre otras cosas, admitió que habían asesores militares yankis y que la guerrilla surge por las condiciones sociales de Bolivia.

Resumen del mes

Las cosas se presentan dentro de lo normal, aunque debemos lamentar 2 severas pérdidas: Rubio y Rolando; la muerte de este último es un severo golpe, pues lo pensaba dejar a cargo del eventual segundo frente. Tenemos cuatro acciones más, todas ellas con resultados positivos en general y una muy buena; la emboscada en que murió el Rubio.

En otro plano, el aislamiento sigue siendo total; las enfermedades han minado la salud de algunos compañeros, obligándonos a dividir fuerzas, lo que nos ha quitado mucha efectividad; todavía no hemos podido hacer contacto con Joaquín; la base campesina sigue sin desarrollarse; aunque parece que mediante el terror planificado, lograremos la neutralidad de los más, el apoyo vendrá después. No se ha producido una sola incorporación y aparte de los muertos, hemos tenido la baja del Loro, desaparecido luego de la acción de Taperillas.

De los puntos anotados sobre la estrategia militar, se puede recalcar:

a) los controles no han podido ser eficaces hasta ahora y nos causan molestias pero nos permiten movernos, dada su poca movilidad y su debilidad; además, luego de la última emboscada contra los perros y el instructor, es de presumir que se cuidarán mucho de entrar en el monte;

b) el clamoreo sigue, pero ahora por ambas partes y luego de la publicación en La Habana de mi artículo, no debe haber duda de mi presencia aquí. Parece seguro que los norteamericanos intervendrán fuerte aquí y ya están mandando helicópteros y, parece, boinas verdes, aunque no se han visto por aquí;

c) el Ejército (por lo menos 1 compañía o 2) ha mejorado su técnica; nos sorprendieron en Taperillas y no se desmoralizaron en el Mesón;

d) la movilización campesina es inexistente, salvo en las tareas de información que molestan algo, pero no son muy rápidas ni eficientes; las podremos anular.

El estatus del Chino ha cambiado y será combatiente hasta la formación de un segundo o tercer frente. Dantón y Carlos cayeron víctimas de su apuro, casi desesperación, por salir y de mi falta de energía para impedírselos, de modo que también se cortan las

131

comunicaciones con Cuba (Dantón) y se pierde el esquema de acción en la Argentina (Carlos).

En resumen: Un mes en que todo se ha resuelto dentro de lo normal, considerando las eventualidades necesarias de la guerrilla. La moral es buena en todos los combatientes que habían aprobado su examen preliminar de guerrilleros.

Mayo 1

Celebramos la fecha abriendo picadas pero caminando muy poco; todavía no hemos llegado a la divisoria de las aguas.

En La Habana habló Almeida, pasándome la mano a mí y las famosas guerrillas bolivianas. El discurso fue un poco largo pero bueno. Nos queda comida aceptable para tres días; hoy el Ñato mató a un pajarito con la honda, entramos a la era del pájaro.

Mayo 2

Día de lento avance y confusión sobre la situación geográfica. Se caminó efectivamente dos horas, debido a la dificultad de la chapea. Desde un alto pude precisar un punto cercano al Ñacahuasú que indica que estamos muy al norte, pero no hay rastro del Ikiri. Di orden a Miguel y Benigno de chapear todo el día para tratar de llegar al Ikiri o, al menos, al agua, ya que estamos sin ella. Queda comida para 5 días, pero muy escasa.

Radio Habana sigue con su ofensiva de información sobre Bolivia, con noticias exageradas.

h - alcanzada 1 760 ms., dormimos a 1 730.

Mayo 3

Después de un día de continuo chapeo, que arrojó una caminata útil de poco más de 2 horas, llegamos a un arroyo de bastante agua

que parece tener rumbo norte. Para mañana haremos simultáneamente la exploración a ver si tuerce el rumbo y continuaremos la chapea. Nos queda comida para dos días solamente y escasa. Estamos a una altura de 1 080 metros, 200 sobre el nivel del Ñacahuasú. Se oye un ruido lejano de motor cuya dirección es inidentificable.

Mayo 4

Por la mañana continuó el camino, mientras Coco y Aniceto exploraban el arroyo. Volvieron cerca de las 13 afirmando que el arroyo giraba al este y sur, con lo que parecía ser el Ikiri. Ordené buscar los macheteros y seguir aguas abajo. Salimos a las 13.30 y a las 17 paramos, seguros ya de que el rumbo general era estenordeste, por lo que no puede ser el Ikiri, a menos que cambie de rumbo. Los macheteros informaron que no habían encontrado agua y seguían viendo firmes; se resolvió seguir adelante con la impresión de que vamos al Río Grande. Se cazó sólo un cacaré * que se repartió a los macheteros, dado su diminuto tamaño; nos queda comida floja para dos días.

La radio dio la noticia del arresto del Loro, herido en una pierna, sus declaraciones son buenas hasta ahora. Según todo parece indicar, no fue herido en la casa sino en otro lado, presumiblemente tratando de escapar.

h - 980 ms.

* *Cacaré:* pajarito de monte, nombrado así porque denuncia la llegada de hombre o animal con su cacareo. [E]

Mayo 5

Caminamos efectivamente 5 horas, unos 12-14 kilómetros, llegando a un campamento hecho por Inti y Benigno. Estamos, pues, en el arroyo del Congrí, que no figura en el mapa, muy al norte de donde pensábamos. Esto plantea varias interrogantes: ¿Dónde está el Ikiri?; ¿no sería aquel donde Benigno y Aniceto fueron sorprendidos?; ¿los agresores, no serían gente de Joaquín? Por ahora pensamos dirigirnos al Oso, donde debe quedar desayuno para dos días y, de allí al campamento viejo. Hoy se mataron 2 pájaros grandes y un cacaré, con lo que ahorramos la comida y seguimos con reservas para dos días: sopas en sobre y carne enlatada. Inti, Coco y el Médico están emboscados para cazar. Se dio noticias de que Debray será juzgado por un tribunal militar en Camiri como presunto jefe u organizador de las guerrillas; su madre llega mañana y hay bastante ruido en torno al asunto. Del Loro nada.
h - 840 ms.

Mayo 6

Los cálculos sobre la llegada al Oso resultaron fallidos, pues la distancia a la casita del arroyo resultó mayor de la prevista y el camino estaba cerrado, por lo que hubo que abrir camino. Llegamos a la casita a las 16.30 tras de pasar alturas de 1 400 metros con la gente desganada para caminar. Se comió la penúltima comida, muy pobre; sólo se cazó una perdiz que dimos al machetero (Benigno) y los dos que le seguían en el orden de marcha.

Las noticias se centran en el caso Debray.
h - 1 100 ms.

JUNI 1967

S		4	11	18	25
M		5	12	19	26
D		6	13	20	27
M		7	14	21	28
D	1	8	15	22	29
F	2	9	16	23	30
S	3	10	17	24	

19. Woche · Zinstage 127–238
Sonntag
7
MAI

Llegamos temprano al campamento del oso, y allí nos esperaron los Platos de Coche, con lo que hicimos una droga no reconfortante. Se vieron algunos cosas de la cueva cercana entre ellas, una nueva para el Nato, que era muestra to anquese contando con 5 proyectiles antitanques. Ñe tiene mal luego de un ataque de vómitos. Apenas llegados al campamento, salieron a explorar la finguita Benigno, Urbano, Inoro, Aniceto y Pablito. Nosotros nos comimos los últimos sopas y carnes, pero tenemos proporcion de manteca que había en la cueva. Se vieron huellas de pies y hay algunos pequeños destrozos que indican que estuvieron por aquí soldados. A la madrugada llegaron los exploradores con las mismos noticias: los soldados están en la finguita y han tumbado el maíz. (Se cumplen 6 meses del inicio oficial de la guerrilla con mi llegada.)

h = 880 m

	13
	14
	15
	16
	17
	18
	19
	20

Mayo 7

Llegamos temprano al Campamento del Oso y allí nos esperaban las 8 latas de leche, con lo que hicimos un desayuno reconfortante. Se sacaron algunas cosas de la cueva cercana, entre ellas, un máuser para el Ñato, que será nuestro bazuquero, contando con 5 proyectiles antitanque. Éste viene mal, luego de un ataque de vómitos. Apenas llegados al campamento, salieron a explorar la finquita Benigno, Urbano, León, Aniceto y Pablito. Nosotros nos comimos las últimas sopas y carnes, pero tenemos provisión de manteca que había en la cueva. Se vieron huellas de pies y hay algunos pequeños destrozos que indican que estuvieron por aquí soldados. A la madrugada llegaron los exploradores con las manos vacías: los soldados están en la finquita y han tumbado el maíz. (Se cumplen 6 meses del inicio oficial de la guerrilla, con mi llegada.)
h - 880 ms.

Mayo 8

Insistí desde temprano en que se hicieran los arreglos de las cuevas y se bajara la otra lata de manteca para ir rellenando botellas, pues es todo lo que tenemos de comer. A eso de las 10.30 se oyeron disparos aislados en la emboscada; dos soldados desarmados venían Ñacahuasú arriba, Pacho creyó que era una vanguardia y los hirió en una pierna y a sedal en el vientre. Se les dijo que se había disparado porque no se pararon ante el alto, ellos, naturalmente no oyeron nada. La emboscada estuvo mal coordinada y la actuación de Pacho no fue buena; muy nervioso. Se mejoró enviando a Antonio y algunos más al lado derecho. Las declaraciones de los soldados establecen que están situados cerca del Ikiri, pero en realidad mentían. A las 12 se capturaron dos que venían a toda carrera Ñacahuasú abajo, declarando que venían rápido porque habían salido a cazar y al volver, por el Ikiri, se encontraron con que la

compañía había desaparecido y salieron en su búsqueda; también
mentían; en realidad, estaban acampados en el llano de cazar y se
escapaban a buscar comida a nuestra finca porque el helicóptero
no venía a abastecerlos. A los dos primeros se les capturaron car-
gas de maíz tostado y crudo y 4 latas de cebolla, más azúcar y
café; nos resolvieron el problema del día con auxilio de la mante-
ca que comimos en grandes cantidades; algunos se enfermaron.

Más tarde informó la posta de repetidas exploraciones de guar-
dias que llegaban a la esquina del río y volvían. Todo el mundo
estaba en tensión cuando llegaron, al parecer, 27 guardias. Habían
visto algo raro y el grupo comandado por el subteniente Laredo
avanzó; él mismo inició el fuego y cayó muerto en el acto, junto
con dos reclutas más. Ya caía la noche y los nuestros avanzaron
capturando 6 soldados; el resto se retiró.

El resultado total arroja: 3 muertos y 10 prisioneros, dos de ellos
heridos; 7 M-1 y 4 máusers, equipo personal, parque y un poco de
comida que nos sirvió, junto con la manteca, para mitigar el ham-
bre. Dormimos allí.

Mayo 9

Nos levantamos a las 4 (yo no dormí) y liberamos a los soldados,
previa charla. Se les quitaron los zapatos, se les cambió la ropa y
a los mentirosos se les envió en calzoncillos. Partieron hacia la fin-
quita llevando al herido. A las 6.30 completamos la retirada rumbo
al arroyo de los monos por el camino de la cueva, donde guarda-
mos el botín. Sólo nos queda la manteca como alimento, me sen-
tía desfallecer y debí dormir 2 horas para poder seguir a paso lento
y vacilante; la marcha en general se hizo así. Comimos sopa de
manteca en la primer aguada. La gente está débil y ya habemos
varios con edema. Por la noche, el ejército dio el parte de la ac-
ción nombrando a sus muertos y heridos, pero no a sus prisione-
ros y anuncia grandes combates con fuertes pérdidas por nuestra
parte.

Mayo 10

Seguimos avanzando lentamente. Al llegar al campamento donde está la tumba del Rubio encontramos charqui que habíamos dejado en mal estado y sebo; recogimos todo, no había señales de guardias. Cruzamos el Ñacahuasú con precaución e iniciamos el camino hacia Pirirenda por una quebrada explorada por Miguel pero cuyo camino no está terminado. Paramos a las 17 y comimos el pedazo de charqui y el sebo.

Mayo 11

La vanguardia salió primero; yo me quedé escuchando el noticiero. Al rato vino Urbano a avisar que Benigno había muerto un puerco de tropa (pecarí) y pedían autorización para hacer fuego y pelarlo; decidimos quedarnos a comer el animal mientras Benigno, Urbano y Miguel seguían haciendo la senda rumbo a la laguna. A las 14 horas reemprendimos la marcha, haciendo campamento a las 18. Miguel y los otros siguieron adelante.

Debo hablar seriamente con Benigno y Urbano, pues el primero se comió una lata el día del combate y lo negó y Urbano se comió una parte del charqui del campamento del Rubio.

Dieron la noticia del relevo del coronel Rocha, Jefe de la 4ª división que opera en la zona.

h - 1 050 ms.

Mayo 12

Se caminó lentamente. Urbano y Benigno abrían la senda. A las 15 se vio la laguna a unos 5 kms. y poco después se encontró una senda vieja. A la hora se dio con un tremendo maizal con zapallos, pero no hay agua. Se preparó joco asado y saltado con manteca y desgranamos maíz; además se hizo maíz tostado. Los exploradores llegaron con la noticia de que habían caído a la casa de Chicho, el mismo de la otra vez, que es nombrado como buen amigo en el diario del Tte. Henry Loredo; no estaba en la casa pero sí 4 peones y una sirvienta, el marido de la cual vino a buscarla y quedó retenido. Se hizo un puerco grande con arroz y frituras, además de zapallo. Pombo, Arturo, Willy y Darío quedaron custodiando las mochilas. Lo malo es que no hemos localizado el agua, fuera de la casa.

Nos retiramos a las 5.30, a paso lento y con casi todo el mundo enfermo. El dueño de casa no había llegado y se le dejó una nota especificando los daños o gastos; a los peones y la sirvienta se les pagó $10 a cada uno por su trabajo.
h - 950 ms.

Mayo 13

Día de eruptos, pedos y vómitos y diarreas; un verdadero concierto de órgano. Permanecimos en una inmovilidad absoluta tratando de asimilar el puerco. Tenemos dos latas de agua. Yo estuve muy mal hasta que vomité y me compuse. Por la noche comimos frituras de maíz y zapallo asado, más los restos del festín anterior, los que estaban en condiciones de ello. Todos los radios estuvieron dando con insistencia la noticia de que se había frustrado un desembarco cubano en Venezuela y el gobierno de Leoni presentó dos hombres, con sus nombres y grados; no los conozco, pero todo indica que algo salió mal.

Mayo 14

Temprano, salimos con pocas ganas, para llegar a la laguna de Pirirenda por un sendero que encontraron Benigno y Camba en una exploración. Antes de salir reuní a todo el mundo y les tiré una descarga sobre los problemas confrontados; fundamentalmente, el de la comida, haciendo críticas a Benigno por comerse una lata y negarlo, Urbano, por comerse un charqui a escondidas y Aniceto por su afán de colaborar en todo lo que sea comida y su renuencia a hacerlo cuando se trata de otra cosa. En el curso de la reunión se escucharon ruidos de camiones acercándose. En un escondite cercano guardamos una cincuentena de jocos y dos quintales de maíz desgranado para eventuales necesidades.

Cuando estábamos fuera del camino, ocupados en recoger frijoles, sonaron descargas cerca y, poco después, vimos la aviación "bombardeándonos ferozmente", pero como a 2 o 3 Kms. de nuestras posiciones. Seguimos subiendo una lomita y apareció la laguna, mientras los guardias continuaban su tiradera. Al anochecer nos acercamos a una casa cuyos ocupantes la habían abandonado poco antes, la que estaba muy bien surtida y con agua. Comimos un sabroso fricasé de gallina con arroz, y permanecimos hasta las 4.00.

Mayo 15

Día sin novedad.

Mayo 16

Al comenzar la caminata, se me inició un cólico fortísimo, con vómitos y diarrea. Me lo cortaron con demerol y perdí la noción de todo mientras me llevaban en hamaca; cuando desperté estaba muy aliviado pero cagado como un niño de pecho. Me prestaron un pantalón, pero, sin agua, hiedo a mierda a una legua. Pasamos todo el día allí, yo adormilado. Coco y el Ñato hicieron una exploración encontrando un camino que tiene rumbo sur-norte. Por la noche lo seguimos mientras hubo luna y luego descansamos. Se recibió el mensaje No. 36, de donde se desprende el total aislamiento en que estamos.

Mayo 17

Proseguimos la marcha hasta las 13, hora en que llegamos a un aserradero con trazas de haber sido abandonado hace unos 3 días. Tenía azúcar, maíz, manteca, harina y agua en turriles, al parecer, transportada desde lejos. Nos quedamos acampados aquí, mientras se hacían exploraciones por los caminos que salen del campamento, los que mueren en el monte. Raúl presentó una tumoración en una rodilla con intenso dolor que no lo deja caminar; se le aplicó un antibiótico fuerte y mañana se le hará una punción. Caminamos unos 15 kms.
h - 920 ms.

Mayo 18

Roberto - Juan Martín

Quedamos el día emboscados por si vienen los trabajadores o el ejército; sin novedad. Miguel salió con Pablito y encontró el agua a unas dos horas del campamento por un camino transversal. Se le hizo la punción a Raúl, extrayéndole 50 c.c. de líquido purulento; se le hace tratamiento general antiinfeccioso; no puede, prácticamente, dar un paso. Extraigo mi primera muela en esta guerrilla; víctima propiciatoria: Camba; todo marchó bien. Comimos pan hecho en un pequeño hornito y, por la noche, un potaje bárbaro, que me puso al parir.

Mayo 19

La vanguardia salió temprano ocupando posiciones en la emboscada del cruce de caminos, después salimos nosotros, reemplazando una parte a la vanguardia mientras ésta retornaba a buscar a Raúl y lo llevaba hasta el cruce; la otra parte del centro siguió hasta la aguada a dejar mochilas y retornó a buscar a Raúl, quien mejora lentamente. Antonio hizo una pequeña exploración arroyo abajo y encontró un campamento abandonado de guardias; aquí también hay restos de ración seca. El Ñacahuasú no debe de estar lejos y calculo que debemos salir debajo del arroyo del Congrí. Llovió toda la noche, sorprendiendo a los expertos.

Tenemos comida para diez días y en las inmediaciones hay zapallo y maíz.

h - 780 ms.

Mayo 20

Camilo

Día sin movimiento. Por la mañana se emboscó el centro y por la tarde la vanguardia, siempre al mando de Pombo, quien opina que es muy mala la posición elegida por Miguel. Éste exploró arroyo abajo, encontrando el Ñacahuasú a 2 horas de camino sin mochila. Se escuchó nítido un disparo que no se sabe quién lo disparó; en las orillas del Ñacahuasú hay huellas de otro campamento militar de un par de pelotones. Incidente con Luis por protestón, que fue sancionado con la orden de no ir a la emboscada; parece que reaccionó bien.

En conferencia de prensa, Barrientos negó la condición de periodista de Debray y anunció que pedirá al congreso el restablecimiento de la pena de muerte. Casi todos los periodistas, y todos los extranjeros, le preguntaron sobre Debray; se defendió con una pobreza de recursos increíble. Es lo más incapaz que se puede pedir.

Mayo 21

Domingo. Sin movimiento. Se continuó con la emboscada, rotándola de 10 en 10, al mediodía. Raúl mejora lentamente; se le hizo una segunda punción extrayéndole unos 40 c.c. de líquido purulento. Ya no tiene fiebre pero está dolorido y no puede caminar casi; es mi preocupación actual. Por la noche comimos opíparamente: potaje, harina, charqui aporreado y zapallo regado con mote.*

* *Mote:* maíz seco sancochado en grano, sin sal. [E.]

Mayo 22

Como era de esperar, a mediodía apareció el encargado del aserrío, Guzmán Robles, con el chofer, y un hijo en un jeep destartalado. Al principio parecía una avanzada del ejército, para ver qué había, pero se fue abriendo y consintió en salir a Gutiérrez por la noche dejando su hijo de rehén; debe volver mañana. La vanguardia permanecerá toda la noche emboscada y mañana esperaremos hasta las 15. Luego será preciso retirarse pues la situación se tornaría peligrosa. Da la impresión de que el hombre no traicionará, pero no sabemos de su habilidad para comprar sin levantar sospechas. Se le pagó todo el consumo que se hizo en el batey. Dio informes sobre la situación en Tatarenda, Limón, Ipita, donde hay guardias, salvo un teniente en este último punto. En Tatarenda habla de oídos, pues no ha estado allí.

Mayo 23

Día de tensión. El encargado no apareció en todo el día y aunque no hubo actividad, resolvimos retirarnos por la noche con el rehén, un muchachón de 17 años. Caminamos una hora por la senda, a la luz de la luna, durmiendo en el camino. Salimos con carga de comida para unos 10 días.

Mayo 24

En dos horas llegamos al Ñacahuasú, que estaba libre. Salimos como a las 4 horas aguas abajo del arroyo del Congrí. Caminamos lentamente soportando el paso lento y desganado de Ricardo y, hoy también de Moro. Llegamos al campamento que usamos el primer día de caminata en el primer viaje. No dejamos huella ni se vieron recientes. La radio dio la noticia de que no habrá lugar al pedido de *habeas corpus* sobre Debray. Calculo que estamos a una o dos horas del Saladillo; al llegar a la cima decidiremos qué hacer.

Mayo 25

En hora y media llegamos al Saladillo, sin dejar huellas. Caminamos unas dos horas arroyo arriba, hasta donde nacen las aguas. Allí comimos y seguimos a las 15.30, caminando otro par de horas hasta las 18 en que acampamos a 1 100 ms., sin coronar el firme todavía. Después nos quedan, según el muchacho, un par de leguas hasta el chaco * del abuelo o, según Benigno, un día entero de camino hasta la casa de Vargas, sobre el Río Grande. Mañana tomaremos la decisión.

* *Chaco:* terreno cultivado con frutos menores. [E.]

Mayo 26

Tras dos horas de recorrido y pasar la cumbre de 1 200 ms., llegamos al chaco del tío abuelo del muchacho. Estaban trabajando dos peones que debieron ser aprehendidos ya que caminaban en nuestra dirección; resultaron cuñados del viejo, casado con una hermana de ellos. Sus edades: 16 y 20 años. Dieron la información de que el padre del muchacho hizo las compras pero fue detenido y confesó todo. Hay 30 guardias en Ipita y patrullan el poblado. Nos comimos un puerco frito con zapallos en carbonada con manteca, pues no había agua en la zona y se traslada en turril desde el propio Ipita. Por la noche salimos rumbo al chaco que tienen los muchachos, a 8 Kms., 4 hacia el propio Ipita y 4 hacia el oeste. Llegamos al amanecer.
h - 1 100 ms.

Mayo 27

Día de holganza y, un poco, de desesperación: De todas las maravillas prometidas, sólo tenían un poco de caña vieja y el trapiche estaba inútil. Como era de esperar, el viejo dueño del chaco vino a mediodía con su carretón con agua para los chanchos y vio algo raro, regresando donde estaba la retaguardia emboscada, la que lo apresó junto con un peón. Estuvieron presos hasta las 18 horas en que los soltamos, conjuntamente con el menor de los hermanos; con encargo de que permanecieran hasta el lunes por ahí y no comentaran nada. Caminamos dos horas, y dormimos en un maizal, ya orientados en el camino que nos llevará a Caraguatarenda.

Mayo 28

Domingo. Nos levantamos temprano y comenzamos a marchar; en hora y media estábamos en los límites de los chacos de Caraguatarenda y se mandó a Benigno y Coco para explorar, pero fueron vistos por un campesino y lo apresaron. Al poco tiempo teníamos una colonia prisionera, sin mayores signos de temor, hasta que una vieja comenzó a gritar junto con sus hijos, al darle el alto, y ni Pacho ni Pablo se animaron a detenerla, huyendo hacia el poblado. Lo tomamos a las 14, apostándonos en ambas puntas del poblado. Poco después caía un jeep de yacimientos; en total, cayeron dos jeeps y dos camiones, mitad y mitad particulares y de yacimientos. Comimos algo, tomamos café y tras 50 broncas, salimos a las 19.30 rumbo a Ipitacito; allí violentamos una tienda y sacamos $500 en mercancía que dejamos a la custodia de dos campesinos, levantando un acta muy ceremoniosa. Seguimos nuestro peregrinar, llegando a Itay, donde nos recibieron muy bien en una casa en la que resultó estar la maestra dueña de la tienda de Ipitacito y confrontamos los precios. Yo alterné y me parece que me conocieron; tenían un queso y un poco de pan y nos regalaron eso y café, pero hay una nota falsa en el recibimiento. Seguimos rumbo a Espino, en la vía férrea a Santa Cruz, pero el camión, un Ford al que le quitaron la tracción delantera, se quedó y nos tomó la mañana a tres leguas de Espino y el vehículo se fundió definitiva y totalmente a dos de ese lugar. La vanguardia tomó el rancho y el jeep hizo 4 viajes hasta transportarnos a todos.
h - 880 ms.

Mayo 29

El caserío del Espino es relativamente nuevo, pues el viejo fue arrasado por el aluvión del 58. Es una comunidad guaraní cuyos integrantes, muy tímidos, hablan o simulan hablar muy poco español.

Cerca había gente de petróleo trabajando y heredamos otro camión en el que podíamos embarcar todos, pero se malogró la oportunidad, pues Ricardo lo empantanó y no se pudo sacar. La tranquilidad fue absoluta, como si estuviéramos en mundo aparte. Coco fue encargado de la información sobre los camiones y la trajo deficiente y contradictoria, al punto que ya salíamos para hacer una jornada algo peligrosa, pero que nos llevaría cerca del Río Grande, cuando a último momento resulta que no y que debemos ir a Muchiri, lugar donde hay agua. Con todos los problemas de organización existentes, salimos a las 3.30, el grupo de vanguardia en el jeep (6, 7 con Coco) y los demás a pie.

La radio nos trae la noticia de la fuga del Loro, que estaba en Camiri.

Mayo 30

De día llegamos a la línea del ferrocarril, encontrándonos con que no existía el camino señalado que nos debía llevar a Michuri. Buscando, se encontró a 500 ms. del cruce un camino recto, petrolero, y la vanguardia siguió por él en jeep. Cuando Antonio se retiraba, un jovencito venía con una escopeta y un perro por la vía y al darle el alto huyó. Ante esa noticia, dejé a Antonio emboscado a la entrada del camino y nosotros nos apartamos unos 500 ms. A las 11.45 apareció Miguel con la noticia de que había caminado 12 Kms. con rumbo este sin encontrar casa ni agua; sólo un camino que apartaba al norte. Le di orden de explorar con tres hombres en el jeep ese camino hasta 10 Kms. al norte y volver antes del anochecer. A las 15, cuando dormía plácidamente, me despertó un tiroteo de la emboscada. Pronto llegaron las noticias: el ejército había avanzado y cayó en la trampa. 3 muertos y un herido parece ser el saldo. Actuaron: Antonio, Arturo, Ñato, Luis, Willy y Raúl; este último flojo. Nos retiramos a pie caminando los 12 Kms. hasta el cruce sin encontrar a Miguel; en este punto, tuvimos noticias de que el jeep se encangrejaba por falta de agua. A unos 3 Kms. de allí lo encontramos: orinamos todos en él y con una cantimplora de agua pudimos llegar al punto máximo alcanzado, donde esperaban Julio

y Pablo. A las 2, ya estaba todo el mundo reunido allí, alrededor de un fuego en el que asamos 3 pavos y freímos la carne de puerco. Guardamos un animal para que tome agua en las aguadas, por las dudas.

Estamos bajando: desde 750 ms. llegamos ahora a 650 ms.

Mayo 31

El jeep seguía braveando con sus orines y alguna cantimplora de agua. Sucedieron dos hechos que cambiaron el ritmo: el camino con rumbo norte se acabó, por lo que Miguel suspendió la marcha y uno de los grupos de seguridad detuvo en un camino lateral al campesino Gregorio Vargas, que venía en su bicicleta a preparar unas trampas, su oficio. La actitud del hombre no era del todo clara pero dio valiosas informaciones sobre las aguadas. Una de ellas nos quedaba atrás y mandé a un grupo a buscar agua y cocinar, con él como guía; cuando estaban llegando, avistaron dos camiones del ejército y se les hizo una emboscada apresurada, tumbando, al parecer, dos hombres. El Ñato, al fallarle la primera bala de salva de su granada antitanque, le puso una de guerra y el aparato le explotó en las narices, sin hacerle nada personalmente, pero destruyendo el tromblón. Seguimos retirándonos, sin hostigamiento de la aviación, caminando unos 15 kms. antes de encontrar la segunda aguada, ya de noche. El jeep dio sus últimos estertores por falta de gasolina y recalentamiento. Pasamos la noche comiendo. El Ejército dio un comunicado reconociendo un subteniente y un soldado muertos en el día de ayer y atribuyéndonos muertos "vistos". Para mañana, tengo la intención de cruzar la línea férrea, buscando las montañas.

h - 620 ms.

Resumen del mes

El punto negativo es la imposibilidad de hacer contacto con Joaquín, pese a nuestro peregrinar por las serranías. Hay indicios de que éste se ha movido hacia el norte.

Desde el punto de vista militar, tres nuevos combates, causándole bajas al Ejército y sin sufrir ninguna, además de las penetraciones en Pirirenda y Caraguatarenda, indican el buen éxito. Los perros se han declarado incompetentes y son retirados de la circulación.

Las características más importantes son:

1º Falta total de contacto con Manila, La Paz, y Joaquín, lo que nos reduce a los 25 hombres que constituyen el grupo.

2º Falta completa de incorporación campesina, aunque nos van perdiendo el miedo y se logra la admiración de los campesinos. Es una tarea lenta y paciente.

3º El partido, a través de Kolle, ofrece su colaboración, al parecer, sin reservas.

4º El clamoreo del caso Debray ha dado más beligerancia a nuestro movimiento que 10 combates victoriosos.

5º La guerrilla va adquiriendo una moral prepotente y segura que, bien administrada, es una garantía de éxito.

6º El Ejército sigue sin organizarse y su técnica no mejora sustancialmente.

Noticia del mes: el apresamiento y fuga del Loro, que ahora deberá incorporarse o dirigirse a La Paz a hacer contacto.

El Ejército dio el parte de la detención de todos los campesinos que colaboraron con nosotros en la zona de Masicuri; ahora viene una etapa en la que el terror sobre los campesinos se ejercerá desde ambas partes, aunque con calidades diferentes; nuestro triunfo significará el cambio cualitativo necesario para su salto en el desarrollo.

Junio 1

Envié la vanguardia a apostarse en el camino y hacer una exploración hasta el cruce del camino petrolero, a unos 3 kms. La aviación comenzó a moverse por la zona, de acuerdo con la información de la radio en el sentido de que el mal tiempo había dificultado las acciones los días anteriores y ahora las reiniciarían. Dieron un parte extraño sobre dos muertos y tres heridos, que no se sabe si son los viejos o nuevos. Después de comer, a las 5, salimos rumbo a la vía. Fueron 7-8 kms. hechos sin novedad, caminamos 1½ por la vía y tomamos un callejón abandonado que nos debe llevar a un chaco 7 kms., pero ya estaba todo el mundo cansado y nos dormimos a mitad del camino. En todo el trayecto, sólo se escuchó un tiro lejano.
h - 800.

Junio 2
h - 800.

Se cumplieron los 7 kms. previstos por Gregorio y llegamos al chaco, allí cogimos un chancho robusto y lo matamos, pero en ese momento aparecieron el vaquero de Braulio Robles, su hijo y dos peones, uno de los cuales resultó ser un "achacao" * del dueño, Symuní. En sus caballos transportamos los 3 kms., hasta el arroyo, al chancho descuartizado y allí los retuvimos, mientras escondíamos a Gregorio, cuya desaparición se conocía. Casi al llegar al centro, pasó un camión del ejército con dos soldaditos y unos turriles, un bocado fácil, pero era día de holgorio y puerco. Pasamos la noche cocinando y a las 3.30 soltamos los cuatro guajiros, pagándole $10 a cada uno por su día. A las 4.30 se iba Gregorio, que esperó comida y reenganche y recibió $100. El agua del arroyo es amarga.

* *Achacao:* en Bolivia, hijo de la mujer, hijastro. [E.]

Junio 3

Salimos a las 6.30 por la margen izquierda del arroyo caminando hasta las 12, hora en que se mandó a Benigno y Ricardo de exploración al camino, encontrando un buen lugar para emboscada. A las 13 ocupamos posiciones, Ricardo y yo con un grupo cada uno en el centro, Pombo en un extremo y Miguel, con toda la vanguardia en el punto ideal. A las 14.30 pasó un camión con chanchos que dejamos pasar, a las 16.20 una camioneta con botellas vacías y a las 17 un camión del ejército, el mismo de ayer, con dos soldaditos envueltos en frazada en la cama del vehículo. No tuve coraje para tirarles y no me funcionó el cerebro lo suficientemente rápido como para detenerlo, lo dejamos pasar. A las 18 levantamos la emboscada y seguimos camino abajo hasta encontrar el arroyo de nuevo. Apenas llegados pasaron 4 camiones en fila y luego 3 más al parecer sin ejército.

Junio 4

Seguimos caminando por la margen del arroyo, con la intención de hacer otra emboscada si las condiciones se presentaban, pero apareció una senda que nos llevaba al oeste y la tomamos; luego siguió por un cauce seco y tomó rumbo al sur. A las 14.45 paramos a hacer café y avena en un charquito de agua fangosa, pero se demoró mucho y acampamos allí mismo. Por la noche se desató el surazo con agua finita toda la noche.

Junio 5

Dejamos la senda y fuimos partiendo monte bajo el "chinchin" constante del surazo. Caminamos hasta las 17, efectivamente 2¼ horas rompiendo manigua brava por las laderas de la maestra de este lugar. El fuego se convirtió en el gran Dios de la jornada. El día pasó en blanco en cuanto a comestibles; guardamos el agua salobre de las cantimploras para el desayuno de mañana.
h - 250 ms.

Junio 6

Tras un desayuno magro, Miguel, Benigno y Pablito salieron a hacer el camino y explorar. A las 14 aproximadamente volvía Pablo con la noticia de que se había llegado a un chaco abandonado, con ganado. Nos pusimos todos en marcha y, siguiendo el curso del arroyo, cruzamos el chaco y fuimos a dar al Río Grande. De allí se mandó una exploración con la misión de tomar alguna casa si se veía cerca y aislada; así se hizo y las primeras informaciones indicaban que estábamos a 3 kms. de Puerto Camacho, donde habían unos 50 soldados. Se comunica por senda. Pasamos toda la noche cocinando puerco y locro;* no rindió la jornada lo esperado y salimos cansados, ya de día.

* *Locro:* sopa de arroz, charqui, papas y viandas típicas de la región oriental de Bolivia. [E.]

Caminamos con parsimonia aprovechando potreros viejos,
hasta que el juma, uno de los hijos del dueño, anunció que
no había más. Llegamos por la playa hasta encontrar otro
donde el que no había llegado, con pocos, carne, guineo y
un poco de frijoles. Aquí tenemos campamento. El muchacho
que nos guió comenzó a quejarse de fuertes dolores de vientre,
no sabemos si auténticos.

h. 560 m.

9
10
11
12
13
14
15
16
17
18
19
20

Junio 7

Caminamos con parsimonia desechando potreros viejos, hasta que el guía, uno de los hijos del dueño, anunció que no había más. Seguimos por la playa hasta encontrar otro chaco, del que no había hablado, con jocos, caña, guineos, y un poco de frijoles. Aquí hicimos campamento. El muchacho que nos guía comenzó a quejarse de fuertes dolores de vientre, no sabemos si auténticos. h - 560 ms.

Junio 8

Corrimos el campamento unos 300 ms. para librarnos de la doble vigilancia de la playa y el chaco, aunque luego nos enteramos de que el dueño no había hecho camino y siempre venía en chalana. Benigno, Pablo, Urbano y León marcharon a tratar de hacer un camino que cortara el farallón pero vinieron por la tarde con la noticia de que era imposible. Tuve que hacerle otra advertencia a Urbano debido a sus desplantes. Convinimos en hacer una balsa mañana, cerca del farallón.

Se da noticias del estado de sitio y la amenaza minera, pero todo queda en agua de borrajas.

Junio 11

Día de total tranquilidad; permanecimos en la emboscada pero el
Ejército no avanzó; sólo un avioncito sobrevoló la zona algunos
minutos. Puede ser que nos esperen en el Rosita. El camino sobre
el firme avanzó hasta casi coronar la loma. Mañana saldremos de
todas maneras; nos queda comida amplia para 5-6 días.

Junio 12

Se creyó en principio que podríamos llegar al Rosita o, por lo
menos, al Río Grande de nuevo, de modo que emprendimos la mar-
cha. Al llegar a una pequeña aguada se vio difícil la cosa, por
lo que permanecimos allí, esperando noticias. A las 15 llegó infor-
me de que había otra aguada más grande, pero era imposible
bajar todavía. Resolvimos quedarnos aquí. El día comenzó a des-
componerse y, por último, el surazo nos obsequió una noche de
frío y agua. La radio da una noticia interesante: el periódico *Pre-
sencia* anuncia un muerto y un herido por parte del Ejército en
el choque del sábado; esto es muy bueno y casi seguramente es
cierto, de manera que mantenemos el ritmo de choques con muer-
tos. Otro comunicado anuncia 3 muertos, entre ellos, Inti, uno de
los jefes de los guerrilleros y la composición extranjera de la gue-
rrilla: 17 cubanos, 14 brasileros, 4 argentinos, 3 peruanos. Los
cubanos y peruanos corresponden a la realidad; había que ver de
dónde sacaron la noticia.
h - 900 ms.

Junio 13

Sólo caminamos una hora, hasta la próxima aguada, pues los chaqueadores no llegaron ni al Rosita, ni al río. Mucho frío. Mañana es posible que se llegue. Nos queda comida floja para 5 días.

Lo interesante es la convulsión política del país, la fabulosa cantidad de pactos y contrapactos que hay en el ambiente. Pocas veces se ha visto tan claramente la posibilidad de catalización de la guerrilla.

h - 340 ms.

Junio 14

Celita - (4?)

Pasamos el día en la aguada fría, al lado del fuego, esperando noticias de Miguel y Urbano que eran los chaqueadores. El plazo para moverse era hasta las 15 horas, pero Urbano llegó pasada esa hora a avisar que se había llegado a un arroyo y que se veían piquetes, por lo que creía que podría llegar al Río Grande. Nos quedamos en el lugar, comiéndonos el último potaje, no queda más que una ración de maní y 3 de mote.

He llegado a los 39 y se acerca inexorablemente una edad que da qué pensar sobre mi futuro guerrillero; por ahora estoy "entero".

h - 840

Junio 15

Caminamos un poco menos de 3 horas para llegar a las márgenes del Río Grande, en un lugar que reconocimos y que, calculo, está a 2 horas del Rosita; Nicolás, el campesino, habla de 3 kms. Se le dieron 150 pesos y la oportunidad de irse y salió como un cohete. Nos quedamos en el mismo lugar adonde llegamos; Aniceto hizo una exploración y cree que se podrá cruzar el río. Comimos sopa de maní y un poco de palmito de totaí hervido y saltado en manteca; sólo queda mote para 3 días.

h - 610 ms.

Junio 16

Caminamos un kilómetro cuando vimos en la ribera opuesta a la gente de la vanguardia. Pacho había cruzado explorando y encontró el vado. Cruzamos con agua helada hasta la cintura y con alguna corriente, sin novedad. Una hora después llegamos al Rosita, donde hay algunas huellas viejas de zapatos, al parecer, del Ejército. Nos encontramos con que el Rosita traía más agua de lo previsto y no hay huellas de la senda marcada en el mapa. Caminamos una hora en el agua helada y decidimos acampar para aprovechar el palmito de totaí y tratar de encontrar una colmena que había encontrado Miguel en una exploración anterior; no se encontró la colmena, y sólo comimos mote y palmito con manteca. Queda comida para mañana y pasado (mote). Caminamos unos 3 kms. por el Rosita y otros 3 por el Río Grande.

h - 610

Junio 17

Caminamos unos 15 kms. por el Rosita, en 5½ horas. En el recorrido cruzamos 4 arroyos, a pesar de que en el mapa figura uno solo, el Abapocito. Se han encontrado huellas abundantes de tránsito reciente. Ricardo mató un hochi * y con eso y el mote pasamos el día. Queda mote para mañana, pero es presumible que encontremos casa.

Junio 18

Muchos quemamos las naves, comiéndonos todo el mote en el desayuno. A las 11, luego de dos horas y media de camino, caímos a un chaco con maíz, yuca, caña, un trapiche para molerla, jocos y arroz. Preparamos comida, sin proteínas, y mandamos a Benigno y Pablito a explorar. A las 2 horas volvió Pablo con la noticia de que se habían topado un campesino cuyo chaco está a 500 ms. de éste y que más atrás venían otros, los que fueron apresados al llegar. Por la noche cambiamos de campamento durmiendo en el chaco de los muchachos, situado justo en la desembocadura del camino que viene de Abapó a 7 leguas de aquí. Sus casas están a 10-15 kms., arriba de la junta del Mosquera con el Oscura, sobre este último río.
h - 680 ms.

* *Hochi:* especie de jutía. [E.]

Junio 19

Caminamos a paso lento unos 12 kms. para llegar al rancho integrado por 3 casas por otras tantas familias. Dos kilómetros abajo vive una familia Gálvez, justo en la junta del Mosquera y el Oscura; a los habitantes hay que cazarlos para poder hablar con ellos pues son como animalitos. Nos recibieron bien en general, pero Calixto, nombrado alcalde por una comisión militar que pasó por aquí hace un mes, se mostró reservado y renuente a vender algunas cositas. Al anochecer llegaron 3 comerciantes en chanchos con revólver y fusil máuser; se le pasaron a la posta de la vanguardia, Inti, que los interrogó, no les quitó las armas y Antonio, que los vigilaba, lo hizo con mucho descuido. Calixto aseguró que son comerciantes de Postrer Valle y que él los conoce.
h - 680 ms.

Hay otro río que le cae al Rosita en su margen izquierda y se llama Suspiro; no vive nadie en su curso.

Junio 20

Por la mañana, Paulino, uno de los muchachos del chaco de abajo, nos informó que los tres individuos no eran comerciantes: había un teniente y los otros dos no eran del ramo. La información la obtuvo por la hija de Calixto que es su novia. Inti fue con varios hombres y les puso plazo hasta las 9 para que saliera el oficial; si no serían fusilados todos. Salió enseguida el oficial, llorando. Es un subteniente de policía que fue enviado con un carabinero y el maestro de Postrer Valle que vino como voluntario. Los mandó un coronel que está situado en ese pobladito con 60 hombres. Su misión incluía un largo viaje para el que le dieron 4 días, incluyendo en el recorrido otros puntos del camino de la Oscura. Se pensó en matarlos pero luego decidí devolverlos con una severa

advertencia sobre las normas de la guerra. Averiguando cómo podían haber pasado, se estableció que Aniceto abandonó la guardia para llamar a Julio y en ese lapso pasaron; además, Aniceto y Luis fueron hallados dormidos en la posta. Fueron sancionados a 7 días de ayudantes de cocina y uno sin comer los puercos, asado y frito, y el potaje que se sirvió hasta la exageración. Los detenidos serán despojados de todos sus enseres.

Junio 21

la vieja

Después de dos días de profusas extracciones dentales en que hice famoso mi nombre de Fernando Sacamuelas (a) Chaco, cerré mi consultorio y salimos por la tarde; caminando poco más de una hora. Por primera vez en esta guerra salí montado en un mulo. Los tres detenidos fueron llevados una hora por el camino del Mosquera y despojados de todos sus enseres, incluidos relojes y abarcas.* Pensamos llevar a Calixto, el alcalde, de práctico junto con Paulino, pero aquél estaba enfermo o lo fingió y lo dejamos con serias advertencias que probablemente no rindan muchos frutos. Paulino se ha comprometido a llegar a Cochabamba con mi mensaje. Se le dará una carta para la mujer de Inti, un mensaje en clave para Manila y los 4 comunicados. El cuarto explica la composición de nuestra guerrilla y aclara el infundio de la muerte de Inti; es el [] ** Veremos si ahora podemos establecer contacto con la ciudad. Paulino simuló venir como prisionero nuestro. h - 750 ms.

* *Abarcas:* sandalias rústicas. [E.]
** En blanco en el original. [E.]

Junio 22

Caminamos unas tres horas efectivas, dejando el río la Oscura o Morocos para llegar a una aguada en el lugar denominado Pasiones. Consultamos el mapa y todo indicaba que faltaban no menos de 6 leguas para llegar a Florida o al primer punto donde haya casas, Piray, donde vive un cuñado de Paulino, pero éste no conoce el camino. Pensábamos seguir aprovechando la luna, pero no vale la pena dada la distancia a que estamos.
h - 950 ms.

Junio 23

Sólo caminamos una hora efectiva, ya que se perdió la senda y tardamos toda la mañana y parte de la tarde en encontrarla y luego el resto en abrirla para mañana. La noche de San Juan no fue tan fría como podría creerse de acuerdo a la fama.
h - 1 050.

El asma me está amenazando seriamente y hay muy poca reserva de medicamentos.

Junio 24

Caminamos en total unos 12 kms., 4 horas efectivas. A trechos el camino era bueno y se veía, a trechos había que inventarlo. Baja-

mos por una faralla increíble siguiendo las huellas de unos ganaderos que arreaban ganado. Acampamos en un hilo de agua en las faldas del cerro Durán. La radio trae la noticia de lucha en las minas. Mi asma aumenta.

h - 1 200 ms.

Junio 25

Seguimos por el camino fabricado por los ganaderos sin alcanzarlos. A media mañana había un potrero incendiado y un avión sobrevoló la zona. Quedamos sin saber qué relación existía entre esos dos hechos pero seguimos adelante y a las 16 llegamos al Piray, residencia de la hermana de Paulino. En este lugar hay 3 casas de las cuales una estaba abandonada, en la otra no había gente y en la tercera estaba la hermana con 4 hijos, pero sin el marido que había salido con Paniagua, el de la otra casa, a la Florida. Todo parecía normal. A un km. vive una hija de Paniagua y ésa fue la casa elegida para acampar, comprando una ternera que fue sacrificada inmediatamente. Coco, con Julio, Camba y León fueron mandados hasta Florida para hacer alguna compra, pero se encontraron con que hay ejército; unos 50 hombres y se espera más hasta completar 120-130. El dueño de la casa es un viejo que se llama Fenelón Coca.

La radio argentina da la noticia de 87 víctimas; los bolivianos callan el número *(Siglo XX)*. Mi asma sigue en aumento y ahora no me deja dormir bien.

h - 780 ms.

Junio 26

Día negro para mí. Parecía que todo transcurriría tranquilamente y había mandado 5 hombres a reemplazar a los emboscados en el camino de Florida, cuando se oyeron disparos. Fuimos rápidamente en los caballos y nos encontramos con un espectáculo extraño: en medio de un silencio total, yacían al sol cuatro cadáveres de soldaditos, sobre la arena del río. No podíamos tomarles las armas por desconocer la posición del enemigo; eran las 17 horas y esperábamos la noche para efectuar el rescate: Miguel mandó a avisar que se oían ruidos de gajos partidos hacia su izquierda; fueron Antonio y Pacho pero di orden de no tirar sin ver. Casi inmediatamente se oyó un tiroteo que se generalizó por ambas partes y di orden de retirada, ya que llevábamos las de perder en esas condiciones. La retirada se demoró y llegó la noticia de dos heridos: Pombo, en una pierna y Tuma en el vientre. Los llevamos rápidamente a la casa para operarlos con lo que hubiera. La herida de Pombo es superficial y sólo traerá dolores de cabeza su falta de movilidad, la de Tuma le había destrozado el hígado y producido perforaciones intestinales; murió en la operación. Con él se me fue un compañero inseparable de todos los últimos años, de una fidelidad a toda prueba y cuya ausencia siento desde ahora casi como la de un hijo. Al caer pidió que se me entregara el reloj, y como no lo hicieron para atenderlo, se lo quitó y se lo dio a Arturo. Ese gesto revela la voluntad de que fuera entregado al hijo que no conoció, como había hecho yo con los relojes de los compañeros muertos anteriormente. Lo llevaré toda la guerra. Cargamos el cadáver en un animal, y lo llevamos para enterrarlo lejos de allí.

Se tomaron prisioneros dos nuevos espías; un teniente de carabineros y un carabinero. Se les leyó la cartilla y fueron dejados en libertad, en calzoncillos solamente, debido a una mala interpretación de mi orden, en el sentido de que fueran despojados de todo lo que sirviera. Salimos con 9 caballos.

Junio 27

Cumplida la penosa tarea de enterrar malamente a Tuma seguimos viaje, arribando de día a Tejería propiamente dicho. A las 14 horas salió la vanguardia para un viaje de 15 kms. y a las 14.30 nosotros. El viaje fue largo para los últimos, a los que sorprendió la noche y debieron esperar la luna, llegando a las 2.30 a la casa de Paliza de donde eran los guías.
h - 850 ms.

Devolvimos dos animales al dueño de la casa de Tejería que es sobrino de la vieja Paniagua, para que se los hiciera llegar.

Junio 28

Se logró un guía que por $ 40 se ofreció a conducirnos hasta el cruce del camino que va a casa de Don Lucas; pero nos quedamos en una casa anterior que tenía su aguada. Salimos tarde, pero los últimos, Moro y Ricardo, tardaron una barbaridad y no pude escuchar noticias. Hicimos un promedio de 1 km. por hora. Según las versiones, el Ejército, o alguna emisora por su cuenta hablan de 3 muertos y 2 heridos en un encuentro con guerrilleros en la zona de Mosquera; tiene que ser una referencia a nuestro combate pero se veían, casi con absoluta certeza, 4 cadáveres, a menos que alguno lograra simular perfectamente la muerte.
La casa de un tal Zea no estaba habitada, pero tenía varias vacas cuyos terneros se encerraron.
h - 1 150 ms.

Junio 29

Tuve una conversación fuerte con Moro y Ricardo por la demora, sobre todo con Ricardo. Salieron con mochila en los caballos Coco y Darío, de la vanguardia, y Moro. El Ñato lleva la suya, pues es el encargado de todos los animales. Además, la de Pombo y la mía en un mulo. Pombo pudo llegar con bastante facilidad en una yegua de llano; lo acomodamos en la casa de don Lucas, que vive en la cumbre, a 1 800 mts. de altura y estaba con dos hijas, una de ellas cotuda.* Hay dos casas más, una de ellas de un trabajador esporádico, casi sin nada, la otra bien acondicionada. La noche fue lluviosa y fría. Los informes dicen que Barchelón está a medio día de camino, pero, según los campesinos que vinieron por la senda, está muy mala, el dueño de casa no dice lo mismo y asegura que se arregla fácilmente. Los campesinos vienen a ver al de la otra casa y fueron detenidos por sospechosos.

En el camino tuve una conversación con nuestra tropa, ahora integrada por 24 hombres. Cité entre los hombres ejemplo uno más, el Chino; expliqué la significación de las pérdidas y la pérdida personal que significó para mí la muerte de Tuma a quien consideraba casi como a un hijo. Critiqué la falta de autodisciplina y la lentitud en la marcha y prometí dar algunas nociones más para que no nos suceda en las emboscadas lo que pasó ahora: pérdidas inútiles de vida por incumplir normas.

Junio 30

El viejo Lucas dio algunas informaciones sobre sus vecinos, de lo que se desprende que ya el Ejército anduvo haciendo su preparación por aquí. Uno de ellos, Andulfo Díaz, es el secretario general del sindicato campesino de la zona, sindicado como barrientista;

* *Cotuda*: con bocio. [E.]

otro es un viejo hablador al que se dejó salir en razón de estar paralítico y otro es un cobarde que puede hablar, según sus colegas, para no buscarse complicaciones. El viejo prometió acompañarnos y ayudarnos a abrir el camino a Barchelón; los dos campesinos nos seguirán. Pasamos el día en descanso ya que fue lluvioso y desapacible.

En el plano político, lo más importante es la declaración oficial de Ovando de que yo estoy aquí. Además, dijo que el Ejército se estaba enfrentando a guerrilleros perfectamente entrenados que incluso contaba con comandantes vietcons que habían derrotado a los mejores regimientos norteamericanos. Se basa en las declaraciones de Debray que, parece, habló más de lo necesario, aunque no podemos saber qué implicaciones tiene esto, ni cuáles fueron las circunstancias en que dijo lo que haya dicho. Se rumora también que el Loro fue asesinado. Me atribuyeron ser el inspirador del plan de insurrección en las minas, coordinado con el de Ñacahuasú. La cosa se pone linda; dentro de algún tiempo dejaré de ser "Fernando Sacamuelas".

Se recibió un mensaje de Cuba en que explican el poco desarrollo alcanzado por la organización guerrillera en el Perú, donde apenas tienen armas y hombres, pero han gastado un dineral y hablan de una supuesta organización guerrillera entre Paz Estensoro, un coronel Seoane y un tal Rubén Julio, ricacho movimientista de la zona de Pando; serían en Guayaramerín. Es el [] *

Análisis del mes

Los puntos negativos son: la imposibilidad de hacer contacto con Joaquín y la pérdida gradual de hombres, cada uno de los cuales constituye una derrota grave, aunque el Ejército no lo sepa. Hemos tenido dos pequeños combates en el mes, ocasionándole al Ejército 4 muertos y 3 heridos, a guiarse por sus propias informaciones.

Las características más importantes son:

* En blanco en el original. [E.]

169

1º Sigue la falta total de contactos, lo que nos reduce ahora a los 24 hombres que somos, con Pombo herido y la movilidad reducida.

2º Sigue sintiéndose la falta de incorporación campesina. Es un círculo vicioso: para lograr esa incorporación necesitamos ejercer nuestra acción permanente en un territorio poblado y para ello necesitamos más hombres.

3º La leyenda de la guerrilla crece como espuma; ya somos los superhombres invencibles.

4º La falta de contacto se extiende al partido, aunque hemos hecho una tentativa a través de Paulino que puede dar resultado.

5º Debray sigue siendo noticia pero ahora está relacionado con mi caso, apareciendo yo como jefe de este movimiento. Veremos el resultado de este paso del gobierno y si es positivo o negativo para nosotros.

6º La moral de la guerrilla sigue firme y su decisión de lucha aumenta. Todos los cubanos son ejemplo en el combate y sólo hay dos o tres bolivianos flojos.

7º El Ejército sigue nulo en su tarea militar, pero está haciendo un trabajo campesino que no debemos descuidar, pues transforma en chivatos a todos los miembros de una comunidad, ya sea por miedo o por engaños sobre nuestros fines.

8º La masacre en las minas aclara mucho el panorama para nosotros y, si la proclama puede difundirse, será un gran factor de esclarecimiento.

Nuestra tarea más urgente es restablecer el contacto con La Paz y reabastecernos de equipo militar y médico y lograr la incorporación de unos 50-100 hombres de la ciudad, aunque la cifra de los combatientes se reduzca en la acción a unos 10-25.

Julio 1

Sin que el día despejara completamente, salimos en dirección de Barchelón, Barcelona en el mapa. El viejo Lucas nos dio una manita en el arreglo del camino pero, con todo, éste quedó bastante abrupto y resbaladizo. La vanguardia salió por la mañana y nosotros a medio día, invirtiendo toda la tarde en bajar y subir la quebrada. Debimos quedarnos a dormir en el primer chaco, separados de la vanguardia que siguió adelante. Eran 3 niños de apellido Yépez, sumamente tímidos.

Barrientos tuvo una conferencia de prensa en la que admitió mi presencia pero vaticinó que en pocos días quedaría liquidado. Habló la habitual retahila de sandeces, llamándonos ratas y víboras y reiteró su propósito de castigar a Debray.

h - 1 550.

Retuvimos a un campesino llamado Andrés Coca, que encontramos en el camino y llevamos con nosotros a los otros dos, Roque y su hijo Pedro.

Julio 2

Por la mañana nos unimos a la vanguardia que había acampado en lo alto, en casa de don Nicomedes Arteaga, donde hay un naranjal y nos vendieron cigarros. La casa principal está abajo, en el río de la piojera y allí fuimos, comiendo opíparamente. El río Piojera corre encañonado completamente y por él sólo se puede transitar a pie hacia abajo, rumbo a la Angostura; la salida es hacia la junta, otro punto sobre el mismo río, pero atravesando La Loma, bastante alta. Es importante por constituir un cruce de caminos. Este lugar está a sólo 950 ms y es mucho más templado; aquí se cambia la garrapatilla por el marigüi. Está formado el caserío por la vivienda de Arteaga y de varios hijos; tienen un cafetalito a donde vienen a trabajar a partido gente

de distintos puntos cercanos. Ahora hay unos 6 peones de la zona de San Juan.

La pierna de Pombo no evoluciona con suficiente rapidez debido, probablemente, a los interminables viajes a caballo pero no tiene complicaciones ni se temen ya.

Julio 3

Seguimos allí todo el día, tratando de darle mayor descanso a la pierna de Pombo. Las compras se están haciendo a precios altos y esto hace que los campesinos mezclen el miedo con el interés y nos consigan las cosas. Saqué unas fotos que me valieron el interés de todos ellos; veremos cómo las revelamos, las ampliamos, y se las hacemos llegar: 3 problemas. Un avión pasó por la tarde y por la noche alguien habló del peligro de los bombardeos nocturnos y todo el mundo salía por la noche, cuando los atajamos, explicándoles que no había peligro. Mi asma sigue dando guerra.

Julio 6

Salimos temprano rumbo a Peña Colorada, cruzando una zona habitada que nos recibía con terror. Al atardecer llegamos al Alto de Palermo, 1 600 ms., e iniciamos la bajada hacia ese punto, donde hay una pequeña pulpería en la que compramos por las dudas. Ya de noche desembocamos en la carretera donde sólo hay una casita de una vieja viuda. La vanguardia no estuvo muy feliz en la toma de la misma por indecisiones. El plan era tomar un vehículo que viniera de Sumaipata, averiguar las condiciones

reinantes y partir hacia allí con el conductor del vehículo, tomar el DIC, comprar en la farmacia, saquear el hospital, comprar alguna latería y golosinas y retornar.

Se cambió el plan porque no venían vehículos de Sumaipata y se tuvieron noticias de que no estaban deteniendo vehículos en esa localidad, es decir, la barrera estaba alta. Fueron comisionados para la acción Ricardo, Coco, Pacho, Aniceto, Julio y Chino. Pararon un camión que venía de Santa Cruz, sin novedad, pero detrás venía otro que paró por solidaridad y también hubo que detenerlo; allí comenzó el tira y afloja con una señora que viaja en el camión y no quería bajar a su hija, un tercer camión paró a ver qué pasaba y ya se obstruyó el camino, parando un cuarto, ante la indecisión de la gente. Se arreglaron las cosas y quedaron los 4 vehículos a un costado y un chofer hablaba de descanso cuando le preguntaban. La gente' salió en un camión, llegó a Sumaipata, capturó dos carabineros, luego al teniente Vacaflor, jefe del puesto y al sargento lo hicieron decir la contraseña y tomaron en acción relámpago el puesto con 10 soldados, tras una breve escaramuza con cruce de disparos con un soldado que se resistió. Se lograron capturar 5 máusers y 1 Z-B-30 y subieron los 10 presos, dejándolos desnudos a 1 km. de Sumaipata. En el orden de los abastecimientos la acción fue un fracaso; el Chino se dejó mangonear por Pacho y Julio y no se compró nada de provecho y en las medicinas, ninguna de las necesarias para mí, aunque sí las más imprescindibles para la guerrilla. La acción se realizó ante todo el pueblo y la multitud de viajeros, de manera que se regará como pólvora. A las 2 ya estábamos caminando de vuelta con el botín.

Caminamos sin tregua hasta llegar a un campo de caña donde un hombre nos había esperado bien la vez anterior. A una legua de la zona el hombre nos vendió que autorizado en la gente, pero nos previno que había 200 hombres en él, ejército y que su hermano acababa de incluir de los suyos, y anunciaba que allí habían 100 soldados. Quería tomar unos mulos, pero que fimo no hacerlo. El arma nos deja en aquel...

_____ 11

_____ 12

_____ 13

_____ 14

_____ 15

_____ 16

_____ 17

_____ 18

_____ 19

_____ 20

Julio 7

Caminamos sin descanso hasta llegar a un campo de caña donde
un hombre nos había recibido bien la vez anterior, a una legua
de la casa de Ramón. El miedo sigue entronizado en la gente; el
hombre nos vendió un puerco y fue amable, pero nos previno que
había 200 hombres en los Ajos y que su hermano acababa de venir
de San Juan y anunciaba que allí habían 100 soldados. Quería
sacarse unas muelas pero prefirió no hacerlo. El asma mía está
en aumento.

Julio 8

Caminamos desde la casa de la caña hasta el río Piojera, con pre-
cauciones, pero todo estaba limpio y no había ni rumores de sol-
dados y la gente que venía de San Juan negaba que allí hubieran
soldados. Parece que fue una treta del hombre para que nos fué-
ramos. Caminamos unas dos leguas por el río hasta el Piray y
de allí una legua hasta la cueva, a donde llegamos anocheciendo.
Estamos cerca del Filo.

Me inyecté varias veces para poder seguir usando al final una
solución de adrenalina al 1 900 preparada para colirio. Si Pau-
lino no ha-cumplido su misión, tendremos que retornar al Ñaca-
huasú a buscar medicamentos para mi asma.

El Ejército dio el parte de la acción, reconociendo un muerto
que se debe haber producido en el tiroteo; Ricardo, Coco y Pacho
tomaron el cuartelito.

Julio 9

Al salir, perdimos el camino y pasamos la mañana buscándolo. A medio día seguimos uno no muy claro que nos llevó a la mayor altura alcanzada hasta ahora 1 840 ms., poco después se llegó a una tapera donde hicimos noche. No hay seguridad sobre el camino al Filo. La radio dio la noticia de un acuerdo de 14 puntos entre los trabajadores de Catavi y Siglo XX y la Empresa Comibol, constituye una derrota total de los trabajadores.

Julio 10

Salimos tarde porque se había perdido un caballo, que apareció luego. Pasamos por la altura máxima, 1 900 ms., por un camino poco transitado. A las 15.30 se llegó a una tapera donde decidimos pernoctar, pero la sorpresa desagradable fue que se acababan los caminos. Se mandó exploración a unas sendas desechadas, pero no conducen a ningún lado. Enfrente se ven unos chacos que podían ser el Filo.

La radio dio la noticia de un choque con guerrilleros en la zona de El Dorado, que no figura en el mapa y es ubicado entre Sumaipata y Río Grande; reconocen un herido y nos atribuyen dos muertos.

De otro lado, las declaraciones de Debray y el Pelado no son buenas, sobre todo, han hecho una confesión del propósito intercontinental de la guerrilla, cosa que no tenían que hacer.

Julio 11

Al retornar, en un día lluvioso y de bruma intensa, perdimos todos los caminos, quedando, en definitiva, separados de la vanguardia que bajó reabriendo una vieja senda. Matamos un ternero.

Julio 12

Todo el día lo pasamos esperando noticias de Miguel, pero sólo al anochecer llegó Julio con la noticia de que se había bajado a un arroyo que corría en dirección sur. Quedamos en el mismo lugar. El asma me dio una tángana regularcita.

Ahora la radio trae otra noticia que parece verídica en su parte más importante; habla de un combate en el Iquira, con un muerto de parte nuestra, cuyo cadáver llevaron a Lagunillas. La euforia sobre el cadáver indica que algo de verdad hay en el caso.

Julio 13

Por la mañana bajamos una loma empinada y resbaladiza, dado lo malo del tiempo; encontrando a Miguel a las 11.30. Había mandado a Camba y Pacho a explorar un sendero que apartaba del que seguía el curso del arroyo y volvieron una hora después con la noticia de que se veían chacos y casas y habían estado en uno abandonado. Nos trasladamos allí y luego, siguiendo el curso de

un arroyito, llegamos hasta la primera casa, donde pernoctamos. El dueño de casa llegó más tarde y nos informó que una mujer, la madre del corregidor, nos había visto y ya debía haber informado a los soldados que están en el propio rancho del Filo, a una legua de aquí. Se mantuvo posta toda la noche.

Julio 14

Tras una noche de continuo chilcheo,* continuó así todo el día, pero a las 12 salimos llevando dos prácticos, Pablo, cuñado del alcalde, y Aurelio Mancilla, el hombre de la primera casa. Quedaron llorando las mujeres. Llegamos a un punto donde se bifurcan los caminos; uno lleva a Florida y Moroco, el otro a Pampa. Los guías propusieron seguir el de Pampa, de donde se podía tomar una trocha recientemente abierta hasta el Mosquera y se aceptó, pero cuando habíamos caminado unos 500 ms., aparecieron un soldadito y un campesino con una carga de harina en un caballo y un mensaje para el subteniente del Filo de su colega de Pampa, donde hay 30 guardias. Decidimos cambiar el rumbo y nos internamos por el camino a Florida, haciendo campamento al poco rato.

El PRA y el PSB se retiran del frente de la revolución y los campesinos advierten a Barrientos sobre una alianza con Falange. El gobierno se desintegra rápidamente. Lástima no tener 100 hombres más en este momento.

* *Chilcheo:* lluvia fina. [E.]

Julio 15

Caminamos bastante poco debido a lo malo del camino, abandonado desde hace muchos años. Por consejos de Aurelio, matamos una vaca del corregidor, comiendo opíparamente. El asma me ha abandonado un poco.

Barrientos anunció la operación Cintia, para liquidarnos en pocas horas.

Julio 16

Iniciamos la marcha muy lentamente, debido al intenso trabajo de chapea y los animales sufrieron mucho dado lo malo del camino, pero llegamos sin mayores incidentes al fin de la jornada a un cañadón donde es imposible seguir con los caballos cargados. Miguel y 4 hombres de la vanguardia siguieron adelante y durmieron aparte.

No hubo noticias dignas de importancia por radio. Pasamos una altura de 1 600 ms., cerca del cerro Durán que quedó a nuestra izquierda.

Julio 17

Seguimos caminando lentamente, debido a lo perdido del camino. Teníamos la esperanza de llegar a un naranjal que había indicado

el guía, pero al hacerlo nos encontramos con las matas secas. Hay una poza que nos sirvió para acampar. No hicimos más de 3 horas efectivas de camino. Mi asma está mucho mejor. Parece que empataremos con el camino que usamos para llegar a Piray. Estamos al lado del Durán.

h - 1 560 ms.

Julio 18

A la hora de camino, el guía perdió la ruta y manifestó no conocer más. Al fin se encontró una senda vieja y, mientras se abría, Miguel la siguió, rompiendo monte, y llegó al cruce del camino al Piray. Llegando a un arroyito donde acampamos, se liberó a los 3 campesinos y el soldadito, luego de leerles la cartilla. Coco salió con Pablito y Pacho para investigar si Paulino dejó algo en el hueco; deben volver mañana a la noche si todos los cálculos salen bien. El soldadito dice que va a desertar.

h - 1 300 ms.

Julio 19

Hicimos el corto trayecto hasta el antiguo campamento y allí quedamos, con guardia reforzada, a la espera de Coco, el que llegó después de las 18.00 horas anunciando que allí todo está sin novedad; el fusil en su lugar y no hay huellas de Paulino. En cambio hay muchas huellas del paso de una tropa que ha dejado sus señales también en la parte del camino en que estamos.

Las noticias políticas son de una tremenda crisis que no se ve

en qué va a parar. Por lo pronto, los sindicatos agrícolas de Cocha-
bamba han formado un partido político "de inspiración cristiana"
que apoya a Barrientos y éste pide que lo "dejen gobernar 4 años";
es casi una imploración. Siles Salinas amenaza a la oposición con
que la subida nuestra al poder le costará la cabeza a todos y llama
la unidad nacional, declarando al país en pie de guerra. Parece
implorante por un lado y demagógico por otro; tal vez se prepara
a una sustitución.

Julio 20

Caminamos con precaución hasta llegar a las dos casitas primeras
donde se encontró a uno de los muchachos Paniagua y al yerno
Paulino. De éste no sabían nada ellos, salvo que el Ejército lo
buscaba por habernos guiado. Las huellas corresponden a un gru-
po de 100 hombres que pasaron una semana después que nosotros
y siguieron hasta Florida. Parece que el Ejército sufrió 3 muer-
tos y 2 heridos en la emboscada. Se mandó a Coco, con Camba, León
y Julio a explorar Florida y comprar lo que se encontrara allí.
Volvió a las 4 con algunos víveres y un tal Melgar, dueño de dos
de nuestros caballos que se ofrecía a cualquier servicio y tenía una
información detallada y poco fantasiosa de lo que se extrae lo si-
guiente: 4 días después de nuestra partida fue descubierto el cadá-
ver de Tuma, comido por los animales; el Ejército sólo avanzó
al día siguiente del combate, luego de la aparición del Teniente
desnudo; la acción de Sumaipata se conoce con pelos y señales y
agregados y es motivo de burla de los campesinos; encontraron la
pipa de Tuma y algunos enseres regados; un mayor, llamado So-
perna, parecía ser medio simpatizante o admirador nuestro; el Ejér-
cito llegó hasta la casa de Coca, donde muriera Tuma y de allí
pasó a Tejería, retornando a Florida. Coco pensaba utilizar al hom-
bre en llevar una carta, pero me pareció más prudente probarlo
primero enviándolo a comprar algunos medicamentos. Este Melgar
nos habló de un grupo que viene hacia aquí, donde hay una mu-
jer, y que lo supo por carta del corregidor de Río Grande al de
este punto; como el hombre está en el camino a Florida mandamos

a Inti, Coco y Julio a que lo entrevistaran. Negó tener noticias de otro grupo pero confirmó, en general, las declaraciones del otro. Pasamos una noche perra por el agua. La radio dio la noticia de la identificación del cadáver del guerrillero muerto y que sería Moisés Guevara, pero Ovando, en conferencia de prensa, fue muy cauto al respecto y cargó la identificación sobre el ministerio del Interior. Cabe la posibilidad de que sea todo una farsa o inventada la supuesta identificación.

h - 680 ms.

Julio 21

Pasamos el día en calma. Se habló con el viejo Coca sobre la vaca que nos había vendido sin ser de él, y luego dijo que no se la habían pagado, pero negó enfáticamente el hecho; lo emplazamos a que pagara.

Por la noche fuimos a Tejería, comprando un puerco grande y chankaka.* Aquella gente recibió muy bien a Inti, Benigno y Aniceto que son los que fueron.

Julio 22

Salimos temprano, con abundante carga en hombros y animales y la intención de despistar a todo el mundo sobre la realidad de nuestra presencia. Dejamos el camino que conduce a Moroco y tomamos el de la laguna. A uno o dos kilómetros al sur. Desgra-

* *Chankaka:* especie de raspaduras. [E.]

182

ciadamente, ignorábamos el resto y debimos mandar exploradores; en el ínterin, Mancilla y el muchacho Paniagua aparecieron por la laguna campeando ganado. Fueron apercibidos de no decir nada pero ya la cosa es muy distinta. Caminamos un par de horas durmiendo a la vera de un arroyo que tiene una senda hacia el sureste, siguiendo su curso y otras menos marcadas al Sur.

La radio trae la noticia de que la mujer de Bustos (Pelao) confirma que me vio aquí, pero dice que vino con otras intenciones. h - 640 ms.

Julio 23

Permanecimos en el mismo campamento mientras se mandaban exploraciones por los dos caminos posibles. Uno de ellos conduce al Río Seco, en un punto en que ya el Piray le da sus aguas y todavía no las absorbe la arena, es decir, entre la emboscada que pusimos y Florida; el otro conduce a una tapera a unas 2-3 horas de camino y, según Miguel, que hizo la exploración, de allí es posible salir al Rosita. Mañana tomaremos ese camino, que puede ser uno de Melgar, según los cuentos hechos por éste a Coco y Julio.

Julio 24

Caminamos unas 3 horas siguiendo la senda explorada, la que nos hizo trasponer alturas de 1 000 ms., acampando a 940 ms., a la orilla de un arroyo. Aquí se acaban los caminos y el día de mañana íntegro debe dedicarse a la búsqueda de la mejor salida. Aquí hay una serie de chacos en producción que indican su rela-

ción con Florida; podría ser el lugar llamado Canalones. Estamos tratando de descifrar un largo mensaje de Manila. Raúl habló a la promoción de oficiales de la Escuela Máximo Gómez y, entre otras cosas, refutó las calificaciones de los checos sobre el artículo de los Vietnam. Los amigos me llaman un nuevo Bakunin, y se lamentan de la sangre derramada y de la que se derramaría en caso de 3 o 4 Vietnams.

Julio 25

Pasamos el día en reposo, mandando 3 parejas a explorar diversos puntos, Coco, Benigno y Miguel fueron los encargados de hacerlo. Coco y Benigno desembocaron al mismo lugar y de allí se puede tomar el camino a Moroco. Miguel informó que el arroyo sale, con toda seguridad, al Rosita y que se puede caminar por él aunque haciendo camino a base de machete.

Se informa de dos acciones, una en Taperas y otra en San Juan del Potrero, que no pueden haber sido hechas por el mismo grupo y surge la incógnita sobre su existencia real o la veracidad de los hechos.

Julio 26

Benigno, Camba y Urbano fueron comisionados para hacer un camino por el arroyo, huyéndole a Moroco, el resto del personal quedó en el campamento y el centro hizo una emboscada atrás. Sin novedad.

Las noticias de la acción de San Juan del Potrero fueron difun-

didas por las radios extranjeras con pelos y señales: captura de 15 soldados y un coronel, despojo y libertad, nuestra técnica. Ese punto está al otro lado del camino carretero Cochabamba-Santa Cruz. Por la noche di una pequeña charla sobre el significado del 26 de Julio; rebelión contra las oligarquías y contra los dogmas revolucionarios. Fidel le dio su pequeña mención a Bolivia.

Julio 27

Teníamos todo listo para salir y la gente de la emboscada había recibido orden de hacerlo automáticamente a las 11, cuando llegó Willy, faltando pocos minutos para esa hora, anunciando que estaba el ejército; fueron para allá el mismo Willy, Ricardo, Inti, Chino, León, Eustaquio, los que junto con Antonio, Arturo y Chapaco hicieron la acción. Ésta se desarrolló así: 8 soldados aparecieron en la cresta, caminaron hacia el sur, siguiendo un caminito viejo y retornaron, tirando algunos morterazos, haciendo señas con un trapo. En algún momento se escuchó el llamado a un tal Melgar, que podría ser el de Florida. Luego de descansar un rato, 8 soldaditos emprendieron la marcha hacia la emboscada. Sólo cayeron en ella 4, pues el resto venían un poco reposados; hay 3 muertos seguros y el cuarto probable, pero de todas maneras, herido. Nos retiramos sin quitarle armas y equipo por lo difícil que se hacía el rescate y salimos arroyo abajo. Luego de la confluencia con otro cañoncito se hizo una nueva emboscada, los caballos avanzaron hasta donde llega el camino.

El asma me trató duro y se van acabando los míseros calmantes. h - 800 ms.

Julio 28

Se mandó a Coco, con Pacho, Raúl y Aniceto a cubrir la desembocadura del río que pensamos es el Suspiro. Se caminó poco, abriendo camino por un cañón bastante cerrado. Acampamos separados de la vanguardia, pues Miguel avanzó demasiado para la posibilidad de los caballos que se hunden en la arena o sufren por las piedras.

h - 760 ms.

Julio 29

Seguimos caminando por un cañón que baja hacia el sur con buenos refugios a los costados en zona de bastante agua. A las 16 aproximadamente nos encontramos con Pablito quien avisó que estábamos en la desembocadura del Suspiro sin novedad; creí por un momento que ese cañón no era el del Suspiro, por la mantenida dirección sur, pero en la última vuelta, viró al oeste y desembocó en el Rosita.

A las 16.30 aproximadamente llegó la retaguardia y decidí seguir viaje para alejarnos de la desembocadura pero no me animé a exigir el esfuerzo necesario para llegar más allá del chaco de Paulino e hicimos campamento a orillas del camino, a una hora de marcha de la desembocadura del Suspiro. Por la noche di la palabra al Chino para que se refiriera a la Independencia de su patria, el 28 de julio, y luego expliqué por qué este campamento estaba mal situado, dando la orden de levantarse a las 5 y partir a tomar el chaco de Paulino.

Radio Habana informó de una emboscada en la que cayeron algunos efectivos del ejército, que fueron rescatados en helicóptero, pero no se oyó bien.

Julio 30

El asma me apuró bastante y estuve toda la noche despierto. A las 4.30, cuando Moro estaba haciendo el café, avisó que veía una linterna cruzando el río, Miguel, que estaba despierto por hacer cambio de posta, y Moro fueron a detener a los caminantes. Desde la cocina oí el diálogo así: Oiga ¿quién es?

Destacamento Trinidad: Allí mismo la balacera. En seguida Miguel traía un M-1 y una canana de un herido y la noticia de que eran 21 hombres en camino hacia Abapó y en Moroco había 150. Se les hicieron otras bajas no muy bien precisadas en la confusión reinante. Los caballos tardaron mucho en ser cargados y el Negro se perdió con el hacha y un mortero que se le había ocupado al enemigo. Ya eran cerca de las 6 y todavía se perdió más tiempo porque se cayeron algunas cargas. Resultado final fue que ya en los últimos cruces estábamos bajo el fuego de los soldaditos quienes se envalentonaron. La hermana de Paulino estaba en su chaco y con gran tranquilidad, nos recibió, informando que todos los hombres de Moroco habían sido apresados y estaban en La Paz.

Apuré a la gente y pasé con Pombo, nuevamente bajo el fuego, el cañón del río donde se acaba el camino y, por ende, se puede organizar la resistencia. Mandé a Miguel con Coco y Julio a que tomaran la delantera mientras yo espoleaba la caballería. Cubriendo la retirada quedaban 7 hombres de la vanguardia, 4 de la retaguardia y Ricardo, que se rezagó para reforzar la defensa. Benigno, con Darío, Pablo y Camba estaba en la margen derecha; el resto venía por la izquierda. Acababa de dar la orden de descanso, en la primera posición aceptable, cuando llegó Camba con la noticia de que habían caído Ricardo y Aniceto, cruzando el río; envié a Urbano con el Ñato y León con dos caballos y mandé buscar a Miguel y Julio, dejando a Coco de posta hacia adelante. Éstos pasaron sin recibir instrucciones mías y, a poco, Camba de nuevo con la noticia de que los habían sorprendido junto con Miguel y Julio que habían avanzado mucho los soldados y que aquél había retrocedido y esperaba instrucciones. Le reenvié al Camba más Eustaquio y quedamos sólo Inti, Pombo, Chino y yo. A las 13 mandé a buscar a Miguel dejando a Julio de posta adelantada y me retiré con el grupo de hombres y los caballos. Cuando llegaba a la altura de la posta de Coco, nos alcanzaron con la noticia de que habían aparecido todos los sobrevivientes, Raúl estaba muerto y

Ricardo y Pacho heridos. Las cosas sucedieron así: Ricardo y Aniceto cruzaron imprudentemente por el limpio e hirieron al primero. Antonio organizó una línea de fuego y entre Arturo, Aniceto y Pacho lo rescataron, pero hirieron a Pacho y mataron a Raúl de un balazo en la boca. La retirada se hizo dificultosamente, arrastrando a los dos heridos y con poca colaboración de Willy y Chapaco, sobre todo de este último. Luego se le juntaron Urbano y su grupo con los caballos y Benigno con su gente, dejando desguarnecida la otra ala por la que avanzaron sorprendiendo a Miguel. Tras una penosa marcha por el monte, salieron al río y se nos unieron. Pacho venía a caballo, pero Ricardo no podía montar y hubo que traerlo en hamaca. Envié a Miguel, con Pablito, Darío, Coco y Aniceto a que tomara la desembocadura del primer arroyo, en la margen derecha, mientras nosotros curábamos los heridos. Pacho tiene una herida superficial que le atraviesa las nalgas y la piel de los testículos, pero Ricardo estaba muy grave y el último plasma se había perdido en la mochila de Willy. A las 22 murió Ricardo y lo enterramos cerca del río, en un lugar bien oculto, para que no lo localicen los guardias.

Julio 31

A las 4 salimos por el río y, luego de cruzar un atajo, nos largamos río abajo sin dejar huellas, llegando por la mañana al arroyo donde estaba emboscado Miguel que no había entendido la orden y dejó huellas. Caminamos río arriba unos 4 kilómetros y nos metimos al monte, borrando huellas de nuestro paso y acampando cerca de un afluente del arroyo. Por la noche expliqué los errores de la acción: 1º Mal situado el campamento; 2º mal uso del tiempo, lo que les permitió tirotearnos, 3º exceso de confianza que hace caer a Ricardo y luego a Raúl en el rescate, 4º falta de decisión para salvar toda la impedimenta. Se pierden 11 mochilas con medicamentos, prismáticos y algunos útiles conflictivos, como la grabadora en que se copian los mensajes de Manila, el libro de Debray anotado por mí y un libro de Trotski, sin contar el caudal político que significa para el gobierno esa captura y la con-

fianza que le da a los soldados. Calculamos unos 2 muertos y hasta 5 heridos de ellos, pero hay dos noticias contradictorias: una, del ejército, reconociendo 4 muertos y 4 heridos el día 28, y otra de Chile, habla de 6 heridos y 3 muertos del 30. El Ejército da después otro parte en que anuncia la toma de un cadáver y que un subteniente está fuera de peligro. De nuestros muertos, Raúl no puede ser casi catalogado, dada su introspección; era poco combativo y poco trabajador, pero se le notaba constantemente interesado en problemas políticos, aunque no hacía nunca preguntas. Ricardo era el más indisciplinado del grupo cubano y el que menos decisión tenía frente al sacrificio cotidiano pero era un extraordinario cambatiente y un viejo compañero de aventuras en el primer fracaso de Segundo, en el Congo y ahora aquí. Es otra pérdida sensible por su calidad. Somos 22, entre ellos, dos heridos, Pacho y Pombo, y yo, con el asma a todo vapor.

Análisis del mes

Se mantienen los puntos negativos del mes anterior, a saber: imposibilidad de contacto con Joaquín y con el exterior y la pérdida de hombres, ahora somos 22, con 3 baldados, incluyéndome a mí, lo que disminuye la movilidad. Hemos tenido 3 encuentros, incluyendo la toma de Sumaipata, ocasionándole al Ejército unos 7 muertos y 10 heridos, cifras aproximadas de acuerdo con partes confusos. Nosotros perdimos dos hombres y un herido.

Las características más importantes son:

1º) Sigue la falta total de contacto.

2º) Sigue sintiéndose la falta de incorporación campesina aunque hay algunos síntomas alentadores en la recepción que nos hicieron viejos conocidos campesinos.

3º) La leyenda de las guerrillas adquiere dimensiones continentales; Onganía cierra fronteras y el Perú toma precauciones.

4º) Fracasó la tentativa de contacto a través de Paulino.

5º) La moral y experiencia de lucha de la guerrilla aumenta en cada combate: quedan flojos Camba y Chapaco.

[Handwritten diary entries, largely illegible]

12 Sa	28 Mo
13 So	29 Di
14 Mo	30 Mi
15 Di Mariä Himmelfahrt	31 Do
16 Mi	

6º) El ejército sigue sin dar pie con bola, pero hay unidades que parecen más combativas.

7º) La crisis política se acentúa en el gobierno, pero E.U. está dando pequeños créditos que son una gran ayuda a nivel boliviano con lo que atempera el descontento.

Las tareas más urgentes son: Reestablecer los contactos, incorporar combatientes y lograr medicinas.

Agosto 1

Día tranquilo; Miguel y Camba iniciaron la senda pero avanzaron poco más de un kilómetro debido a las dificultades del terreno y la vegetación. Matamos un potro bellaco que nos debe dar carne para 5-6 días. Se hicieron las trincheritas para tender una emboscada al Ejército si viniera por aquí. La idea es dejarlos pasar si vinieran mañana o pasado y no descubrieran el campamento y meterles bala después.

h - 650 ms.

Agosto 2

La senda parece haber avanzado bien gracias a Benigno y Pablo que la siguieron. Tardaron casi dos horas en llegar de vuelta al campamento desde la punta del camino. No dan noticias nuestras por la radio, luego de anunciar el traslado del cadáver de un "antisocial". El asma me sonó muy duro y ya agoté la última inyeccción antiasmática; no quedan sino tabletas para unos 10 días.

Agosto 3

Lo del camino resultó un fiasco; Miguel y Urbano tardaron 57 minutos en regresar hoy; se avanza muy lentamente. No hay noticias. Pacho se recupera bien, yo, en cambio estoy mal; el día y la noche estuvieron duros para mí y no se vislumbra salida a

corto plazo. Probé la inyección endovenosa de novocaína sin resultado.

Agosto 4

La gente llegó a un cañón que toma rumbo suroeste y puede ser que desagüe en los arroyos que van al Río Grande. Para mañana irán dos parejas a chapear y Miguel subirá por el nuestro a explorar lo que parecen ser chacos viejos. Mi asma mejoró algo.

Agosto 5

Benigno, Camba, Urbano y León se repartieron en parejas para avanzar más, pero fueron a dar a un arroyo que desagua en el Rosita y hoy seguido a campo traviesa. Miguel fue a explorar el chaco pero no lo encontró. Se acabó la carne de caballo; mañana trataremos de pescar y pasado mañana sacrificaremos otro bicho. Mañana avanzaremos la nueva aguada. Mi asma estuvo implacable; a pesar de mi repugnancia a la separación, tendré que mandar un grupo por delante; Benigno y Julio se ofrecieron de voluntarios; falta examinar la disposición del Ñato.

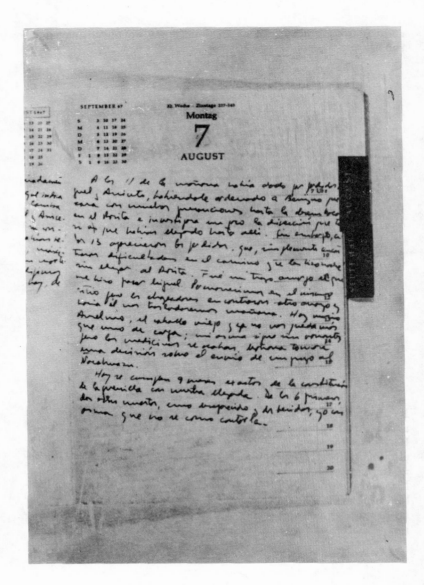

A las 11 de la mañana había dado por perdidos a Peña, Amieato, habiéndole ordenado a Benigno que saliera con unos provisiones hasta la Quebrada del Arito a investigar un poco la dirección que te no es que habían llegado hasta allí. Sin embargo, a las 13 aparecieron los perdidos, que, simplemente encontraron dificultades en el camino y en la noche no se sin llegar al Arito. Fue un trago amargo el que me hizo pasar Miguel. Permanecimos en el mismo sitio por la chopadores en contra; otro arroyo y como el nos torturaremos maciana. Hoy mataron Aurelino, el caballo viejo, y ya no nos quedan más que uno de carga; un arroyo sigue sin organiqueta pero los medicinas se acaban. Mañana tomaré una decisión sobre el envío de un grupo al Vallegrande.

Hoy se cumplen 9 meses exactos de la constitución de la guerrilla en nuestra llegada. De los 6 primeros, dos están muertos, uno desaparecido y dos heridos; yo con asma que no sé como controla.

Agosto 6

Se hizo el traslado de campamento; desgraciadamente no eran 3 horas de camino sino una, lo que indica que todavía estamos lejos. Benigno, Urbano, Camba y León siguieron macheteando, mientras Miguel y Aniceto salían a explorar el nuevo arroyo hasta su confluencia con el Rosita. A la noche no habían retornado por lo que se tomaron precauciones, máxime que yo había oído algo así como un morterazo lejano: Inti, Chapaco y luego yo, dijimos algunas palabras referentes al día de hoy, de la Independencia Boliviana. h - 720.

Agosto 7

A las 11 de la mañana había dado por perdidos a Miguel y Aniceto, habiéndole ordenado a Benigno que avanzara con muchas precauciones hasta la desembocadura en el Rosita e investigara un poco la dirección que tomaron, si es que habían llegado hasta allí. Sin embargo a las 13 aparecieron los perdidos, que simplemente encontraron dificultades en el camino y se les hizo noche sin llegar al Rosita. Fue un trago amargo el que me hizo pasar Miguel. Permanecimos en el mismo sitio pero los chapeadores encontraron otro arroyo y hacia él nos trasladaremos mañana. Hoy murió Anselmo, el caballo viejo, y ya no nos queda más que uno de carga; mi asma sigue sin variantes, pero las medicinas se acaban. Mañana tomaré una decisión sobre el envío de un grupo al Ñacahuasú.

Hoy se cumplen 9 meses exactos de la constitución de la guerrilla con nuestra llegada. De los 6 primeros, dos están muertos, uno desaparecido y dos heridos; yo con asma que no sé cómo cortarla.

Agosto 8

Caminamos algo así como una hora efectiva, que para mí fueron dos por el cansancio de la yegüita; en una de ésas, le metí un cuchillazo en el cuello abriéndole una buena herida. El nuevo campamento debe ser el último con agua hasta la llegada al Rosita o al Río Grande; los macheteros están a 40 minutos de aquí (2-3 kms.). Designé un grupo de 8 hombres para cumplir la siguiente misión: Salen mañana de aquí, caminando todo el día; al día siguiente, Camba retorna con las noticias de lo que hay; al otro día, retornan Pablito y Darío con las noticias de ese día; los 5 restantes siguen hasta la casa de Vargas y allí retornan Coco y Aniceto con la noticia de cómo está la cosa; Benigno, Julio y el Ñato siguen hasta el Ñacahuasú para buscar medicinas mías. Deben ir con mucho cuidado para evitar emboscadas; nosotros los seguiremos y los puntos de reunión son: la casa de Vargas o más arriba, según nuestra velocidad, el arroyo que está frente a la cueva en el Río Grande, el Masicuru (Honorato) o el Ñacahuasú. Hay una noticia del ejército en el sentido de haber descubierto un depósito de armas en uno de nuestros campamentos.

Por la noche reuní a todo el mundo haciéndole la siguiente descarga: Estamos en una situación difícil; el Pacho se recupera pero yo soy una piltrafa humana y el episodio de la yegüita prueba que en algunos. momentos he llegado a perder el control; eso se modificará pero la situación debe pesar exactamente sobre todos y quien no se sienta capaz de sobrellevarla debe decirlo. Es uno de los momentos en que hay que tomar decisiones grandes; este tipo de lucha nos da la oportunidad de convertirnos en revolucionarios, el escalón más alto de la especie humana, pero también nos permite graduarnos de hombres; los que no puedan alcanzar ninguno de estos dos estadios deben decirlo y dejar la lucha. Todos los cubanos y algunos bolivianos plantearon seguir hasta el final; Eustaquio hizo lo mismo pero planteó una crítica a Muganga por llevar su mochila en el mulo y no cargar leña, lo que provocó una respuesta airada de éste; Julio fustigó a Moro y a Pacho, por parecidas circunstancias y una nueva respuesta airada, esta vez de Pacho. Cerré la discusión diciendo que aquí se debatían dos cosas de muy distinta jerarquía: una era si se estaba o no dispuesto a seguir; la otra era de pequeñas rencillas o problemas internos de la guerrilla lo que le quitaba grandeza a la decisión mayor. No me gustaba

el planteamiento de Eustaquio y Julio pero tampoco la respuesta de Moro y Pacho, en definitiva, tenemos que ser más revolucionarios y ser ejemplo.

Agosto 9

Salieron por la mañana los 8 exploradores. Los macheteros, Miguel, Urbano y León se alejaron 50 minutos más del campamento. Me abrieron un ántrax en el talón, lo que me permite apoyar el pie, pero todavía muy dolorido y con fiebre. Pacho, muy bien. h - 780

Agosto 10

Antonio y Chapaco salieron de caza hacia atrás logrando una urina o guaso y una pava; exploraron el primer campamento donde no hay novedad y trajeron una carga de naranjas. Comí dos y me dio asma inmediatamente, pero poca. A las 13.30 llegó Camba, uno de los 8 con las siguientes noticias: ayer durmieron sin agua y hoy siguieron hasta las 9 sin hallarla. Benigno ha reconocido el lugar y se tirará hacia el Rosita para lograr agua, Pablo y Darío volverán sólo en caso de llegar al agua.

Largo discurso de Fidel en que arremete contra los partidos tradicionales y, sobre todo, contra el venezolano; parece que la bronca entre bastidores fue grande. Me volvieron a curar el pie; estoy mejorando, pero no estoy bien. Con todo, mañana debemos partir

para acercar más nuestra base a los macheteros que sólo avanzaron 35 minutos en el día.

Agosto 11

Los chapeadores avanzan muy lentamente. A las 16 llegaron Pablo y Darío con nota de Benigno 'en la que anuncia que está cerca del Rosita y que calcula 3 días más a casa de Vargas. Pablito salió a las 8.15 de la aguada donde pernoctaron y a las 15 aproximadamente topó con Miguel, de modo que falta harto para llegar. Parece que la pava me hace mal para el asma, pues me dio un poco y se la regalé a Pacho. Cambiamos campamento para situarnos en un nuevo arroyo que desaparece a, mediodía y reaparece a medianoche. Llovió y no hace frío, mucho marigüi.
h - 740 ms.

Agosto 12

Día gris. Los macheteros avanzaron poco. Aquí no hubo novedad ni mucha comida; mañana sacrificaremos otro caballo que deberá durar 6 días. Mi asma está estacionada a un nivel conveniente. Barrientos anunció el ocaso de los guerrilleros y volvió a amenazar con una intervención en Cuba; fue tan estúpido como siempre.

La radio anunció un combate cerca de Monteagudo con el resultado de un muerto de parte nuestra: Antonio Fernández, de Tarata. Se parece bastante al nombre real de Pedro, que es de Tarata.

198

Agosto 13

Miguel, Urbano, León y Camba salieron para acampar en la aguada descubierta por Benigno y avanzar desde allí. Llevan comida para 3 días, vale decir, trozos del caballo de Pacho, sacrificado hoy. Quedan 4 animales y todo parece indicar que habrá que sacrificar otro antes de llegar a la comida. Si todo ha marchado bien, Coco y Aniceto deben llegar aquí mañana. Arturo cazó dos pavas que me fueron adjudicadas en razón de que ya casi no queda maíz. El Chapaco está dando pruebas crecientes de desequilibrio, Pacho mejora a buen ritmo y mi asma tiene tendencia a aumentar desde ayer; ahora tomo 3 tabletas al día. El pie está casi bien.

Agosto 14

Día negro. Fue gris en las actividades y no hubo ninguna novedad, pero a la noche el noticiero dio noticias de la toma de la cueva adonde iban los enviados, con señales tan precisas que no es posible dudar. Ahora estoy condenado a padecer asma por tiempo no definible. También nos tomaron documentos de todo tipo y fotografías. Es el golpe más duro que nos hayan dado; alguien habló. ¿Quién?, es la incógnita.

Agosto 15

Temprano envié a Pablito con un mensaje a Miguel para que dispusiera dos hombres en busca de Benigno, siempre que Coco y Aniceto no hubieran llegado, pero se topó con ellos por el camino y volvieron los tres. Miguel mandaba decir que se iba a quedar donde lo sorprendiera la noche y que le mandara un poco de agua. Se envió a Darío, con la advertencia de que mañana temprano saldremos de todas maneras, pero ahora se cruzó con León que venía a avisar que estaba completo el camino.

Una emisora de Santa Cruz informó, de pasada, de dos prisioneros hechos por el Ejército al grupo de Muyupampa que, ya no cabe duda, es el de Joaquín y debe estar muy acosado, amén de que esos dos prisioneros hablaron. Hizo frío pero no pasé una noche mala; hay que abrirme otro absceso en el mismo pie. Pacho está dado de alta.

Se anunció otro choque en Chuyuyako, sin bajas para el ejército.

Agosto 16

Caminamos efectivamente 3.40 horas y una de descanso, por un camino relativamente bueno; la mula me sacó limpio de la montura al pincharse en un palo pero no me hice nada; el pie mejora. Miguel, Urbano y Camba siguieron el macheteo y llegaron al Rosita. Hoy era el día en que debían llegar a la cueva Benigno y sus compañeros y los aviones volaron varias veces por la zona. Puede deberse a alguna huella que ellos hayan dejado cerca de Vargas o a una tropa que esté bajando por el Rosita o avanzando por el Río Grande. Por la noche previne a la gente sobre el peligro del cruce y se tomaron previsiones para mañana.
h - 600 ms.

Agosto 17

Salimos temprano llegando al Rosita a las 9. Allí Coco creyó oír dos tiros y se dejó una emboscada, pero no hubo novedad. El resto del camino fue lento por continuas pérdidas y malas interpretaciones, llegando al Río Grande a las 16.30 y acampando allí. Pensaba seguir con la luna, pero la gente venía muy cansada. Nos queda carne de caballo para dos días, racionada; a mí, mote para uno. Habrá que sacrificar otro animal, según todos los indicios. La radio anunció que presentará documentos y pruebas de las 4 cuevas del Ñacahuasú, lo que indica que también cayó la de los monos. El asma me trató bastante bien, dadas las circunstancias.

h - 640 ms. (una cosa ilógica, si se considera que ayer fueron 600).

Agosto 18

Salimos más temprano que de costumbre, pero hubo que pasar cuatro vados, uno de ellos un poco profundo y hacer sendas en algunos puntos. Por todo ello, llegamos a las 14 al arroyo y la gente quedó como muerta, descansando. No hubo más actividad. Hay nubes de nibarigüises por la zona y sigue el frío por las noches. Inti me planteó que Camba quiere irse; según él, sus condiciones físicas no le permiten seguir, además no ve perspectivas a la lucha. Naturalmente, es un caso típico de cobardía y es un saneamiento dejarlo ir, pero ahora conoce nuestra ruta futura para tratar de unirnos a Joaquín y no puede salir. Mañana hablaré con él y con Chapaco.

h - 680 ms.

Agosto 19

Miguel, Coco, Inti y Aniceto salieron a explorar para tratar de encontrar el mejor camino a casa de Vargas donde parece haber un destacamento, pero no hay nada nuevo y parece que debemos seguir la senda vieja. Arturo y Chapaco fueron a cazar y lograron una urina y el mismo Arturo, estando de posta con Urbano, cazó un anta lo que puso en tensión al campamento pues fueron 7 tiros. El animal dará carne para 4 días, uno la urina y hay una reserva de frijoles y sardinas; total, 6 días. Parece que el caballo blanco, el siguiente en la lista, tiene chance de salvarse. Hablé con Camba, manifestándole que no podrá salir hasta que se defina nuestro próximo paso que es la reunión con Joaquín. Chapaco manifestó que no se iría pues eso es una cobardía, pero que quiere una esperanza de poder salir dentro de 6 meses-1 año; se la di, habló una serie de cosas inconexas. No está bien.

Las noticias están llenas de Debray, de los otros acusados ni se habla. Ninguna noticia de Benigno; ya podría estar aquí.

Agosto 20

Los macheteros, Miguel y Urbano, mis "obras públicas" Willy y Darío, avanzaron poco, por lo que resolvimos quedarnos otro día más aquí mismo. Coco e Inti no cazaron nada, pero Chapaco cazó un mono y una urina. Yo comí urina y a la medianoche me dio un fuerte ataque de asma. El Médico sigue enfermo de un aparente lumbago con toma del estado general que lo convierte en un inválido. No hay noticias de Benigno, a partir de este momento es de preocuparse.

La radio informa de la presencia de guerrilleros a 85 kilómetros de Sucre.

Agosto 21

Otro día más en el mismo lugar y otro día sin noticias de Benigno y sus compañeros. Se cazaron 5 monos; 4 Eustaquio como cazador y 1 Moro, al pasar cerca; éste sigue mal de su lumbago y se le puso una meperidina. Mi asma no funciona con la urina.

Agosto 22

Por fin nos movimos, pero antes hubo una alarma porque vieron un hombre que, al parecer, huía por la playa; resultó ser Urbano, perdido. Le hice una anestesia regional al Médico y con eso pudo viajar, en la yegua, aunque llegó dolorido; parece un poco mejorado; Pacho hizo el camino a pie. Hicimos campamento sobre la margen derecha y sólo falta un pedazo de macheteo para tener listo el camino hasta casa de Vargas; nos queda carne de anta para mañana y pasado y a partir de mañana no se podrá cazar. No hay noticias de Benigno, hace 10 días que se separaron de Coco. h - 580 ms.

Agosto 23

El día fue muy trabajoso, pues hubo que bordear una faralla muy mala; el caballo blanco se negó a seguir y lo dejaron enterrado en el fango, sin aprovecharle ni los huesos. Llegamos a una cabañita de cazadores con huellas de estar habitada recientemente, nos em-

boscamos y al poco rato cayeron dos. Su coartada es que tienen 10 trampas puestas y salieron a revisarlas; según ellos, hay ejército en casa de Vargas, en Tatarenda, Caraguatarenda, Ipitá, Yumón y hace un par de días hubo un encuentro en Caraguatarenda con un militar herido. Puede ser Benigno empujado por el hambre o el cerco. Los hombres anunciaron que mañana vendría Ejército a pescar, viene en grupos de 15-20 hombres. Se distribuyó anta y algunos pescados que lograron con un cartucho, yo comí arroz, que me vino muy bien; el Médico está algo mejor. Se anunció la postergación del juicio a Debray. para septiembre.

h - 580 ms.

Agosto 24

La diana se dio a las 5.30 y nos encaminamos a la quebrada que pensábamos seguir. La vanguardia inició la marcha y había recorrido algunos metros cuando aparecieron 3 campesinos por la otra banda, se llamó a Miguel con su gente y se emboscó todo el mundo, apareciendo 8 soldados. Las instrucciones eran dejarlos cruzar el río por el vado que está enfrente y tirarles cuando estuvieran llegando, pero los soldados no cruzaron; se limitaron a dar unas vueltas y pasaron junto a nuestros fusiles, sin que les tiráramos. Los civiles presos dicen no ser otra cosa que cazadores. Se envió a Miguel y Urbano con Camba y Darío y Hugo Guzmán, el cazador, para que siguieran una senda que toma rumbo oeste, pero cuyo fin no se sabe cuál es. Nosotros permanecimos emboscados todo el día. Al anochecer volvieron los macheteros con las trampas, un cóndor y un gato podrido, todo fue a parar adentro junto con el último pedazo de anta; quedan los frijoles y lo que se cace. El Camba está llegando al último extremo de su degradación moral; ya tiembla ante el solo anuncio de los guardias. El Médico sigue dolorido y administrándose talamonal; yo bastante bien pero con un hambre atroz. El Ejército dio un parte comunicando haber logrado otra cueva y que hay dos heridos leves de su parte y "bajas de los guerrilleros". Radio Habana da la noticia de un combate sin confirmar en Taparillas con un herido de parte del ejército.

Agosto 25

El día transcurre sin novedad. La diana se dio a las 5 y los macheteros salieron temprano; el Ejército, 7 hombres, llegó hasta algunos pasos de nuestra posición pero no trataron de cruzar. Parecen estar llamando a los cazadores con sus tiros; mañana los atacaremos, si la ocasión se presenta. La senda no avanzó lo suficiente pues Miguel mandó hacer una consulta con Urbano y éste la trasmitió mal y a una hora en que no se podía hacer nada.

La radio anunció un combate en Monte Dorado, que parece ser la jurisdicción de Joaquín y la presencia de guerrilleros a 3 kms. de Camiri.

Agosto 26

Todo salió mal. Vinieron los 7 hombres, pero se repartieron, 5 río abajo y dos a cruzar; Antonio, que era responsable de la emboscada tiró antes de tiempo y erró, permitiendo que los dos hombres salieran a la carrera a buscar refuerzos; los otros 5 se retiraron a la carrera, a saltos e Inti y Coco les cayeron atrás pero se parapetaron y los rechazaron. Mientras observaba la caza vi cómo le picaban las balas cerca, por efecto de tiros de nuestro lado, salí corriendo y me encontré con que Eustaquio les estaba tirando, pues Antonio no le había avisado nada. Tenía una furia tan grande que perdí el control y maltraté a Antonio.

Salimos con paso cansino, pues el Médico no da mucho, mientras el ejército, recuperado, avanzaba por la isla de enfrente en número de 20-30; no valía la pena hacerle frente. Pueden tener hasta 2 heridos, máximo. Se distinguieron Coco e Inti por su decisión.

La cosa fue bien hasta que el Médico se agotó y comenzó a retrasar la marcha. A las 18.30 paramos sin haber alcanzado a Miguel, que estaba, no obstante, a escasos metros e hizo contacto con nosotros. Moro quedó en una quebrada sin poder subir el últi-

mo tramo y dormimos separados en 3 partes. No hay indicios de persecución.

h - 900 ms.

Agosto 27

El día transcurre en una desesperada búsqueda de salida, cuyo resultado no es claro todavía; estamos cerca del Río Grande y ya pasamos Yumón, pero no hay nuevos vados, según noticias, de modo que se podría ir allí para seguir por el farallón de Miguel pero las mulas no podrán hacerlo. Hay una posibilidad de cruzar una cadenita de montañas y seguir luego hacia Río Grande-Masicuri, pero sólo sabremos mañana si es factible. Hemos cruzado altura de 1 300 ms., aproximadamente las alturas máximas de la zona y dormimos a 1 240 ms. con bastante frío. Yo estoy muy bien, pero el Médico bastante mal y ya se acabó el agua, quedándole a él un poco.

La noticia buena, o el acontecimiento bueno, fue la aparición de Benigno, Ñato y Julio. Su odisea fue grande pues hay soldados en Vargas y Yumón y casi chocan con ellos, luego siguieron una tropa que bajó por el Saladillo y subió por el Ñacahuasú y se encontraron con que el arroyo del Congrí tiene 3 subidas hechas por los soldados. La cueva del Oso, a donde llegaron el día 18, es un campamento antiguerrillero que tiene como 150 soldados, casi fueron sorprendidos allí pero lograron retornar sin ser vistos. Estuvieron en el chaco del abuelo, donde consiguieron jocos, lo único que hay, pues está abandonado todo y pasaron nuevamente entre los soldados, escuchando el tiroteo nuestro y quedándose a dormir cerca para seguir luego nuestras huellas hasta alcanzarnos. Según Benigno, el Ñato se portó muy bien pero Julio se perdió 2 veces y le tenía un poco de miedo a los soldados. Benigno opina que alguna gente de Joaquín anduvo por allí hace unos días.

Agosto 28

Día gris y algo angustioso. Mitigamos la sed con panes de caracoré,* que es más bien un engañito a la garganta. Miguel envió a Pablito solo con uno de los cazadores a buscar agua y, para más, con sólo un revolvito. A las 16.30 no había llegado y envié a Coco y Aniceto a buscarlo; no regresaron en toda la noche. La retaguardia quedó en el lugar del descenso y no se pudo escuchar radio; parece que hay un nuevo mensaje. Por fin, se sacrificó la yegüita, luego de acompañarnos dos penosos meses; hice todo lo posible por salvarla, pero el hambre arreciaba y, por lo menos, ahora sólo se sufre sed. Parece que mañana tampoco llegaremos al agua.

La radio dio la información de un soldado herido en la zona de Tatarenda. La incógnita para mí es ésta: ¿Por qué, si son tan escrupulosos en anunciar sus bajas, van a mentir en el resto de los partes? y, si no mienten, ¿quiénes son los que les están haciendo bajas en lugares tan apartados como Caraguatarenda y Taperillas? Salvo que Joaquín esté dividido en dos partes o existan nuevos focos independientes.

h - 1 200 ms.

Agosto 29

Día pesado y bastante angustioso. Los macheteros avanzaron muy poco y en una oportunidad equivocaron la ruta creyendo ir hacia el Masicuri. Hicimos campamento a 1 600 ms. de altura, en un lugar relativamente húmedo que tiene una cañita cuya pulpa mitiga la sed. Algunos compañeros: Chapaco, Eustaquio, Chino, se están desmoronando por falta de agua. Mañana habrá que enderezar adonde ésta se vea más cerca. Los muleros aguantan bastante bien.

Por la radio no hubo grandes noticias; lo más es el juicio de Debray que se prolonga de una semana a otra.

* *Caracoré:* higo chumbo, tuna. [E.]

Agosto 30

Ya la situación se tornaba angustiosa; los macheteros sufrían desmayos, Miguel y Darío se tomaban los orines y otro tanto hacía el Chino, con resultados nefastos de diarreas y calambres. Urbano, Benigno y Julio bajaron a un cañón y encontraron agua. Me avisaron que los mulos no podían bajar, y decidí quedarme con el Ñato, pero Inti subió nuevamente con agua y quedamos los 3, comiendo yegua. La radio quedó abajo de manera que no hubieron noticias.
h - 1 200 ms.

Agosto 31

Por la mañana salieron de exploración hacia abajo Aniceto y León, volviendo a las 16 horas con la noticia de que había paso para los mulos del campamento del agua en adelante; lo feo estaba antes, pero yo lo vi y sí pueden pasar los animales, de modo que ordené a Miguel que mañana nos haga un desvío en la última faralla y siga abriendo camino hacia adelante, que nosotros bajaremos las mulas. Hay mensaje de Manila pero no se pudo copiar.

Resumen del mes

Fue, sin lugar a dudas, el mes más malo que hemos tenido en lo que va de guerra. La pérdida de todas las cuevas con sus docu-

mentos y medicamentos fue un golpe duro, sobre todo psicológico. La pérdida de 2 hombres en las postrimerías del mes y la subsiguiente marcha a carne de caballo desmoralizó a la gente, planteándose el primer caso de abandono, el Camba, lo que no constituye sino una ganancia neta, pero no en esta circunstancia. La falta de contacto con el exterior y con Joaquín y el hecho de que prisioneros hechos a éste hayan hablado, también desmoralizó un poco a la tropa. Mi enfermedad sembró la incertidumbre en varios más y todo esto se reflejó en nuestro único encuentro, en que debíamos haber causado varias bajas al enemigo y sólo le hicimos un herido. Por otra parte la difícil marcha por las lomas sin agua, hizo salir a flote algunos rasgos negativos de la gente.

Las características más importantes:

1º Seguimos sin contacto de ninguna especie y sin razonable esperanza de establecerlo en fecha próxima.

2º Seguimos sin incorporación campesina, cosa lógica además si se tiene en cuenta el poco trato que hemos tenido con éstos en los últimos tiempos.

3º Hay un decaimiento, espero que momentáneo, de la moral combativa.

4º El Ejército no aumenta su efectividad ni acometividad.

Estamos en un momento de baja de nuestra moral y de nuestra leyenda revolucionaria. Las tareas más urgentes siguen siendo las mismas del mes pasado, a saber: Restablecer los contactos; incorporar combatientes, abastecernos de medicina y equipo.

Hay que considerar que despuntan cada vez más firmemente como cuadros revolucionarios y militares Inti y Coco.

Septiembre 1

Temprano bajamos las mulas, tras algunas peripecias que incluyeron espectacular desbarranque del macho. El Médico no se halla repuesto pero yo sí y camino perfectamente llevando a la mula. El camino se extendió más de lo pensado y sólo a las 18.15 caímos en la cuenta de que estábamos en el arroyo de casa de Honorato. Miguel siguió a toda velocidad pero sólo llegó al camino real y ya era completamente de noche; Benigno y Urbano avanzaron con precaución y no notaron nada anormal, por lo que se tomó la casa que estaba vacía, pero se había aumentado en varias barracones para el Ejército, a la sazón abandonadas. Encontramos harina, manteca, sal y chivas, matando a dos, las que configuraron un festín junto con la harina, aunque la cocinada nos consumió toda la noche a la espectativa. Por la madrugada nos retiramos dejando posta en la casita y en la entrada del camino.

h - 740 ms.

Septiembre 2

Temprano en la mañana nos retiramos hasta los chacos, dejando una emboscada en la casa, a cargo de Miguel y con Coco, Pablo y Benigno. Del otro lado quedó una posta. A las 8 Coco vino a avisar que había pasado un arriero a buscar a Honorato; son 4 y se le ordenó que hiciera pasar a los otros 3. Todo esto tardó, pues había una hora de nuestro punto a la casa. A las 13.30 sonaron varios disparos y luego se supo que venía un campesino con un soldado y un caballo, Chino, que estaba de posta junto Pombo y Eustaquio, lanzó un grito: un soldado, y palanqueó el fusil; el soldado le tiró y salió huyendo y Pombo tiró, matando el caballo. Mi bronca fue espectacular, pues es ya el colmo de la incapacidad; el pobre Chino está anonadado. Liberamos a los 4, que en el ínterin habían pasado y a los dos prisioneros nuestros enviando todo el

mundo Masicuri arriba. A los arrieros se les compró un torete en
$ 700 y a Hugo se le dio $ 100 por su trabajo y $ 50 por algunas
cosas que se le cogieron. El caballo muerto resultó ser uno que
habían dejado en casa de Honorato porque estaba baldado. Los
arrieros contaron que la mujer de Honorato se había quejado del
ejército por los golpes que le habían propinado al marido y por-
que se comieron todo lo que tenía. Cuando los arrieros pasaron,
hace 8 días, Honorato estaba en Valle Grande reponiéndose de una
mordedura de tigre. De todas maneras, alguien había en la casa,
ya que se encontró fuego encendido cuando llegamos. Debido al
error del Chino, decidí salir por la noche con el mismo rumbo que
los arrieros y tratar de llegar a la primera casa, presumiendo que
los soldados fueran pocos y hubieran seguido la retirada, pero sa-
limos muy tarde y sólo cruzamos el vado a las 3.45 hs. sin encon-
trar la casa y dormimos en una senda de vaca esperando el día.

La radio trajo una noticia fea sobre el aniquilamiento de un
grupo de 10 hombres dirigidos por un cubano llamado Joaquín en
la zona de Camiri; sin embargo, la noticia la dio la Voz de las
Américas y las emisoras locales no han dicho nada.

Septiembre 3

Como corresponde al día domingo, hubo choque. Al amanecer bus-
camos Masicuri abajo hasta la desembocadura y luego subimos algo
por el Río Grande; a las 13 horas salieron Inti, Coco, Benigno,
Pablito, Julio y León para tratar de llegar a la casa, si no estaba
el Ejército y comprar las mercancías que hagan más pasable nues-
tra vida. Primero el grupo capturó 2 peones, quienes dijeron que
no estaba el dueño ni había soldados y que se podía conseguir bas-
tantes víveres. Otras informaciones: ayer pasaron a galope 5 sol-
dados sin parar en la casa. Honorato pasó hace dos días para su
casa con dos de sus hijos. Al llegar a la casa del latifundista, se
encontraron con que 40 soldados acababan de llegar, produciéndo-
se un encuentro confuso en el que los nuestros mataron por lo menos
un soldado, el que traía un perro; los soldados reaccionaron y
los rodearon, pero luego se retiraron ante los gritos; no se pudo

coger ni un grano de arroz. El avión voló por la zona y tiró unos cohetecitos, aparentemente por el Ñacahuasú. Otra información de los campesinos por esta zona no han visto guerrilleros y la primera información la tuvieron por los arrieros que pasaron ayer.

Otra vez la voz de los Estados Unidos dio un informe sobre combates con el Ejército y esta vez nombró a José Carrillo como único sobreviviente de un grupo de 10 hombres. Como este Carrillo es Paco, uno de la resaca y el aniquilamiento se produjo en Masicuri, todo parece indicar que es un soberano paquete.

h - 650 ms.

Septiembre 4

Un grupo de 8 hombres al mando de Miguel se emboscó en el camino de Masicuri a Honorato, hasta las 13 horas, sin novedad. Mientras, Ñato y León traían con mucho trabajo una vaca pero luego se lograban 2 magníficos bueyes mansos. Urbano y Camba caminaban unos 10 kms. río arriba; hay que pasar 4 vados uno de los cuales es un poco hondo. Se mató el novillito y se pidieron voluntarios para hacer una incursión en busca de comida e información; se eligió a Inti, Coco, Julio, Aniceto, Chapaco y Arturo, al mando de Inti; se ofrecieron también Pacho, Pombo, Antonio y Eustaquio. Las instrucciones de Inti son: llegar a la madrugada a la casa, observar el movimiento, abastecerse si no hubiera soldados; rodearla y seguir adelante, si los hubiera; tratar de capturar uno; recordar que lo fundamental es no sufrir bajas, se recomienda la mayor cautela.

La radio trae la noticia de un muerto en Vado del Yeso, cerca de donde fuera aniquilado el grupo de 10 hombres, en un nuevo choque, lo que hace aparecer lo de Joaquín como un paquete; por otro lado, dieron todas las generales del Negro, el médico peruano, muerto en Palmarito y trasladado a Camiri; en su identificación colaboró el Pelado. Parece que éste sí es un muerto real, los otros pueden ser ficticios o miembros de la resaca. De todas maneras, está extraño el tenor de los partes que ahora se trasladan a Masicuri y Camiri.

212

Septiembre 5

El día transcurrió sin novedad alguna, esperando el resultado. A las 4.30 retornó el grupo trayendo una mula y alguna mercancía. En la casa del hacendado Morón habían soldados, los que estuvieron a punto de descubrir al grupo por los perros; al parecer se movilizan de noche. Rodearon esa casa y fueron rompiendo monte hacia la de Montaño, donde no había nadie pero sí maíz, del que se trajo un q. Siendo las 12, aproximadamente, cruzaron el río y cayeron en las casas del otro lado, que resultaron ser dos; de una se escapó todo el mundo y allí se requisó el mulo, en la otra hubo muy poca colaboración y se debió recurrir a las amenazas. Las informaciones que dieron es que nunca hasta ahora habían visto guerrilleros y sólo a casa de Pérez fue un grupo antes del carnaval (nosotros). Retornaron de día y esperaron la noche para cuerpear la casa de Morón. Todo iba perfecto pero Arturo se perdió y se echó a dormir en la senda, perdiendo dos horas en buscarlo; han dejado algunas huellas que podrían permitir el rastreo si el ganado no borra todo; además, se les cayó algunas cosas por el camino. El espíritu de la gente cambió en seguida.

La radio informa que no se pudo identificar a los guerrilleros muertos, pero en cualquier momento puede haber novedades. Se descifró el parte total en el que se dice que OLAS fue un triunfo pero la delegación boliviana fue una mierda; Aldo Flores del PCB pretendió ser el representante del ELN; lo tuvieron que desmentir. Han pedido que vaya un hombre de Kolle a discutir; la casa de Lozano fue allanada y éste está clandestino; piensa que pueden canjear a Debray. Eso es todo, evidentemente, no recibieron nuestro último mensaje.

Septiembre 6

Benigno
El cumpleaños de Benigno lucía prometedor: por la madrugada

OKTOBER 1967

S	1	8	15	22	29
M	2	9	16	23	30
D	3	10	17	24	31
M	4	11	18	25	
D	5	12	19	26	
F	6	13	20	27	
S	7	14	21	28	

36. Woche · Zinstage 247-118
Donnerstag

7

SEPTEMBER

Camino corto. Sólo se cruzó un vado, y luego se
tropezó con dificultades en la familia, decidiendo bajar el
ocampo por hijueros. Teníamos noticias contradictorias
sucesivas, la situación se veía: la aviación iba un poco
por aquí a pesar de haber llegado al campamento y la
radio informa incluso que soy el jefe del grupo de
interrogante en. Tienen miedo? Poco probable; es
casi imposible o poco bien arriba? Con la esplica-
do que decimos todo y ellos corren, no lo creo;
quieren dejar avanzar para espiarnos en algo
lo estratégico? Es posible, creen que imposibilitados
la zona de la sierra pará abastecernos? También es
posible. El camino está un tanto mejor, pero
vuelvo a recoger y por la noche en blanco.

La radio trae la noticia de los relieves infor-
mados suministrados por José Carrillo (Paco), ha-
bría que ver un nervioso más muertos con él. Se hace referencia
a las imputaciones de Paco contra él, diciendo que pensaba
vían cazarlo, por eso lo han podido ver con frial. Ra-
dio la Cruz del Sur anuncia el hallazgo del cadá-
ver de Tania la guerrillera en los márgenes del Río
Grande, es una noticia que no tiene los aires
de veracidad de la del ríojo; el cadáver fue lle-
vado a Santa Cruz, según informa una emisora y
sólo ella, no al altiplano.

h = 720 m.

Hablé con Julio, está muy bien pero siente la falta
de contacto y de incorporación de gente.

hicimos una harina con lo traído y se tomó un poco de mate con azúcar; luego Miguel, al mando de 8 hombres más, fue a emboscarse mientras León cogía algún novillo más para llevar. Como era un poco tarde, algo más de las 10, y no regresaban mandé a Urbano a avisar que a las 12 suspendieran la emboscada. A los pocos minutos se escuchó un disparo, luego una corta ráfaga y un tiro sonó en nuestra dirección; cuando tomábamos posiciones, llegó Urbano a la carrera; había chocado con una patrulla que traía perros. Con 9 hombres del otro lado, sin saber su ubicación precisa, mi desesperación era grande: se mejoró el camino, para sacarlo sin llegar a la orilla del río y se envió por él a Moro, Pombo y Camba, con Coco. Pensaba ir trasladando mochilas y haciendo contacto de retaguardia si me lo permitían, hasta que se reincorporara al grupo, que, por otra parte, podía caer en una emboscada. Sin embargo, Miguel se reincorporó con toda su gente, rompiendo monte. Explicación de lo sucedido: Miguel avanzó sin dejar posta en nuestra sendita y se dedicaron a buscar el ganado, León escuchó el ladrido de un perro y Miguel, por las dudas, decidió retroceder; en ese momento oyeron los disparos y notaron que una patrulla había pasado entre ellos y el monte por una senda y ya los tenían delante, entonces rompieron monte.

Nos retiramos con tranquilidad, con los 3 mulos y los 3 vacunos y, tras cruzar 4 vados, dos de ellos bravos, hicimos campamento a unos 7 kms. del anterior y sacrificamos a la vaca, comiendo opíparamente. La retaguardia informó que se oyó un prolongado tiroteo en dirección al campamento, con abundancia de ametralladoras. h - 640 ms.

Septiembre 7

Camino corto. Sólo se cruzó un vado y luego se tropezó con dificultades por la faralla, decidiendo Miguel acampar para esperarlos. Mañana haremos exploraciones buenas. La situación es ésta: la aviación no nos busca por aquí a pesar de haber llegado al campamento y la radio informa incluso que yo soy el jefe del grupo. El interrogante es: ¿tienen miedo? Poco probable; ¿consideran

imposible el paso hacia arriba? Con la experiencia de lo que hemos hecho y ellos conocen, no lo creo; ¿Nos quieren dejar avanzar para esperarnos en algún punto estratégico? Es posible, ¿creen que insistiremos en la zona de Masicuri para abastecernos? También es posible. El Médico está mucho mejor, pero yo vuelvo a recaer y paso la noche en blanco.

La radio trae la noticia de las valiosas informaciones suministradas por José Carrillo (Paco); habría que hacer escarmiento con él. Debray se refiere a las imputaciones de Paco contra él, diciendo que a veces cazaba, por eso lo han podido ver con fusil. Radio la Cruz del Sur anuncia el hallazgo del cadáver de Tania la guerrillera en las márgenes del Río Grande; es una noticia que no tiene los visos de veracidad de la del Negro; el cadáver fue llevado a Santa Cruz, según informa esa emisora y sólo ella, no Altiplano.

h - 720 ms.

Hablé con Julio; está muy bien pero siente la falta de contacto y de incorporación de gente.

Septiembre 8

Día tranquilo. Se hicieron emboscadas de 8 hombres desde la mañana hasta la noche, a cargo de Antonio y Pombo. Los animales comieron bien en un chuchial * y el mulo se está reponiendo de sus golpes. Aniceto y Chapaco fueron a explorar río arriba y volvieron con la noticia de que estaba relativamente bueno el camino para los animales; Coco y Camba cruzaron el río con el agua al pecho y subieron una loma enfrente pero sin arrojar resultados para la información. Mandé a Miguel con Aniceto y el resultado de una exploración más prolongada es que, según Miguel, será muy difícil pasar los animales. Para mañana insistiremos por esta banda, pues siempre existe la posibilidad de que los animales pasen vacíos y por el agua.

La radio trajo la información de que Barrientos había asistido a la inhumación de los restos de la guerrillera Tania a la que se dio

* *Chuchial:* campo de una especie de *bambú.* [E.]

216

"cristiana sepultura" y luego estuvo en Puerto Mauricio, que es la casa de Honorato; ha hecho una proposición a los bolivianos engañados, a los que no se pagó el salario prometido, para que se presenten con las manos en la frente a los puestos del Ejército y no se tomará medidas contra ellos. Un avioncito bombardeó de Honorato hacia abajo, como para hacerle una demostración a Barrientos.

Un diario de Budapest critica al Che Guevara, figura patética y al parecer irresponsable y saluda la actitud marxista del Partido Chileno que toma actitudes prácticas frente a la práctica. Cómo me gustaría llegar al poder, nada más que para desenmascarar cobardes y lacayos de toda ralea y refregarles en el hocico sus cochinadas.

Septiembre 9

Miguel y Ñato fueron de exploración, volviendo con la noticia de que sí se puede pasar pero los animales deberán cruzar a nado; la gente tiene vados. Hay un arroyo bastante grande en la margen izquierda donde haremos campamento. Las emboscadas continuaron con 8 hombres, a cargo de Antonio y Pombo; no hubo novedad. Hablé con Aniceto; parece estar muy firme, aunque piensa que hay varios bolivianos aflojando; se quejó de la falta de trabajo político de Coco e Inti. Acabamos la vaca, de la que sólo quedan las 4 patas para un caldo por la mañana.

La única noticia de la radio es la suspensión del juicio a Debray hasta el 17 de septiembre, por lo menos.

Septiembre 10

Día malo. Comenzó bajo buenos auspicios pero luego los anima-
les se resistieron del camino tan malo y al final el macho no ca-
minaba, se quedó atrás y hubo que dejarlo en la otra banda. La
decisión la tomó Coco debido a una creciente violenta del río, pero
quedaron del otro lado 4 armas, entre ellos la de Moro y tres pro-
yectiles antitanques para el arma de Benigno. Yo crucé el río a
nado con la mula pero perdí los zapatos en el cruce y ahora estoy
a abarca, cosa que no me hace ninguna gracia. El Ñato hizo un
lío con su ropa y sus armas envueltas en un hule, y se tiró cuando
la crecida estaba brava, perdiendo todo en el cruce. La otra mula
se atascó y se lanzó sola a cruzar, pero hubo que retornarla, pues
no había paso y al intentar el nuevo cruce con León, éste y la
mula casi se ahogan, pues ya había llegado el turbión. Al final
todos llegamos al arroyo que era nuestra meta, el Médico en muy
malas condiciones, quejándose luego de sus neuralgias en las ex-
tremidades, durante toda la noche. Desde aquí nuestro plan era ti-
rar los animales nuevamente a nado por la otra banda pero con la
crecida queda interrumpido ese plan, por lo menos hasta que el río
baje. Además, han volado aviones y helicópteros por la zona; el
helicóptero no me gusta nada, pues pueden estar dejando embos-
cados en el río. Mañana saldrán exploraciones río arriba y arroyo
arriba, para tratar de precisar el punto en que estamos.
h - 780 ms.—camino 3-4 kms.

Se me olvidaba recalcar un hecho: hoy, después de algo más de
seis meses, me bañé. Constituye un récord que ya varios están al-
canzando.

Septiembre 11

Día tranquilo. Salieron exploradores hacia arriba por el río y
por el arroyo; los del río volvieron al atardecer con la noticia

de que muy probablemente diera paso cuando bajara algo más el río y hay playas por donde pueden caminar las bestias. Benigno y Julio fueron a hacer la exploración del arroyo pero fue muy superficial y a las 12 estaban de vuelta. Ñato y Coco fueron, apoyados por la retaguardia, a buscar las cosas que estaban atrás, pasando el mulo y dejando sólo un costal con las anillas de bala de ametralladora.

Hubo un incidente desagradable: el Chino vino a decirme que el Ñato había asado y comido un filete entero delante de él; yo me puse cabrón con el Chino pues a él le correspondía impedirlo, pero luego de las averiguaciones, la cosa se complicó pues no se podía precisar si el Chino había autorizado o no esa acción. Éste pidió su sustitución y volví a nombrar a Pombo en el cargo, pero, sobre todo para el Chino fue un trago amargo.

La radio trajo por la mañana la noticia de que Barrientos afirmaba que yo estaba muerto desde hacía tiempo y todo era propaganda y por la noche la de que ofrecía $ 50 000 (4 200 US) por los datos que facilitaran mi captura vivo o muerto. Parece que le dieron un []* las fuerzas armadas. Se tiraron volantes sobre la región, con las generales mías, probablemente. Requeterán dice que el ofrecimiento de Barrientos puede considerarse psicológico, yà que es conocida la tenacidad de los guerrilleros y que se preparan para una guerra prolongada.

Hablé largamente con Pablito, como todos, está preocupado por la falta de contactos y estima que nuestra tarea fundamental es restablecerlo con la ciudad, pero se mostró firme y decidido, "de Patria o Muerte" y hasta donde se llegue.

Septiembre 12

El día comenzó con un episodio tragicómico: Justo a las 6, hora de la diana, Eustaquio viene a avisar que avanza gente por el arroyo; llamó a las armas y se movilizó todo el mundo; Antonio los ha visto y, cuando le pregunto cuántos son, me contesta con la

* Ilegible en el original. [E.]

mano que cinco. A fin de cuentas, resultó una alucinación, peligrosa para la moral de la tropa pues en seguida se comenzó a hablar de psicosis. Conversé luego con Antonio y, evidentemente, no está normal; se le saltaron las lágrimas pero negó que tuviera ninguna preocupación y manifestó que sólo le afectaba la falta de sueño, pues es ayudante durante 6 días debido a que se durmió en la posta y luego lo negó. Chapaco, desobedeció una orden y fue sancionado a 3 días de ayudantía. Por la noche me habló para pasar a la vanguardia pues, según él, no congeniaba con Antonio; me negué a ello. Inti, León y Eustaquio partieron a hacer una buena exploración del arroyo para ver si por él se puede pasar del otro lado de una gran cordillera que se ve a lo lejos. Coco, Aniceto y Julio salieron río arriba para tratar de explorar los vados y la forma de llevar los animales en el caso de seguir por allí.

Parece que el ofrecimiento de Barrientos ha provocado cierta sensación; en todo caso, un periodista demente opinaba que 4 200 US era poca plata dada mi peligrosidad. Radio Habana informaba que OLAS había recibido un mensaje de apoyo del ELN; ¡milagros de la telepatía!

Septiembre 13

Volvieron los exploradores: Inti y su grupo subieron por el arroyo todo el día; durmieron a bastante altura y con bastante frío; el arroyo nace, aparentemente, en una cordillera que está al frente, con rumbo oeste; no da tránsito a los animales. Coco y sus compañeros trataron infructuosamente de cruzar el río; atravesaron 11 farallos antes de llegar al cañón del que debe ser el río La Pesca, con señales de vida, chacos quemados y un buey; los animales deberían cruzar al otro lado, a menos que lo hagamos todos en balsa para ir juntos que es lo que trataremos de hacer.

Hablé con Darío, planteándole el problema de su ida, si así lo desea; primero me contestó que salir era muy peligroso pero le advertí que esto no es un refugio y que si decide quedarse es de una vez y para siempre. Dijo que sí y que corregiría su defecto. Veremos.

La única noticia de la radio es el tiro al aire que le soplaron a Debray padre y que al hijo le secuestraron todos sus documentos preparatorios para la defensa con el pretexto de que no quieren que ésta se convierta en un panfleto político.

Septiembre 14

Día fatigoso. A las 7 salió Miguel con toda la vanguardia y el Ñato. Llevaban las instrucciones de caminar lo más posible por ese lado y hacer una balsa donde fuera difícil pasar; Antonio quedó con toda la retaguardia emboscado. Se dejó un par de M-1 en una cuevita que conocen el Ñato y Willy. A las 3.30, ante la falta de noticias, iniciamos la marcha.

No se pudo caminar en mula y yo, con un principio de ataque de asma, tuve que dejar el animal a León y seguir a pie. La retaguardia recibió orden de iniciar la marcha a las 15, si no había contraorden. Aproximadamente a esa hora llegó Pablito con la noticia de que el buey estaba frente al cruce de los animales y la balsa la estaban construyendo un km. más arriba. Esperé que llegaran los animales y sólo lo hicieron a las 18.15, luego que se les enviara gente para ayudarlos. A esa hora cruzaron los dos mulos (el buey lo había hecho antes) y seguimos con paso cansino hasta donde estaba la balsa, encontrándome con que de este lado todavía quedaban 12 hombres: sólo habían pasado 10. Así divididos pasamos la noche, comiéndonos la última ración de buey, medio podrido.

h - 720 ms. — camino 2-3 kms.

Septiembre 15

El tramo recorrido fue un poco más largo: 5-6 kms., pero no llegamos al río La Pesca, pues hubo que pasar dos veces los animales y una de las mulas está negada a los cruces. Todavía falta hacer un cruce y explorar a ver si las mulas pueden pasar.

La radio trae la noticia de la detención de Loyola, las fotos deben ser las culpables. Murió el toro que nos quedaba a manos del verdugo, naturalmente.

h - 780 ms.

Septiembre 16

Se consumió la jornada en la confección de la balsa y el cruce del río, caminando sólo unos 500 ms., hasta el campamento donde está un pequeño manantial. El cruce se efectuó sin novedad en una buena balsa que se halaba con sogas de ambas orillas. Al final, cuando los dejamos solos, Antonio y Chapaco tuvieron otro incidente y Antonio le puso 6 días de castigo a Chapaco por insultarlo; yo respeté esa decisión, aunque no estoy seguro de que sea justa. Por la noche hubo otro incidente ante una denuncia de Eustaquio sobre una comida que el Ñato estaría comiendo de más; resultaron ser unos gordos del cuero. Otra penosa situación creada por la comida. El Médico me planteó otro problemita, sobre su enfermedad y la opinión que la gente tenía de ella, a raíz de unas manifestaciones de Julio; todo parece sin importancia.

h - 820 ms.

Septiembre 17

Día estomatológico; le extraje piezas a Arturo y Chapaco. Miguel hizo su exploración hasta el río y Benigno el camino; las noticias son que las mulas pueden subir, pero antes deben nadar, cruzando y recruzando el río. En honor de Pablito se hizo, para éste, un poco de arroz, cumple 22 años y es el menor de la guerrilla.

La radio sólo trae noticias de la postergación del juicio y una protesta por la detención de Loyola Guzmán.

Septiembre 18

Se inició la marcha a las 7, pero pronto Miguel vino con la noticia que tras el recodo se habían visto 3 campesinos, no sabían si nos habían visto a nosotros; se ordenó detenerlos. Chapaco escenificó la infaltable gresca, acusando a Arturo de haberle robado 15 balas de su cargador; es siniestro y lo único bueno consiste en que, aunque sus broncas son con los cubanos, ningún boliviano le hace caso. Las mulas hicieron todo el trayecto sin nadar pero, al cruzar un barranco, se nos fue la mula negra y se lastimó, pues rodó como 50 ms. Se tomaron presos a 4 campesinos que iban con sus burritos a Piraypandi, un río situado a una legua de éste, aguas arriba y éstos informaban que en la orilla del Río Grande estaban Aladino Gutiérrez con su gente cazando y pescando. Benigno cometió la imprudencia máxima de hacerse ver y dejarlo ir, a él, la mujer y otro campesino. Cuando me enteré, la bronca fue mayúscula y llamé acto de traición a esto, lo que provocó una crisis de llanto en Benigno. Todos los campesinos han sido avisados de que mañana saldrán con nosotros a Zitano, el rancho donde viven, a 6-8 leguas de aquí. Aladino y su mujer son medio resbalosos y costó mucho que vendieran comida. Ahora la radio trae la noticia de dos inten-

tos de suicidio de Loyola "por temer a las represalias guerrilleras" y la detención de varios maestros, que si no están complicados, por lo menos simpatizan con nosotros. Parece que a Loyola le tomaron muchas cosas en la casa, pero no sería raro que todo dependiera de las fotos de la cueva.

Al anochecer la avioneta y el avión mustang, sobrevolaron la zona en forma sospechosa.

h - 800 ms.

Septiembre 19

No salimos muy temprano debido a que los campesinos no encontraban sus bestias. Al final, luego de una buena descarga mía, salimos con la caravana de presos. Con Moro caminamos lentamente y cuando llegamos al aparte del río nos encontramos con la noticia de que se habían tomado 3 presos más y la vanguardia acababa de salir y pensaba llegar a una hacienda con caña, a dos leguas. Fueron largas, como muy largas resultaron las 2 primeras. Cerca de las 9 de la noche llegamos a la hacienda, que sólo es un cañal y la retaguardia llegó pasadas las 21.

Tuve una conversación con Inti sobre algunas debilidades suyas en la comida y me contestó muy molesto, que sí y que haría una autocrítica pública cuando estuviéramos sólos, pero negó algunas acusaciones. Pasamos alturas de 1 440 ms. y nos hallamos a 1 000; de aquí a Lucitano hay 3 horas de camino, tal vez cuatro, dicen los pesimistas. Por fin comimos puerco y los azucareros pudieron llenarse de chankaka.

La radio insistió sobre el caso Loyola y los maestros están en plena huelga, los alumnos de la secundaria donde trabajaba Higueras, uno de los detenidos, en huelga de hambre, y los petroleros en pie de huelga por la creación de la empresa del petróleo.

Signo de los tiempos. Se me acabó la tinta.

Septiembre 20

Decidí salir a las 15 para llegar anocheciendo al rancho de Luci-
tano, pues decían que en 3 horas se llegaba bien, pero diversos
inconvenientes retrasaron el viaje hasta las 17, para nosotros y
una oscuridad completa nos cogió en la loma; a pesar de que en-
cendimos un mechón, llegamos sólo a las 23 a la casa de Aladino
Gutiérrez, que no tenía gran cosa de pulpería, aunque se consiguie-
ron unos cigarros y otras boberías; nada de ropa. Dormitamos
un poco para iniciar la marcha a las 3 rumbo a Alto Seco que
dicen dista 4 leguas. Se tomó el teléfono del corregidor, pero no
anda, desde hace años y, además, la línea está caída. El corregidor
se llama Vargas y hace poco que tiene el cargo.

La radio no trae nada importante; pasamos por alturas de 1 800
ms. y Lucitano está a 1 400 ms.

Se caminaron unas dos leguas hasta el rancho.

Septiembre 21

A las 3 salimos con buena luna por el camino averiguado de ante-
mano y caminamos hasta las 9 aproximadamente sin encontrar
vivientes y cruzando por alturas de 2 040 ms., la más alta alcan-
zada. A esa hora nos topamos con un par de arrieros que indicaron
nuestro camino a Alto Seco, para el que faltaban 2 leguas, en una
parte de la noche y la mañana habríamos caminado apenas 2 le-
guas. Al llegar a las primeras casas de la bajada compramos algu-
nos víveres y fuimos a hacer comida a casa del alcalde, más tarde
pasamos a un molino de maíz movido por fuerza hidráulica en
las márgenes del Piraymiri (1 400 ms. altura). La gente tiene mu-
cho miedo y trata de desaparecer de nuestra presencia, hemos per-
dido mucho tiempo debido a nuestra poca movilidad. Las dos le-
guas hasta Alto Seco se hicieron desde las 12.35 hasta las 5.

Septiembre 22

Al llegar nosotros, el centro, a Alto Seco, nos encontramos con que el corregidor, al parecer, había salido ayer para avisar que nosotros estábamos cerca; en represalia, le cogimos toda la pulpería. Alto Seco es un villorrio de 50 casas, situado a 1 900 ms. de altura que nos recibió con una bien sazonada mezcla de miedo y curiosidad. La máquina del aprovisionamiento comenzó a funcionar y pronto teníamos en nuestro campamento, una casa abandonada cerca de la aguada, una respetable cantidad de comestibles. La camioneta que debía llegar de Valle Grande no lo hizo, lo que confirmaría la versión de que el corregidor fue a avisar, no obstante, debí aguantar el llanto de su mujer que en nombre de Dios y de sus hijos pedía el pago, cosa a la que no accedí. Por la noche Inti dio una charla en el local de la escuela (1 y 2 grados) a un grupo de 15 asombrados y callados campesinos explicándoles el alcance de nuestra revolución, el maestro fue el único que intervino para preguntar si nosotros combatíamos en los pueblos. Es una mezcla de zorro campesino, letrado e ingenuidad de niño; preguntó un montón de cosas, sobre el socialismo. Un muchachón se ofreció a servirnos de guía pero previno contra el maestro al que califican de zorro. Salimos a la 1.30 rumbo Santa Elena adonde llegamos a las 10.

h - 1 300 ms.

Barrientos y Ovando dieron una conferencia de prensa en la que sacaron todos los datos de los documentos y dieron como liquidado al grupo de Joaquín.

Septiembre 23

El lugar era un naranjal lindísimo que todavía conservaba una buena cantidad de frutas. El día se pasó descansando y durmiendo

pero hubo que hacer mucha posta. A la 1 nos levantamos y salimos a las 2 rumbo a Loma Larga, adonde llegamos al amanecer. Pasamos alturas de 1 800 ms. La gente va muy cargada y la marcha es lenta. Yo me empaché con la comida de Benigno.

Septiembre 24

Llegamos al rancho denominado Loma Larga, yo con un ataque al hígado, vomitando, y la gente muy agotada por caminatas que no rinden nada. Decidí pasar la noche en el entronque del camino a Pujio y se mató un chancho vendido por el único campesino que quedó en su casa: Sóstenes Vargas; el resto huye al vernos.
h - 1 400 ms.

Septiembre 25

Temprano llegamos a Pujio pero allí había gente que nos había visto abajo el día anterior; vale decir estamos siendo previstos por Radio Bemba. Pujio es un ranchito situado en un alto y la gente que huyó al vernos, luego se fue acercando y nos trató bien. Por la madrugada se había ido un carabinero que vino a tomar preso a un deudor desde Serrano en Chuquisaca; estamos en un punto donde convergen los 3 departamentos. El caminar con mulas se hace peligroso, pero trato de que el Médico siga lo mejor posible, pues viene muy débil. Los campesinos dicen ignorar de Ejército en toda esta zona. Caminamos a retazos hasta llegar a Tranca Mayo donde dormimos a la vera del camino, pues Miguel no tomó las

precauciones exigidas por mí. El corregidor de Higueras está por la zona y le dimos orden a la posta de detenerlo.
h - 1 800 ms.

Hablamos, Inti y yo, con el Camba y éste quedó en acompañarnos hasta vista la Higuera, punto situado cerca de Pucará y allí tratar de salir hasta S. Cruz.

Septiembre 26

Derrota. Llegamos al alba a Picacho donde todo el mundo estaba de fiesta y es el punto más alto que alcanzamos, 2 280 ms.; Los campesinos nos trataron muy bien y seguimos sin demasiados temores, a pesar de que Ovando había asegurado mi captura de un momento a otro. Al llegar a la Higuera, todo cambió: habían desaparecido los hombres y sólo alguna que otra mujer había. Coco fue a casa del telegrafista, pues hay teléfono y trajo una comunicación del día 22 en el que el Subprefecto de Valle Grande comunica al corregidor que se tienen noticias de la presencia guerrillera en la zona y cualquier noticia debe comunicarse a V.G. donde pagarán los gastos; el hombre había huido, pero la mujer aseguró que hoy no se había hablado porque en el próximo pueblo, Jagüey, están de fiesta.

A las 13 salió la vanguardia para tratar de llegar a Jagüey y allí tomar una decisión sobre las mulas y el Médico; poco después estaba hablando con el único hombre del pueblo, muy asustado, cuando llegó un comerciante de coca, que decía venir de V.G. y Pucará y no había visto nada. También estaba muy nervioso pero lo atribuía a nuestra presencia y dejé ir a los dos, a pesar de las mentiras que nos dijeron. Cuando salí hacia la cima de la loma, 13.30 aproximadamente, los disparos desde todo el firme anunciaron que los nuestros habían caído en una emboscada. Organicé la defensa en el pobladito, para esperar a los sobrevivientes y di como salida un camino que sale al Río Grande. A los pocos momentos llegaba Benigno herido y luego Aniceto y Pablito, con un pie en malas condiciones; Miguel, Coco y Julio habían caído y Camba

desapareció dejando su mochila. Rápidamente la retaguardia avanzó por el camino y yo la seguí, llevando aún las dos mulas; los de atrás recibieron el fuego muy cerca y se retrasaron e Inti perdió contacto. Luego de esperarlo media hora en una emboscadita y de haber recibido más fuego desde la loma, decidimos dejarlo, pero al poco rato nos alcanzó. En ese momento vimos que León había desaparecido e Inti comunicó que había visto su mochila por el cañado por donde tuvo que salir; nosotros vimos un hombre que caminaba aceleradamente por un cañón y sacamos la conclusión de que era él. Para tratar de despistar, soltamos las mulas cañón abajo y nosotros seguimos por un cañoncito que luego tenía agua amarga, durmiendo a las 12, pues era imposible avanzar.

Septiembre 27

A las 4 reiniciamos la marcha tratando de encontrar un lugar para subir, cosa que se logró a las 7, pero para el lado contrario al que pretendíamos; enfrente había una loma pelada, de apariencia inofensiva. Subimos un poco más para encontrarnos a salvo de la aviación, en un bosquecillo muy ralo y allí descubrimos que la loma tenía un camino, aunque por él no transitó nadie en todo el día. Al atardecer un campesino y un soldado subieron la loma hasta la mediación y jugaron un rato allí, sin vernos. Aniceto acababa de hacer una exploración y vio en una casa cercana un buen grupo de soldados, ése era el camino más fácil para nosotros y está cortado ahora. Por la mañana vimos subir en una loma cercana una columna cuyos objetos brillaban al sol y luego, a medio día, se escucharon tiros aislados y algunas ráfagas y más tarde los gritos de: "allí está"; "sale de ahí"; "vas a salir o no", acompañado de disparos. No sabemos la suerte del hombre y presumimos que podía ser Camba. Nosotros salimos al atardecer para tratar de bajar al agua por otro lado y nos quedamos en un matorral un poco más tupido que el anterior; hubo que buscar agua por el mismo cañón pues una faralla no deja hacerlo aquí.

La radio trajo la noticia de que habíamos chocado con la compañía Galindo dejando 3 muertos que iban a trasladarse a V.G.,

para su identificación. No han apresado, al parecer, a Camba y León. Nuestras bajas han sido muy grandes esta vez; la pérdida más sensible es la de Coco, pero Miguel y Julio eran magníficos luchadores y el valor humano de los tres es imponderable. León pintaba bien.

h - 1 400 ms.

Septiembre 28

Día de angustias que, en algún momento pareció ser el último nuestro. Por la madrugada se trajo agua y casi en seguida salieron Inti y Willy a explorar otra posible bajada al cañón, pero volvieron en seguida, pues toda la loma de enfrente está marcada por un camino y un campesino a caballo lo transitaba. A las 10 pasaron enfrente nuestro 46 soldados con sus mochilas puestas, tardando siglos en alejarse. A las 12 hizo su aparición otro grupo, esta vez de 77 hombres y, para colmo, se oyó un tiro en ese momento y los soldados tomaron posición; el oficial ordenó bajar a la quebrada, que parecía ser la nuestra, de todas maneras, pero, al fin, se comunicaron por radio y pareció quedar satisfecho reiniciando la marcha. Nuestro refugio no tiene defensa contra un ataque desde el alto y las posibilidades de escapar eran remotas si nos descubrían. Más tarde pasó un soldado retrasado con un perro cansado, pues lo tironeaban para que caminara y más tarde aún, un campesino guiando otro soldadito retrasado; el campesino retornó al rato y no hubo novedad ya, pero la angustia del momento del tiro fue grande. Todos los soldados pasaron con mochila, lo que da la impresión de que están de retirada y no se vieron fuegos en la casita por la noche, amén de no oírse los disparos con que habitualmente saludan el atardecer. Mañana haremos una exploración de todo el día sobre el rancho. Una lluvia ligera nos mojó pero me parece que no fue suficiente para borrar huellas.

La radio trajo la identificación de Coco, y una noticia confusa sobre Julio; a Miguel lo confunden con Antonio, cuyos cargos en Manila dieron. En un principio hicieron correr la noticia de mi muerte, luego la desmintieron.

Septiembre 29

Otro día tenso. La exploración, Inti y Aniceto, salió temprano para vigilar la casa durante todo el día. Desde temprano comenzaron a transitar el camino y a media mañana lo hicieron soldados sin mochila en ambas direcciones, además de otros conduciendo burros vacíos desde abajo, que luego retornaron cargados. Inti llegó a las 18.15 informando que los 16 soldados que bajaron se metieron en el chaco y no se vieron más y los burros parecen haber sido cargados allí. Dadas esas noticias, era difícil tomar la decisión de hacer ese camino, el más fácil y lógico, dado que es fácil que haya soldados emboscados y, en todo caso, hay perros en la casa que delatarían nuestra presencia. Mañana saldrán dos exploraciones: una al mismo lugar y otra a tratar de caminar firme arriba lo más posible para ver si hay salida por allí, probablemente atravesando el camino que hacen los soldados.

La radio no trajo ninguna noticia.

Septiembre 30

Otro día de tensión. Por la mañana, radio Balmaceda de Chile anunció que altas fuentes del Ejército manifestaron tener acorralado al Che Guevara en un cañón selvático. Las emisoras locales, en silencio, parece que puede ser una infidencia y tienen la certeza de nuestra presencia en la zona. Al poco rato comenzó el trasiego de soldados de uno a otro lado. A las 12 pasaron 40 en columnas separadas y arma en ristre y fueron a parar a la casita donde hicieron campamento y establecieron una vigilancia nerviosa. Aniceto y Pacho informaron de esto. Inti y Willy volvieron con la noticia de que el Río Grande estaba a unos 2 kms. en línea recta, hay tres casas por el cañón para arriba y se puede acampar en lugares donde no seríamos vistos de ningún lado. Se buscó agua y a las 22 iniciamos una fatigosa marcha nocturna demorada por

el Chino que camina muy mal en la oscuridad. Benigno está muy bien, pero el Médico no se acaba de recuperar.

Resumen del mes

Debiera ser un mes de recuperación y estuvo a punto de serlo, pero la emboscada en que cayeron Miguel, Coco y Julio malogró todo y luego hemos quedado en una posición peligrosa, perdiendo además a León; lo de Camba es ganancia neta.

Tuvimos pequeños encuentros en que matamos un caballo, matamos y herimos un soldado y Urbano se tiroteó con una patrulla y la nefasta emboscada de la Higuera. Ya dejamos las mulas y creo que en mucho tiempo no tendremos animales de ese tipo, salvo que vuelva a caer en un estado de mal asmático.

Por otra parte, parecen ser ciertas varias de las noticias sobre muertos del otro grupo al que se debe dar como liquidado, aunque es posible que deambule un grupito, rehuyendo contacto con el Ejército, pues la noticia de la muerte conjunta de los 7 puede ser falsa o, por lo menos, exagerada.

Las características son las mismas del mes pasado, salvo que ahora sí el Ejército está mostrando más efectividad en su acción y la masa campesina no nos ayuda en nada y se convierten en delatores.

La tarea más importante es zafar y buscar zonas más propicias; luego los contactos, a pesar de que' todo el aparato está desquiciado en La Paz donde también nos dieron duros golpes. La moral del resto de la gente se ha mantenido bastante bien, y sólo me quedan dudas de Willy, que tal vez aproveche algún zafarrancho para tratar de escapar solo si no se habla con él.

Octubre 1

Este primer día del mes pasó sin novedad. Al amanecer llegamos a un bosquecillo ralo donde hicimos campamento situando postas en los diferentes puntos de aproximación. Los 40 hombres se alejaron por un cañón que pensábamos tomar disparando algunos tiros. A las 14 se escucharon los últimos disparos; en las casitas no parece haber nadie, aunque Urbano vio bajar 5 soldados que no siguieron por ningún camino. Decidí permanecer un día más aquí, pues el lugar está bueno y tiene retirada garantizada, dado que se dominan casi todos los movimientos de la tropa enemiga. Pacho, con Ñato, Darío y Eustaquio fueron a buscar agua y retornaron a las 21. Chapaco cocinó frituras y se dio un poco de charqui con lo que el hambre no se hace sentir.

No hubieron noticias.

h - 1 600 ms.

Octubre 2

Antonio

El día transcurrió sin la menor huella de soldados pero unos chivitos conducidos por perros pastores pasaron por nuestras posiciones y los animales ladraron. Decidimos tratar de pasar por al lado de uno de los chacos que está más cerca del cañón e iniciamos el descenso a las 18, con tiempo para llegar cómodos y cocinar antes del cruce, sólo que el Ñato se perdió y se obcecó en seguir. Cuando decidimos regresar nos perdimos e hicimos noche en el alto, sin poder cocinar y con mucha sed. La radio nos trajo la explicación del despliegue de los soldados el día 30, según noticias difundidas por la Cruz del Sur, el Ejército comunicó haber tenido un encuentro en abra del Quiñol con un pequeño grupo nuestro, sin que hubieran bajas de ambas partes, aunque dicen haber encontrado

huellas de sangre en nuestra huida. El grupo era de 6 individuos, según el mismo parte.

Octubre 3

Día largo e innecesariamente intenso: al movilizarnos para llegar a nuestro campamento base, llegó Urbano con la noticia de que había oído comentar a unos campesinos que pasaban: "ésos son los que hablaban anoche", mientras nosotros estábamos en camino. A todas luces, el informe lucía inexacto, pero decidí hacer como si fuera perfectamente real y, sin mitigar la sed, subimos nuevamente a un firme que domina el camino de los soldados. El resto del día permaneció en absoluta calma y al anochecer bajamos todos e hicimos café, que supo a gloria a pesar del agua amarga y la manteca de la olla en que se hizo. Luego hicimos harina para comer allí y arroz con carne de anta para llevar. A las 3 emprendimos la marcha, previa exploración y sorteamos con toda felicidad el chaco, cayendo a la cañada, la que no tiene agua y sí huellas de haber sido explorada por los soldados.

La radio trajo la noticia de dos prisioneros: Antonio Domínguez Flores (León) y Orlando Jiménez Bazán (Camba), éste reconoce haber luchado contra el Ejército; aquél dice haberse entregado confiado en la palabra presidencial. Ambos dan abundantes noticias de Fernando, su enfermedad y todo lo demás, sin contar lo que habrán hablado y no se publica. Así acaba la historia de dos heroicos guerrilleros.

Se escuchó una entrevista de Debray, muy valiente frente a un estudiante provocador.

h - 1 360 ms.

Octubre 4

Luego de descansar en la quebrada, la seguimos una media hora hacia abajo, hasta encontrar otra que se le unía, por la que subimos, descansando hasta las 15 para huir del sol. A esa hora reiniciamos la marcha, algo más de media hora; allí estaban los exploradores que habían llegado al final de los cañoncitos sin encontrar agua. A las 18 abandonamos la quebrada y seguimos por un camino de ganado hasta las 19.30, hora en que no se veía nada y paramos hasta las 3.

La radio dio la noticia del cambio de puesto de avanzada del Estado Mayor de la 4ª división de Lagunillas a Padilla, para atender mejor la zona de Serrano donde se presume que pueden tratar de huir los guerrilleros y el comentario de que si me capturan fuerzas de la 4ª me juzgarán en Camiri y si lo hacen los de la 8ª, en Santa Cruz.

h - 1 650 ms.

Octubre 5

Al reiniciar la marcha caminamos con dificultad hasta las 5.15 hs., momento en que dejamos un trillo de ganado y nos internamos en un bosquecillo ralo pero lo suficientemente alto como para ponernos a cubierto de miradas indiscretas. Benigno y Pacho hicieron varias exploraciones buscando agua y vadearon completamente la casa cercana sin encontrarla, probablemente sea un pocito al lado. Al acabar la exploración vieron llegar 6 soldados a la casa, al parecer de camino. Salimos al anochecer con la gente agotada por la falta de agua y Eustaquio dando espectáculo y llorando la falta de un buche de agua. Tras un camino muy malo y muy jalonado de paradas, llegamos por la madrugada a un bosquecillo donde se oía el ladrido de los perros cercanos. Se ve un firme alto y pelado muy cerca.

S		5	12	19	26
M		6	13	20	27
D		7	14	21	28
M	1	8	15	22	29
D	2	9	16	23	30
F	3	10	17	24	
S	4	11	18	25	

40. Woche · Zinstage 297-83

Sonnabend

7

OKTOBER

[texto manuscrito, en gran parte ilegible]

DEZEMBER · NOVEMBER · OKTOBER

Curamos a Benigno que tiene un poco supurada la herida y le apliqué una inyección al Médico. De resultas de la cura, Benigno se quejó de dolor por la noche.

La radio informó que nuestros dos cambas fueron trasladados a Camiri para servir de testigos en el juicio de Debray.

h - 2 000 ms.

Octubre 6

Las exploraciones demostraron que teníamos una casa muy cerca pero también que, en una quebrada más lejana, había agua. Hacia allí nos dirigimos y cocinamos todo el día bajo una gran laja que servía de techo, a pesar que yo no pasé el día tranquilo, pues nos aproximamos a pleno sol por lugares algo poblados y quedamos en un hoyo. Como la comida se retrasó, decidimos salir por la madrugada hasta un afluente cercano a este arroyito y de allí hacer una exploración más exhaustiva para determinar el rumbo futuro.

La Cruz del Sur informó de una entrevista a los Cambas, Orlando fue un poco menos bellaco. La radio chilena informó de una noticia censurada que indica que hay 1 800 hombres en la zona buscándonos.

h - 1 750 ms.

Octubre 7

Se cumplieron los 11 meses de nuestra inauguración guerrillera sin complicaciones, bucólicamente; hasta las 12.30 hora en que una vieja, pastoreando sus chivas, entró en el cañón en que habíamos

acampado y hubo que apresarla. La mujer no ha dado ninguna noticia fidedigna sobre los soldados, contestando a todo que no sabe, que hace tiempo que no va por allí. Sólo dio información sobre los caminos; de resultados del informe de la vieja se desprende que estamos aproximadamente a una legua de Higueras y otra de Jagüey y unas 2 de Pucará. A las 17.30, Inti, Aniceto y Pablito fueron a casa de la vieja que tiene una hija postrada y una medio enana; se le dieron 50 pesos con el encargo de que no fuera a hablar ni una palabra, pero con pocas esperanzas de que cumpla a pesar de sus promesas. Salimos los 17 con una luna muy pequeña y la marcha fue muy fatigosa y dejando mucho rastro por el cañón donde estábamos, que no tiene casas cerca, pero sí sembradíos de papa regadas por acequias del mismo arroyo. A las 2 paramos a descansar, pues ya era inútil seguir avanzando. El Chino se convierte en una verdadera carga cuando hay que caminar de noche.

El Ejército dio una rara información sobre la presencia de 250 hombres en Serrano para impedir el paso de los cercados en número de 37 dando la zona de nuestro refugio entre el río Acero y el Oro. La noticia parece diversionista.

h - 2 000 ms.

Apéndices

Nota del editor

Al lanzar la tercera edición de este libro, que ha constituido un acontecimiento de trascendencia internacional, hemos considerado oportuno incorporar este apéndice que recoge la documentación publicada con posterioridad a la aparición de la obra en La Habana el 1º del corriente. Reproducimos en primer término las páginas del *Diario* que faltaban en las primeras ediciones y que fueron publicadas posteriormente por los periódicos de La Paz. Luego una serie de documentos y comunicados del comandante Guevara y algunos mensajes por él recibidos, que fueron dados a conocer por el gobierno de Cuba el 4 de julio.

Consideramos de interés incluir también las informaciones publicadas sobre la falta de autenticidad del *Diario* que fueron suministradas por las autoridades de Bolivia al conocerse ese texto, y que fueron de inmediato rectificadas por el comandante Fidel Castro en su discurso del día 3 de julio, rectificación que a su vez obtuvo una respuesta del gobierno boliviano y del Partido Comunista de ese país. El día 10 del mismo mes, declaraciones finales de las mismas autoridades gubernamentales y de las Fuerzas Armadas de Bolivia han terminado por reconocer la autenticidad del *Diario*.

Por último, con fecha 19 del corriente se hizo público que el Ministro del Interior de Bolivia Antonio Arguedas se había asilado en Chile, declarándose responsable de la entrega de una copia del *Diario* al gobierno de Cuba. Esta declaración fue posteriormente ratificada por el comandante Fidel Castro en un discurso pronunciado en La Habana el 24 del corriente y cuya parte pertinente también reproducimos, para cerrar el expediente —hasta esta fecha— de este libro, por tantos motivos excepcional.

México, 30 de julio de 1968.

Los días del Diario *que no aparecieron en las primeras ediciones*

Enero 4, 1967

Día sin mayores novedades. La gente viajó a buscar carga. Nosotros techamos la cueva del radista. Se suspendió el tiro por lluvia.

Enero 5

Seguimos transportando carga. Todavía faltan varios viajes. La cueva fue terminada con sus aditamentos (cuevita para la planta). Se probaron los fusiles de la retaguardia y algunos del centro; todos bien, salvo el fusil de Apolinario. Llegaron todos los exploradores, Inti [Guido Peredo] y Carlos [Ciro Bustos]; caminaron por el Ñacahuasú hasta encontrar gente; se encontraron varias casas, entre ellos dos terratenientes, uno con 150 vacas que vive en Lagunillas. Hay un pequeño poblado llamado Iti, de donde sale un camino de herradura hasta Lagunillas; de allí llegaron a Ticucha, unida por un camino de camión a Vaca Guzmán; volvieron por una senda que va a dar al río Iquiri, el que nosotros identificamos como Yaki. El punto denominado Yuki es un potrero cercano a este campamento, abandonado por los moradores por sobrevenir una peste en el ganado. Joaquín [Juan Vitalio Acuña] y el Médico siguieron el Iquiri hasta toparse con peñascos insalvables, sin encontrar gente, pero sí rastros de ella. Marcos [Antonio Sánchez Díaz], Miguel y Benigno [Daniel Alarcón Ramírez] caminaron por los firmes hasta encontrar un punto inaccesible cortado por un farallón. Tenemos un nuevo recluta: una pavita cogida por Inti.

Enero 8

Domingo. La góndola se amplió a las 8, se trajo casi todo; el Loro [Bigote, Jorge] ha anunciado un viaje a Santa Cruz, que no está planificado, aparentemente para localizar aparejos para los mulos. No hubo clases ni actividad alguna. Me tocó la parte exterior, muy a la inclemencia del tiempo.

Enero 9

Llovía, todo está mojado. El río crecido no daba paso, de modo que no hubo reemplazo de posta en el campamento viejo. Día sin otra novedad.

Febrero 8

A las 6.30 se inició el cruce del resto del centro. A las 6 salió la punta de vanguardia y cuando llegó al centro salió toda; a las 8.30 salió el centro, cuando toda la retaguardia estaba de este lado. Se le encargó que escondieran la balsa y siguieran. El camino se hizo accidentado y hubo que abrirse paso a machete. A las 6, sedientos y hambrientos, llegamos a un arroyo con una pequeña poza donde se decidió acampar; hay muchas huellas de puerco. Braulio [Rolando Kindelán Bles], Aniceto y Benigno fueron hasta el río a unos tres kilómetros y volvieron con la noticia de que se han visto huellas de abarcas y de tres animales, uno de ellos herrado; todas son recientes.

Febrero 9

Cuando habíamos caminado algo más de media hora, se me ocurrió dejar la senda que subía y seguir por el arroyo; al poco rato apareció un maizal; mandé a Inti y a Ricardo [Papi] a explorar y todo se convirtió en un pandemónium; la marca que habíamos dejado para los de atrás no fue vista por éstos y me creyeron perdido; las comisiones iban y venían; la vanguardia había visto la casa y esperaba mi llegada. Inti y Ricardo encontraron unos muchachitos y fueron a la casa de un campesino joven, con seis hijos, el que los recibió muy bien y dio multitud de datos. En una segunda entrevista Inti le dijo que era el jefe de las guerrillas y compró dos puercos, haciendo huminta. Nos quedamos en el mismo lugar. El ponche estuvo a la madrugada, pero lo dejamos para el día siguiente.

Marzo 14

Casi sin darnos cuenta llegamos a Ñacahuasú. (Yo tenía —tengo— un cansancio como si me hubiera caído una peña encima.) El río está bravo y no hay ánimos de intentar el cruce, pero Rolando [Elíseo Reyes Rodríguez] se ofreció de voluntario y pasó cómodamente emprendiendo viaje a la base a las 15.20 exactamente. Espero que llegue en dos días. Nos comimos la última comida: un mote con carne, y ahora dependemos de la caza. A la hora de hacer estas notas tenemos un pajarillo y se han oído tres tiros. El Médico e Inti son los cazadores. Oímos partes del discurso en que Fidel castiga con toda crudeza a los comunistas venezolanos y con dureza a la actitud de la URSS con respecto a los títeres americanos.

Abril 4

Fracaso casi total. A las 14 y 30 llegamos a un punto en que se veían huellas de guardias y hasta una boina de paracaidista y huellas de comida norteamericana, raciones individuales. Decidí tomar por asalto la primera casa de... y así lo hicimos a las 18.30. Habían salido peones guaranís que informaron que el Ejército, cerca de 150 hombres, se había retirado ayer y que el dueño de casa había salido a depositar su ganado lejos. Se encargó una comida de puerco y yuca, mientras se iba a ocupar la segunda casa de... El Loro, Coco [Roberto Peredo], Aniceto y luego Inti fueron a la segunda casa acompañados de otro de los campesinos.

El matrimonio no estaba, pero, cuando llegó, en la confusión se escapó el peoncito. Al fin se pudo establecer que una Compañía, aproximadamente del Regto. 2 Bolívar, había estado allí, saliendo esa mañana. Tenía instrucciones de bajar por la quebrada de Piraboy, pero ellos eligieron salir por otro firme, por esto no chocamos. En Gutiérrez no hay guardias, pero éstos volverán mañana, de modo que no conviene quedarse.

En la primera casa se encontraron objetos de los militares, tales como platos, cantimploras, hasta balas y equipo; todo fue confiscado. Después de comer bien, pero sin exageración, la retaguardia salió a las 3 y nosotros a las 3 y 30. La vanguardia debía salir cuando comieran sus últimas pastas. Nosotros nos perdimos y salimos más abajo de la emboscada provocando una confusión que duró hasta la mañana.

Abril 5

Fue un día frío en acontecimientos, pero de cierta tensión. A las 10 estábamos todos reunidos y algo más tarde salía Miguel con sus mochilas para ocupar la cabeza de la quebrada, con orden de enviar los 3 hombres de la retaguardia que hacían postas en el mismo

punto para que recogieran sus mochilas. Para aligerar más el tránsito instruí a Urbano [Leonardo Tamayo Núñez], el Ñato y León en la tarea de reemplazar a estos 3 hombres de la retaguardia. A las 3.30 me detuve con el centro para organizar la emboscada de contención de posibles fuerzas que descendieran por la quebrada, pues vanguardia y retaguardia defenderán ambos accesos del arroyito en su desembocadura. A las 14 envié a Tuma [también llamado Tumaini] a ver qué pasaba con los 3 hombres; a las 17 regresó sin saber nada. Nos movilizamos hasta el campamento anterior y volví a reiterar la orden. A las 18.15 llegó Rolando; como no había recibido los hombres trajo las 3 mochilas entre todos. Braulio hizo una explicación que arroja muy serias dudas sobre la capacidad combativa actual de Marcos. Pensaba salir por la madrugada río abajo, pero se vieron soldados bañándose a unos 300 metros de nuestra posición. Resolvimos entonces cruzar el río sin dejar huellas y caminar por la otra senda hasta el arroyo nuestro.

Junio 9

Caminamos dos horas hasta llegar al farallón. Allí el Ñato, con todo empeño, estaba haciendo su balsa, pero ésta demoró mucho y no ha quedado bien; no se probó todavía. Mandé a Miguel a tratar de buscar otra salida pero fracasó. Pescamos un dorado grande. Benigno.

Junio 10

La balsa, como era de esperar, no podía más que con 3 mochilas y eso... Se tiraron los nadadores y no pudieron hacer nada ante el

frío; resolví mandar buscar una chalana a casa del prisionero y salieron Coco, Pacho [Alberto Fernández Montes de Oca], Aniceto y el Ñato con él. Al rato se oyeron morterazos y volvió el Ñato con la noticia de que se había chocado con el Ejército que estaba en la otra banda. Según todos los indicios los nuestros caminaban sin precauciones y fueron vistos; los guardias comenzaron la tiradera habitual y Pombo [Harry Villegas Tamayo] y Coco se pusieron a tirar sin ton ni son, alertándolos. Resolvimos quedarnos en el mismo sitio y mañana comenzar un camino de salida. La situación es un poco incómoda si se deciden a atacarnos a fondo, pues en el mejor de los casos tendríamos que romper monte farallonoso, sin agua.

Julio 4

Caminamos a paso lento las dos leguas que median hasta la Junta, llegando a las 15.30. Allí vive un campesino llamado Manuel Carrillo, que nos recibió con un terror pánico. Comimos opíparamente, como es costumbre en los últimos días, y dormimos en una tapera abandonada. El asma me castigó con fuerza y por primera vez me impidió dormir. Hace dos días pasaron 7 soldados provenientes del Filo y rumbo a Bermejo.

Julio 5

Toda la zona, las familias, con sus enseres, se movilizó para escapar a las represalias del Ejército. Caminamos entreverados con bueyes, chanchos, gallinas y personas hasta Lagunillas, apartando el río de La Piojera y tomando su afluente, el Lagunillas, durante

un kilómetro. Nos sirvió de guía un campesino infelizote, de nombre Ramón, cuya familia tiene el miedo proverbial en esta zona. Dormimos a la vera del camino; en el trayecto nos cruzamos con un tío de Sandoval Morón, que vive en San Luis y parece mucho más despierto.

Al pueblo boliviano

Frente a la mentira reaccionaria, la verdad revolucionaria

COMUNICADO No. 1 [D. XVII]

El grupo de gorilas usurpadores, tras asesinar a obreros y preparar el terreno para la entrega total de nuestras riquezas al imperialismo norteamericano, se burló del pueblo en una farsa comicial. Cuando llega la hora de la verdad y el pueblo se alza en armas, respondiendo a la usurpación armada con la lucha armada, pretende seguir su torneo de mentiras.

En la madrugada del 23-3, fuerzas de la IV División, con acantonamiento en Camiri, en número aproximado de 35 hombres al mando del mayor Hernán Plata Ríos se internaron en territorio guerrillero por el cauce del río Ñacahuasú. El grupo íntegro cayó en una emboscada tendida por nuestras fuerzas. Como resultado de la acción, quedaron en nuestro poder 25 armas de todo tipo, incluyendo 3 morteros de 60 mm. con su dotación de obuses, abundante parque y equipo. Las bajas enemigas fueron: 7 muertos, entre ellos un teniente, y 14 prisioneros, 5 de los cuales resultaron heridos en el choque, siendo atendidos por nuestro servicio sanitario con la mayor eficacia que permiten nuestros medios.

Todos los prisioneros fueron puestos en libertad previa explicación de los ideales de nuestro movimiento.

La lista de bajas enemigas, es la siguiente:

Muertos: Pedro Romero, Rubén Amenazaga, Juan Alvarado, Cecilio Márquez, Amador Almasán, Santiago Gallardo y el delator y guía del Ejército, apellidado Vargas.

Prisioneros: Mayor Hernán Plata Ríos, Cap. Eugenio Silva, soldados Edgar Torrico Panoso, Lido Machicado Toledo, Gabriel Durán Escobar, Armando Martínez Sánchez, Felipe Bravo Siles, Juan Ramón Martínez, Leoncio Espinosa Posada, Miguel Rivero, Eleuterio Sánchez, Adalberto Martínez, Eduardo Rivera y Guido Terceros. Los cinco últimamente nombrados resultaron heridos.

Al hacer pública la primera acción de guerra establecemos lo que será norma de nuestro Ejército: la verdad revolucionaria. Nuestros hechos demostraron la justeza de nuestras palabras. Lamentamos la sangre inocente derramada por los soldados caídos, pero con morte-

ros y ametralladoras no se hacen pacíficos viaductos, como afirman los fantoches de uniformes galonados, pretendiendo crearnos la leyenda de vulgares asesinos. Tampoco hubo ni habrá un solo campesino que pueda quejarse de nuestro trato y de la forma de obtener abastecimiento salvo los que, traicionando su clase, se presten a servir de guías o delatores.

Están abiertas las hostilidades. En comunicados futuros fijaremos nítidamente nuestra posición revolucionaria, hoy hacemos un llamado a obreros, campesinos, intelectuales; a todos los que sientan que ha llegado la hora de responder a la violencia con la violencia y de rescatar un país vendido en tajadas a los monopolios yanquis y elevar el nivel de vida de nuestro pueblo, cada día más hambreado.

<div align="right">EJÉRCITO DE LIBERACIÓN NACIONAL DE BOLIVIA</div>

COMUNICADO No. 2 [D. XXI]

El día 10-4-67 en horas de la mañana cayó en una emboscada la patrulla enemiga conducida por el teniente Luis Saavedra Arombal e integrada en su mayoría por soldados del CITE. En el encuentro murió el citado oficial y los soldados Ángel Flores y Zenón Prada Mendieta y resultó herido el guía Ignacio Husarima del regimiento Boquerón, hecho prisionero junto con otros 5 soldados y un suboficial. 4 soldados lograron escapar, llevando la noticia a la base de la compañía del mayor Sánchez Castro, el que, reforzado con 60 hombres de una unidad vecina, avanzó en auxilio de sus compañeros, siendo sorprendido por otra emboscada que costó la vida al Tte. Hugo Ayala, al suboficial Raúl Camejo y a los soldados José Vijabriel, Marcelo Maldonado, Jaime Sanabria y dos más no identificados por nosotros.

En esta acción fueron heridos los soldados Armando Quiroga, Alberto Carvajal, Frey Alove, Justo Cervantes y Bernabé Mandejara, aprisionados junto con el comandante de la Compañía, Mayor Rubén Sánchez Castro y 16 soldados más.

Siguiendo una norma del E.L.N., curamos los heridos con nuestros escasos medios y pusimos en libertad a todos los prisioneros, previa explicación de los objetivos de nuestra lucha revolucionaria.

Las pérdidas del ejército enemigo se resumen así: 10 muertos, entre ellos dos tenientes, y 30 prisioneros, incluyendo el mayor Sán-

chez Castro, de los cuales 6 resultaron heridos. El botín de guerra es proporcional a las bajas enemigas e incluye un mortero de 60 mm., fusiles ametralladoras, fusiles y carabinas M-1, y subametralladoras. Todas las armas con su munición.

En nuestro campo debemos lamentar una baja, disparidad de pérdidas comprensible si se tiene en cuenta que en todos los combates hemos elegido el momento y lugar de desencadenarlo y que los jerarcas del Ejército boliviano están enviando soldados bisoños, casi niños, al matadero, mientras ellos inventan partes en La Paz y luego se dan golpes de pecho en funerales demagógicos, ocultando el que son los verdaderos culpables de que la sangre corra en Bolivia. Ahora se quitan la máscara y comienzan a llamar "asesores" norteamericanos; así se inició la guerra de Vietnam que desangra a ese pueblo heroico y pone en peligro la paz del mundo. No sabemos cuántos "asesores" enviarán contra nosotros (sabremos hacerles frente), pero alertamos al pueblo sobre los peligros de esa acción iniciada por los militares entreguistas.

Hacemos un llamado a los jóvenes reclutas para que sigan las siguientes instrucciones: al iniciarse el combate tiren el arma a un lado y llévense las manos a la cabeza permaneciendo quietos en el punto donde el fuego los sorprendiera; nunca avancen al frente de la columna en marchas de aproximación a zonas de combate; obliguen a los oficiales que los incitan a combatir a que ocupen esta posición de extremo peligro. Contra la vanguardia tiraremos siempre y a matar. Por mucho que nos duela ver correr la sangre de inocentes reclutas, es una imperiosa necesidad de la guerra.

EJÉRCITO DE LIBERACIÓN NACIONAL DE BOLIVIA

COMUNICADO No. 3 [D. XXII]

El día 8 de mayo, en la zona guerrillera de Ñacahuasú, fueron emboscadas tropas de una compañía mixta al mando del subteniente Henry Laredo. En la acción resultaron muertos el citado oficial y los alumnos de la escuela de clases, Román Arroyo Flores y Luis Peláez, y prisioneros los siguientes soldados:

José Camacho Rojas, Reg. Bolívar; Néstor Cuentas, Reg. Bolívar; Waldo Veizaga, Esc. de clases; Hugo Soto Lora, Esc. de clases; Max Torres León, Esc. de clases; Roger Rojas Toledo, Reg. Braun; Javier

Mayán Corella, Reg. Braun, y Néstor Sánchez Cuéllar, Reg. Braun. Los dos últimos heridos al no responder al alto cuando se los interceptó en una operación previa. Como siempre, se los dejó en libertad tras explicarles los alcances y fines de nuestra lucha. Se capturaron 7 carabinas M-1 y 4 fusiles máuser. Nuestras fuerzas salieron indemnes.

Son frecuentes los comunicados del ejército represivo en que anuncian muertes guerrilleras; mezclando cierta verdad sobre sus bajas reconocidas con fantasía sobre las nuestras y, desesperado en su impotencia, recurriendo a mentiras o ensañándose con periodistas que, por sus características ideológicas, son adversarios naturales del régimen, imputándoles todos los males que sufre.

Dejamos expresa constancia de que el E.L.N. de Bolivia es el único responsable de la lucha armada en que encabeza a su pueblo y que no podrá acabar sino con la victoria definitiva, oportunidad en que sabremos cobrar todos los crímenes que se cometan en el curso de la guerra, independientemente de las medidas de represalia que el mando de nuestro Ejército juzgue oportuno tomar ante cualquier vandalismo de las fuerzas represivas.

E. L. N. DE BOLIVIA

COMUNICADO No. 4 [D. XXIV]

En recientes partes, el Ejército ha reconocido algunas de sus bajas, sufridas en choques de avanzada, adjudicándonos, como es su costumbre, una buena cantidad de muertos que nunca exhibe. Aunque nos faltan informes de algunas patrullas, podemos asegurar que nuestras bajas son muy reducidas y que no sufrimos ninguna en las recientes acciones reconocidas por el Ejército.

Inti Peredo, efectivamente, es miembro de la Jefatura de nuestro Ejército, donde ocupa el cargo de Comisario Político y bajo su mando estuvieron recientes acciones. Goza de buena salud y no ha sido tocado por las balas enemigas; el infundio de su muerte es el ejemplo palpable de las mentiras absurdas que riega el Ejército, en su impotencia para luchar contra nuestras fuerzas.

En cuanto a los anuncios sobre la presencia de supuestos combatientes de otros países americanos, por razones de secreto militar y de nuestro lema, el de la verdad revolucionaria, no daremos cifras,

aclarando solamente que cualquier ciudadano que acepte nuestro programa mínimo conducente a la liberación de Bolivia es aceptado en las filas revolucionarias con iguales derechos y deberes que los combatientes bolivianos, los que constituyen, naturalmente, la inmensa mayoría de nuestro movimiento. Todo hombre que luche con las armas en la mano por la libertad de nuestra Patria merece y recibe el honroso título de boliviano, independientemente del lugar donde haya nacido. Así interpretamos el auténtico internacionalismo revolucionario.

E. L. N. DE BOLIVIA

A los mineros de Bolivia

COMUNICADO No. 5 [D. XXV]

Compañeros:

Una vez más corre la sangre proletaria en nuestras minas. En una explotación varias veces secular, se ha alternado la succión de la sangre esclava del minero con su derramamiento, cuando tanta injusticia produce el estallido de protesta; esa repetición cíclica no ha variado en el curso de centenares de años.

En los últimos tiempos, se rompió transitoriamente el ritmo y los obreros insurrectos fueron el factor fundamental del triunfo del 9 de abril. Ese acontecimiento trajo la esperanza de que se abría un nuevo horizonte y de que por fin los obreros serían dueños de su propio destino, pero la mecánica del mundo imperialista enseñó, a los que quisieron ver, que en materia de revolución social no hay soluciones a medias; o se toma todo el poder o se pierden los avances logrados con tanto sacrificio y tanta sangre.

A las milicias armadas del proletariado minero, único factor de fuerza en la primera hora, se fueron agregando milicias de otros sectores de la clase obrera, de desclasados y de campesinos, cuyos integrantes no supieron ver la comunidad esencial de intereses y entraron en conflicto, manejados por la demagogia antipopular, y, por fin, reapareció el ejército profesional, con piel de cordero y garras de lobo. Y ese ejército, pequeño y preterido al principio, se transformó en el brazo armado contra el proletariado y en el cómplice más seguro del imperialismo; por eso, le dieron el visto bueno al golpe de Estado castrense.

Ahora estamos recuperándonos de una derrota provocada por la repetición de errores tácticos de la clase obrera y preparando al país pacientemente para una revolución profunda que transforme de raíz el sistema.

No se debe insistir en tácticas falsas; heroicas, sí, pero estériles, que sumen en un baño de sangre al proletariado y ralean sus filas privándonos de sus más combativos elementos.

En largos meses de lucha, las guerrillas han convulsionado al país, le han producido gran cantidad de bajas al ejército y lo han desmoralizado, sin sufrir, casi, pérdidas; en una confrontación de pocas

255

horas, ese mismo ejército queda dueño del campo y se pavonea sobre los cadáveres proletarios. De victoria a derrota va la diferencia entre la táctica justa y la errónea.

Compañero minero: no prestes nuevamente oídos a los falsos apóstoles de la lucha de masas, que interpretan ésta como un avance compacto y frontal del pueblo contra las armas opresoras. ¡Aprendamos de la realidad! Contra las ametralladoras no valen los pechos heroicos; contra las modernas armas de demolición no valen las barricadas, por bien construidas que estén. La lucha de masas de los países subdesarrollados, con gran base campesina y extensos territorios, debe desarrollarla una pequeña vanguardia móvil: la guerrilla asentada en el seno del pueblo, que irá adquiriendo fuerza a costillas del ejército enemigo y catalizará el fervor revolucionario de las masas hasta crear la situación revolucionaria en la que el poder estatal se derrumbará de un solo golpe, bien asestado y en el momento oportuno.

Entiéndase bien: no llamamos a la inactividad total, sino recomendamos no comprometer fuerzas en acciones que no garanticen el éxito, pero la presión de las masas trabajadoras debe ejercerse continuamente contra el gobierno, pues ésta es una lucha de clases, sin frentes limitados. Dondequiera que esté, un proletario tiene la obligación de luchar en la medida de sus fuerzas contra el enemigo común.

Compañero minero: las guerrillas del E.L.N. te esperan con los brazos abiertos y te invitan a unirte a los trabajadores del subsuelo que están luchando a nuestro lado. Aquí reconstruiremos la alianza obrero-campesina que fue rota por la demagogia antipopular; aquí convertiremos la derrota en triunfo y el llanto de las viudas proletarias en un himno de victoria. Te esperamos.

E. L. N.

Instrucciones para los cuadros destinados al trabajo urbano

[D. III]

La formación de una red de apoyo del carácter de la que queremos formar debe guiarse por una serie de normas cuya generalización haremos.

La acción será fundamentalmente clandestina, pero alternará con ciertos tipos de trabajo en que será necesario el contacto con individuos o entidades que obligará a salir a la superficie a ciertos cuadros. Esto obliga a ser muy estricto en la compartimentación, aislando cada uno de los frentes en que se trabaje.

Los cuadros deben regirse estrictamente a la línea general de conducta ordenada por la jefatura del ejército a través de los centros dirigentes pero tendrán entera libertad en la forma práctica de llevar a cabo esa línea.

Para poder cumplir las difíciles tareas asignadas y sobrevivir, el cuadro clandestino debe tener muy desarrolladas las cualidades siguientes: disciplina, hermetismo, disimulo, autocontrol y sangre fría y practicar métodos de trabajo que los pongan a cubierto de contingencias inesperadas.

Todos los compañeros que hagan trabajos semipúblicos tendrán un escalón superior clandestino que les impartirá las instrucciones y controlarán su trabajo.

En lo posible, tanto el jefe de la red como los distintos encargados tendrán una sola función y los contactos horizontales se harán a través del jefe. Los cargos mínimos para una red ya organizada son los siguientes:

El jefe
I Un encargado de abastecimientos.
II Un encargado de transporte.
III Un encargado de información.
IV Un encargado de finanzas.
V Un encargado de acción urbana.
VI Un encargado de atender a los simpatizantes.

Al desarrollarse, precisará un encargado de comunicaciones, dependiente, en general, del jefe.

El jefe recibirá las instrucciones de la Dirección del Ejército y las pondrá en práctica a través de los diferentes encargados. Debe ser conocido sólo de este pequeño núcleo dirigente para evitar poner en peligro a toda la red con su eventual captura. Si los encargados se conocieran entre sí, de todas maneras su trabajo será desconocido del uno para el otro y cualquier cambio no será comunicado.

Se tomarán medidas para que la detención de un miembro importante de la red provoque el cambio de domicilio o de métodos de contacto del jefe y de todos aquellos que lo conocieran.

El encargado de abastecimientos tendrá por tarea el abastecer al Ejército, pero su tarea es organizativa: a partir del centro irá creando redes menores de apoyo que lleguen a los confines del E.L.N., ya sea una organización puramente campesina, ya con ayuda de comerciantes u otros individuos u organizaciones que presten su concurso.

El encargado de transporte se ocupará de trasladar los abastecimientos desde los centros de acopio hasta los puntos en que lo tomen las redes menores o directamente hasta el territorio liberado, según sea el caso.

Estos compañeros deben trabajar bajo mantos sólidos; por ejemplo, organizando pequeñas empresas comerciales que los pongan a cubierto de sospechas de las autoridades represivas cuando se haga público la magnitud y los fines del movimiento.

El encargado de la información centralizará toda la información militar y política recibida mediante los contactos adecuados (en acción semipública de contacto con simpatizantes del Ejército o el gobierno, lo que hace particularmente peligroso el cargo). Todo el material recogido será remitido al encargado de información de nuestro Ejército. Este encargado estará sujeto a una doble jefatura: la del jefe de la red y la de nuestro Servicio de Inteligencia.

El encargado de finanzas debe controlar los gastos de la Organización. Este compañero debe tener una clara visión de lo importante que es su función, pues el cuadro clandestino, a pesar de estar sujeto a muchos peligros y expuesto a una muerte oscura, por el hecho de vivir en la ciudad no pasa por las penalidades físicas del guerrillero y se puede acostumbrar a manejar con despreocupación las cantidades de abastecimiento y de dinero que pase por sus manos corriendo el riesgo de que su estatura revolucionaria decrezca en contacto permanente con fuentes de tentación. El encargado de finanzas debe analizar hasta el último peso gastado, evitando que se entregue un solo centavo sin causa justificada. Además, será el

encargado de administrar el dinero producto de colectas o impuestos y organizar su cobro.

El encargado de finanzas está bajo las órdenes de jefe de la red pero será también su inspector en lo referente a los gastos. De todo esto se desprende que el encargado de finanzas debe ser ideológicamente muy firme.

La tarea de los encargados de acción urbana se extiende a todo lo que sea acción armada en la ciudad: supresión de algún delator, de algún connotado torturador o un jerarca del régimen, secuestro de alguna persona con el fin de obtener rescate; el sabotaje a algunos centros de actividad económica del país, etc. Todas las acciones serán ordenadas por el jefe de la red; este compañero no podrá actuar por iniciativa propia, salvo casos de extraordinaria urgencia.

El encargado de los simpatizantes tendrá las funciones más públicas dentro de la red y estará en contacto con elementos poco firmes, esos que lavan su conciencia entregando sumas de dinero o haciendo aportes que no lo comprometan. Son gente con las que se puede trabajar, pero sin olvidar nunca que su apoyo estará condicionado por el peligro que pueda correr y proceder en consecuencia, tratando de convertirlos lentamente en militantes activos e incitándolos a que hagan aportes sustanciales al movimiento, no sólo de dinero, sino también de medicamentos, escondites, informaciones, etcétera.

En este tipo de red hay gente que debe trabajar muy unida; por ejemplo, el encargado de transporte está orgánicamente unido al de abastecimientos, que será su jefe inmediato; el encargado de los simpatizantes dependerá de finanzas; acción e información actuarán en directo contacto con el jefe de la red.

Las redes estarán sujetas a la inspección de cuadros enviados directamente por el ejército, los que no tienen función ejecutiva, sino que verificarán que se cumplan las instrucciones y normas dictadas por el mismo. Las redes deberán "caminar" al encuentro del ejército en la forma siguiente:

La jefatura superior da órdenes al jefe de la red; éste se encarga de organizarla en las ciudades importantes; de éstas parten ramales hacia los pueblos y de allí a aldeas o casas de campesinos que entrarán en contacto con nuestro ejército y donde se producirá la entrega física de abastecimientos, dinero o infomación.

A medida que la zona de influencia de nuestro Ejército avance, avanzarán hacia la ciudad los puntos de contacto y crecerá proporcionalmente el área de control directo de éste; en un largo proceso que tendrá altibajos y cuyo desarrollo, como el de toda esta guerra, se mide en años.

La Jefatura de la red residirá en la capital; de allí se organizarán en las ciudades que por el momento son más importantes para nosotros: Cochabamba, Santa Cruz, Sucre, Camiri, es decir, el rectángulo que engloba nuestra zona de operaciones. Los responsables de estas cuatro ciudades deben ser cuadros probados, en la medida de lo posible; ellos se encargarán de una organización similar, pero más simplificada. Abastecimientos y transportes bajo una dirección; finanzas y los simpatizantes bajo otra, una tercera acción urbana y se puede suprimir información, encargándose el jefe local de ella. La acción urbana irá ligándose más al Ejército a medida que se acerca a su territorio la ciudad de que se trate; hasta tranformarse en guerrillas suburbanas, dependientes de la jefatura militar.

A partir de estas ciudades se irá extendiendo la red en la forma ya descrita.

No se debe descuidar tampoco el desarrollo de la red en ciudades hoy alejadas de nuestro campo de acción, donde se debe requerir el apoyo de la población y prepararse con tiempo para futuras acciones. Oruro y Potosí pertenecen a este tipo y son las más importantes.

Particular atención hay que prestarle a los puntos fronterizos Villazón y Tarija para contactos y abastecimientos desde la Argentina; Santa Cruz para el Brasil; Huaqui o algún otro lugar de la frontera peruana; algún punto de la frontera chilena.

Para la organización de la red de abastecimientos sería conveniente contar con militantes firmes que ejercieran desde antes un oficio similar a la actividad que se les pide ahora.

Por ejemplo: un dueño de almacén que organizara los abastecimientos o participara en esta sección de la red; un dueño de alguna empresa de transporte que organizara esta rama, etcétera.

En caso de no lograrse esto, debe tratarse de ir formando el aparato con paciencia, sin violentar los acontecimientos, evitando así que por instalar un puesto de avanzada sin la suficiente garantía, se pierda éste y comprometa otros más.

Se deben organizar las fábricas o negocios siguientes:

Almacenes de víveres (La Paz, Cochabamba, Santa Cruz, Camiri).

Empresas de transporte (La Paz-Santa Cruz; Santa Cruz-Camiri; La Paz-Sucre; Sucre-Camiri).

Zapaterías (La Paz, Santa Cruz, Camiri, Cochabamba).

Confecciones (ídem).

Taller mecánico (La Paz, Santa Cruz).

Tierras (Chapare-Caranavi).

Las dos primeras permitirían el acopio y traslado de abasteci-

mientos sin llamar la atención y englobados en ellos implementos de guerra. Las zapaterías y confecciones podrían realizar la doble tarea de comprar sin llamar la atención y fabricar para nosotros. El taller haría lo mismo en su ramo con los implementos bélicos y las tierras nos servirían de base de apoyo en eventuales traslados y para que sus colonos comenzaran la propaganda entre los campesinos.

Es conveniente recalcar una vez más la firmeza ideológica que deben tener estos cuadros, recibiendo del movimiento revolucionario sólo lo estrictamente indispensable a sus necesidades y entregando todo su tiempo y también su libertad o su vida si llega el caso. Sólo así lograremos la formación efectiva de la red necesaria para consumar nuestros ambiciosos planes: la liberación total de Bolivia.

[D. VI]

Iván:

No se pudo revelar nada de lo que mandaste. Arturo te manda algunas instrucciones para si te sirven. Pedí a Manila nuevas fórmulas para uso interno. También aviso de la desconexión que ustedes sufren.

Sobre tu mercancía, te daré la instrucción antes de la partida.

No te preocupes demasiado por los negocios; la catástrofe sería que el monto resultara fallido, lo ideal que no sólo sea bueno sino que dé ganancia. Eso no impide que se sacrifique dinero a seguridad.

René envió nota con C.

Sobre tu viaje, espera confirmación mía.

En cuanto a tu atención a la gente, debes estudiar el documento adjunto y orientarlos de acuerdo a ello.

El que quede de responsable (por ahora es R) tendrá algunas reuniones contigo pero debes tener cuidado y reservarte para el futuro donde tendrás responsabilidades de mayor alcance.

Mensajes recibidos por el Che

NÚMERO 32

Hemos recibido cable Dantón comunicándonos que llegó a ésa e hizo contactos con Uds. Ramiro Reinaga sale día 11, lleva maleta con glucantine. Entrará por Santa Cruz donde permanecerá 2 días y continuará La Paz fin hacer contacto con Dr. Coco. De acuerdo incorporarse. Reinaga es conocido por bolivianos en ésa. ARIEL

marzo 10

NÚMERO 34

Ramón:

Desde veinte de marzo cables agencias internacionales procedentes La Paz informan encuentro en Monteagudo de guerrillas con Ejército, con saldo 1 muerto ejército y 1 cubano y dos bolivianos guerrilleros prisioneros junto con armamento moderno y equipo radio ocupados. Está anunciada gran movilización de efectivos hacia esa zona; últimos cables involucran a dirigentes campesinos Rojas y a Lechín a guerrillas. Asimismo cables especulan sobre posible dirección Che en... guerrilla. Hasta hoy ésta es toda información poseemos. ARIEL

marzo 23

NÚMERO 35

Ramón:

Sucesos ésa han tenido gran repercusión internacional. Agencias noticiosas desarrollan campaña sobre combates a favor guerrilla, captura prisioneros al Ejército y declaración de éstos al ser liberados en sentido favorable a tratamiento recibido por guerrilleros.

Calculo 400 a 500 hombres fuerza guerrillera; experiencia y conocimiento del terreno por parte de guerrillas, participación de argentinos, peruanos, cubanos, bolivianos, chinos y europeos en la misma; tratan desvirtuar posible dirección del Che; señalan a Coco Peredo como figura principal ya que compró finca; informan detención cómplices guerrilla y apoyo reciben de mujeres en ciudad, entre ellas Tania, de quien dan sus generales con el nombre, su documento y seudónimo, Tania se encuentra huyendo, al parecer, se trata delación de algún detenido. De Iván no se habla. Salió declaración de Partido Comunista firmado por Monje y Kolle, solidarizándose con guerrillas. Lechín en ésta; se le explicó dimensiones estratégica guerrilla y tu dirección de la misma. Le... entusiasmó esto. Apoyará con gente para la loma y hará declaraciones apoyando. Entrará clandestino dentro de 20 días, un mes al país. Te enviaremos próximamente formas contactos... Es conveniente entrevista personal cuando hayan posibilidades. Enviará gente a entrenarse ésta. Necesitamos autorices poner tu firma en llamamiento para organizar Comité Internacional apoyo a Vietnam;... promovido iniciativa Bertrand Rusell. El documento es bueno y radical. Pensábamos enviártelo pero por circunstancias actuales es imposible pues necesitan publicarlo en breve. Estará suscrito por numerosas personalidades. Esta organización podrá servir mucho en el futuro de apoyo a movimientos latinoamericanos. Pensamos promover amplio apoyo público internacional movimiento guerrillero boliviano.

Felicida...

13/5/67

NÚMERO 36

Ramón:

Iván llega ésta enfermo. Salió de ésa seis días antes de vencer su permiso estancia. Dejó condiciones para regresar y no se quemó legalmente. Veremos posibilidad su retorno tan pronto cure. Dejó bien a Rodolfo y Pareja, aunque desorientados, Rhea apendejado. Lozano envió mensaje; comunicaciones con éste, funcionan bien. Lozano en contacto con Rodolfo. Últimas noticias del Chino fue cable que recibió Sánchez desde Camiri anunciando su llegada a La Paz pero no apareció más. Sobre Debray haremos campaña fin lo liberen. No tenemos información sobre su detención ni situación de

Tania y el Pelado. Kolle pidió a Rodolfo incorporarse a guerrilla y ayudar en todo lo posible. Posición Monje pendeja; al parec' iban a rebajarlo de jerarquía. Guerrilla goza de prestigio internacional y respaldo movimientos revolucionarios. Saludos a todos. BÍCULO.

NÚMERO 37

Ramón:

1) Peruano Capac, responsable E.L.N. trabajo preparatorio núcleo guerrillero en Puno, llegó ésta fin realizar acuerdo, pues estaban sin contacto con El Chino y sin información. Le explicamos importancia guerrillas de Bolivia sin detallar composición dirección, expresándole su contenido estratégico. Explicamos Chino contacto guerrillas fin establecer acuerdos y Sánchez ayuda en tareas de apoyo. Se le dieron 25 mil dólares para envío 20 hombres ésta y continuar trabajo foco. En La Paz Sánchez tiene 48 mil que quedan de lo llevado por el Chino, según informa Capac a quien planteamos no tocar ese dinero; que había que esperar acuerdos Chino guerrillas y dejar a Sánchez situación actual.

Preparación foco muy lenta: sólo tienen 5 hombres en finca explorando; armamento consiste en 12 escopetas y cargamento piensan obtener a través frontera Bolivia. Consiste una Z-B-30, 4 carabinas y 2 subametralladoras. Mayoría miembros E.L.N. en Lima tarea propaganda y organización. Les señalamos importancia concentrar esfuerzo organización foco.

2) Editor Masperó viajó ésa fin informarse situación Debray influir su defensa. Tratará contacto Kolle. Informaremos esta vía tan pronto regrese. Campaña solidaridad Debray dimensión internacional con apoyo figuras prestigio campo ciencia y letras.

3) Tellería en Chile escribe a Otero informando prestigio guerrilla entre mineros-fabriles-estudiantes.

Manifestaciones 1ro. de Mayo, vitorearon guerrillas.

Régimen es repudiado cada vez más.

4) Lechín en Chile sin problemas; es tratado bien autoridades.

5) Recibimos información no confirmada Paz planea golpe con ex coronel Seoane vinculado apertura frente guerrillero en Guayaramerín dirigido por Rubén Julio y apoyado sectores militares OSNR. Saludos ARIEL.

Junio 13

Ramón:

Con fecha 4 de julio recibimos mensaje enviado por Rodolfo.
Lo trajo Fernández Villa del Secretariado de la JCB. Plantea
que espera retorno de Iván. Reiteran pedido urgente de radio ope-
rador con dominio de clave. Posible cooperen guerrillas solicitan
instrucción militar en la isla. Organización trabaja zonas... en San-
ta Cruz y zona sur de Apollo (Apolo?-apoyo?).

Pide orientación si vale la pena abrir otro frente con 30-40 hom-
bres. Plantea que el Dr. Rhea fuera de circulación por fractura en
el campamento. Embajada yankee muy activa está trabajando tra-
tando de reclutar gente del PCB... envió a Gonzalo viajará Esta-
dos Unidos...

El Partido informa frontera chilena está muy controlada. Existe
completo entendimiento con Partido mediante Jorge. También con-
versaciones positivas con sector González del POR. Nos envió dos
buzones para que le escribamos; son Dr. Hugo Gallard F., Colón
555, y Dr. José Guzmán, Casilla 2203. La Paz. Fin del mensaje de
Rodolfo. Mensaje que se le envió a Rodolfo como respuesta dice:
Recibimos tu mensaje. Enviamos nuevo plan de radio para Mariano.
Suspender visita de lugares de contacto con Iván en ésa por haberse
quemado durante su estancia. Por tal motivo no regresará. Nuevo
Cro. Ocupará su lugar oportunamente. Necesario que envíes for-
ma segura de contacto. Profundicen estudios de las zonas que
señalas. No conviene abrir nuevo frente. Urgente agotar todo
esfuerzo fin de contactar con Ramón quien decidirá sobre
esto. Organizar con hombres que traigan pequeñas células de ac-
ción y sabotaje irlos (desarrollando?) (gradualmente?) en accio-
nes. Además organizar aparato según orientaciones dadas por
Ramón. En setiembre llegará técnico pedido de radio con domi-
nio de clave. Se trata de becado boliviano Eustaquio Mena de la
JCB, pero reclutado por E.L.N. Envíen mensajero de confianza
con información pedida y lista de (elementos) MNR que quieren
entrenarse y datos sobre los mismos. Fin del mensaje que se le
envió a Rodolfo. Con relación al sustituto de Iván se trata cubano
combatiente de la Sierra sobre el cual estamos trabajando. Posee
una documentación de primera y pensamos esté en ésa, en el mes
de noviembre. Referente a Iván consideramos no enviarlo a ésa por
señales dadas durante su estancia... Estamos preparándole nue-
va documentación fuerte para enviarlo a Chile. Esperamos esté ésa,
en el mes de diciembre. Estamos preparando un grupo de 23 hom-
bres. Todos son estudiantes becados en ésta. El 90 por ciento son

de las filas de JCB, el resto de los Espartacos e independientes. Todos están conscientes de la lucha desarrollada, deseosos de ingresar en el E.L.N. En un buen grupo. También estamos trabajando sobre los becados que hay en la URSS y Checoslovaquia para integrarlos a la lucha bajo la orientación del E.L.N. Saludos de Patria o Muerte. Hasta la Victoria Siempre. A.

NÚMERO 39

Ramón:

OLAS constituyó victoria ideas revolucionarias. Delegación de Bolivia fue una mierda. Mantuvieron posiciones contrarias intereses guerrilla. La formaron Aldo Flores y Ramiro Otero del PCB, Mario Carrasco del PRIN y Dr. Ricardo Cano del FLIN. Flores trató de aparecer como representante del E.L.N., viéndonos en la necesidad de desmentirlo. Relaciones con ellos fueron total frialdad y pedimos enviaran hombres de Kolle fin discutir. Dr. Cano informó casa dentista Lozano fue allanada y éste se encuentra clandestino. Pensamos posible canje Debray y estamos dando pasos en este sentido. Saludos. ARIEL.

Agosto 26

Novedades *(México, 3 de julio de 1968) publicó la siguiente información:*

Apócrifo, el Diario del Che, que publicó Castro

Los documentos auténticos los dará a conocer pronto el Ejército boliviano

LA PAZ, Bolivia, Jul. 2, AP.—El diario de campaña de Ernesto Che Guevara distribuido gratuitamente en La Habana no es auténtico, declaró aquí el jefe del Estado Mayor boliviano, general Juan José Torres.

Por su parte, las fuerzas armadas de Bolivia auspiciarán la publicación de un libro "que lo contenga todo" acerca de la historia de las guerrillas en el sudeste de Bolivia.

La editorial norteamericana Stein and Day realizará la publicación que será redactada por un escritor llamado Dean Jamenes, quien tendrá acceso a las anotaciones de Ernesto Che Guevara y a otros documentos custodiados por el comando en jefe del ejército.

El libro será publicado dentro de tres meses y se utilizarán los dos cuadernos y otros documentos capturados en Las Higueras, donde pereció el ex ministro de Hacienda de Cuba.

El primero de los cuadernos contiene informaciones desde el 7 de noviembre de 1966 al 31 de diciembre del mismo año y el segundo desde el 1o. de enero de 1967 hasta el 8 de octubre de 1967, un día antes de su muerte.

El Día *(México, 4 de julio de 1968) publicó la siguiente versión, de una entrevista telefónica a larga distancia, celebrada por su redactor José Carreño con el general Alfredo Ovando Candia, en La Paz, Bolivia:*

Es improbable que se hayan sacado fotocopias del Diario: Ovando

por JOSÉ CARREÑO

El jefe de las Fuerzas Armadas de Bolivia, general Alfredo Ovando Candia, dijo ayer a *El Día*, en el curso de una entrevista telefónica, que el diario de campaña del Che Guevara no ha salido de Bolivia, que se imagina que la versión publicada en Cuba no es auténtica; que es muy improbable que se hayan podido sacar fotocopias del documento, pero que está esperando el libro para hacer una confrontación y dar un veredicto definitivo, que puede dar plena seguridad de que no queda ningún grupo guerrillero en el país, que Guevara fue un hombre valiente que luchó por sus ideas y murió en buena lid y que es totalmente falso que él haya mandado ejecutar al jefe guerrillero.

Afable, con agilidad mental, Ovando respondió a las preguntas sin titubeos, aunque ante algunas de ellas hizo pausas que casi siempre atribuyó a interferencias en la línea.

JC.—General, general Ovando.

AO.—Buenas tardes, a sus órdenes.

JC.—Buenas tardes, general. Molestamos su atención porque tenemos ante nosotros un ejemplar del libro *Diario de campaña del comandante Che Guevara* y queremos saber cuál es la opinión de usted, si considera posible que sea una edición sobre el documento auténtico.

AO.—Mire señor, en primer lugar un saludo cordial para ustedes.

JC.—Muchas gracias.

AO.—Nosotros tenemos el diario auténtico. Éste no ha salido de Bolivia. No conozco el texto de lo publicado en otras partes, todavía, para poder vertir una opinión sobre eso, pero me imagino que

no es auténtico, puesto que en este momento tengo el diario mismo aquí a la mano.

JC.—Eso es. No sé si usted conozca el prólogo de Fidel Castro a la edición...

AO (interrumpe).—El prólogo se ha publicado aquí en Bolivia muy fragmentariamente. No conozco todavía todo el prólogo.

JC.—Aquí en México se publicó completo. En él, el primer ministro de Cuba dice que el diario fue fotocopiado del original ¿usted lo cree posible?

AO.—Eso es muy improbable. Pero de todas maneras estoy esperando para hacer una confrontación y dar un veredicto definitivo.

JC.—¿De modo que no puede dar una opinión categórica sobre la posibilidad de que haya sido fotocopiado su original?

AO.—Desgraciadamente no puedo dar una opinión definitiva, puesto que aquí en Bolivia no se ha publicado nada todavía y no tenemos todavía una cosa exacta. Esperamos ya un informe cabal de nuestras representaciones, que nos lo habrán de enviar, sin duda, a fin de poder dar una opinión definitiva. El diario no ha salido de las Fuerzas Armadas.

JC.—General, las agencias de noticias, rumores y versiones de aquí y allá hablan de que subsiste en su país un grupo guerrillero comandado por Inti Peredo, ¿qué me dice usted de esto?

AO (pausa).—Eh... Por favor repítame... hay alguna interferencia.

JC (se repite).—¿Tiene usted una opinión sobre la sobrevivencia de la guerrilla?

AO.—Cómo no, cómo no; en este momento no hay ningún grupo guerrillero en Bolivia. Doy plena seguridad de esto en un ciento por ciento. El señor Peredo, efectivamente, es uno de los prófugos de la guerrilla, pero no existe ningún grupo guerrillero... No sé si me ha comprendido...

JC.—Sí señor, lo he comprendido, he tomado nota. General, las agencias de noticias publicaron muchas opiniones suyas sobre la personalidad del Che Guevara, pero, como usted comprende, siempre fragmentarias. Quiero que me diga cuál es su opinión sobre Guevara como militar y como hombre.

AO.—Lo he creído hombre valiente. Él ha luchado por sus ideas y ha muerto también en buena lid. Eso es todo lo que puedo decirle...

JC.—Una pregunta sobre su futuro político. ¿Es usted candidato a la Presidencia de la República?

AO.—¡¿Cómo?!

JC.—Que si es usted candidato a la Presidencia de la República.

AO (entre risas).—No, no, no... Todavía... eso es muy largo...
hay mucha gente que desea que sea, pero eso no está decidido...

JC.—Bueno, pero de ser usted candidato, y después presidente,
¿tiene usted algún programa, ha pensado en algunos cambios en el
gobierno?

AO (pausa).—Se escucha muy débil. Debe alguna interfe-
rencia...

JC (se repite).

AO.—Bueno, en el caso de llegar, claro que sí. Pero me parecería
muy difícil decirle en este momento..., pero es un poco improba-
ble, porque aún no se ha decidido mi participación...

JC.—General, una pregunta final que espero no le parezca una
falta de delicadeza. Es sobre algo que viene también en el prólogo
de Fidel Castro al diario. Dice Castro que el Che fue muerto por
una orden suya...

AO (interrumpe).—No, eso es totalmente falso. Totalmente fal-
so, se lo repito...

JC.—Queda entonces la opinión de que murió en buena lid, es
decir, peleando...

AO (larga pausa).—Como le dije, eso es totalmente falso. Estoy
documentado para aclarar ante la opinión mundial...

JC.—¿Quisiera usted agregar algo a nuestra entrevista? Con gus-
to lo trasmitiremos a la opinión pública de México...

AO.—Bueno, nada más que mis cordialísimos saludos para
ustedes.

JC.—Muchas gracias.

AO.—Hago votos por la felicidad del pueblo mexicano, al que
usted sabe lo quieren bastante en Bolivia por su identificación con
nosotros.

JC.—Es usted muy amable. Se lo agradecemos mucho. Trasmi-
tiremos muy objetivamente sus palabras a la opinión pública me-
xicana...

AO.—Muchas gracias... Lástima que la distancia nos prive de
conversar más tiempo...

JC.—Pero quizá haya oportunidad de platicar personalmente...

AO.—Sí, tal vez con motivo de la Olimpiada nos veamos allá
en México.

JC.—Lo esperamos...

AO.—Gracias...

JC.—Hasta luego...

Comparecencia del comandante FIDEL CASTRO RUZ, *primer ministro del Gobierno Revolucionario de Cuba y primer secretario del Partido Comunista de Cuba, ante las cámaras de televisión, para responder a los gorilas bolivianos sobre la autenticidad del diario de Ernesto Che Guevara en Bolivia. La Habana, 3 de julio de 1968 "Año del Guerrillero Heroico" (Departamento de Versiones Taquigráficas del Gobierno Revolucionario)*

Debe quedar aclarado quién es capaz de engañar tan cínica y descaradamente a la opinión mundial

Como ustedes saben, la publicación del *Diario del Che en Bolivia* ha despertado en todo el mundo un extraordinario interés.

Desde luego que entre los afectados por esa publicación se encuentra el gobierno de Bolivia. ¿Cuál fue la reacción del señor René Barrientos ante la noticia de la publicación del Diario? Tendré necesidad de utilizar distintas versiones cablegráficas, algunas de las cuales habrán leído ustedes, para explicar este problema.

LAS INFORMACIONES DE LAS AGENCIAS

Aquí tenemos, por ejemplo, del día primero, un cable fechado en La Paz, de la agencia AP. Dice: "El presidente René Barrientos dijo que 'acaso un diario ficticio, falsificado y convenientemente presentado, pueda levantar la moral de un pueblo tan prolongadamente sometido a tantas privaciones'.

"No creo que el Che Guevara siga escribiendo su Diario desde ultratumba. Estoy seguro que todo obedece a un plan de los jerarcas castristas para exaltar la figura del señor Che Guevara... Han debido producir un 'Diario' de pocas páginas, ya que por lo que dicen las agencias, en Cuba sólo se lee de día. No existen ni fósforos para leer de noche". ¡Según dicen las agencias! Él se remite a las agencias.

Simultáneamente: "El general Juan J. Torres, jefe de Estado

271

Mayor de las Fuerzas Armadas de Bolivia y durante un buen tiempo [se dice aquí] a cargo de las negociaciones [el cable aparece mutilado; se supone de las negociaciones para publicar el Diario o vender el Diario] declaró que la edición cubana 'constituye un intento de sensacionalismo de Fidel Castro, pues en ningún momento hemos proporcionado el Diario del Che a nadie'."

Ese cable es el mismo cable de la AP.

Entonces del mismo día aparece un cable de la agencia ANSA, que dice: "La Paz. El Diario de campaña del Che Guevara, cuya publicación y distribución gratuita fue anunciada por el régimen de Fidel Castro, es apócrifo, sostiene el alto mando militar boliviano".

"Torres afirmó que el mencionado Diario fue guardado en lugar seguro y reservado desde aquellos [*Mutilado*] las guerrillas (octubre de 1967) acabó en el fracaso".

Continúa: "Dijo que solamente los altos jefes militares (aproximadamente unos siete) tuvieron acceso a conocer el contenido de los documentos, que en ningún momento se concedió derecho alguno para su publicidad, ni dentro ni fuera del país, pese a numerosas ofertas".

"Recalcó que el documento que circulará en Cuba es apócrifo".

"Afirmó que el Diario del Che que circulará en Cuba será cotejado con el original que se halla en poder del ejército boliviano y que en caso de establecerse la similitud del mismo, se procederá a una investigación inmediata y severa para determinar la forma en que los cubanos obtuvieron las fotocopias".

PRIMERAS CONTRADICCIONES

Ya aquí aparece la primera contradicción: no se autorizó a nadie, es apócrifo el Diario, e inmediatamente después un poco de duda revela este general de Estado Mayor afirmando que de todas maneras será cotejado "y que en caso de establecerse la similitud del mismo, se procederá a una investigación inmediata y severa para determinar la forma en que los cubanos obtuvieron las fotocopias".

Ese tipo de duda que ya revela el jefe de Estado Mayor, a la vez que adoptando un poquitico de cautela, cautela que no se ve para nada en el señor Barrientos, ya establece la posibilidad.

A su vez, la propia agencia AP, en el cable que leí anteriormente dice:

"Pese a las enfáticas declaraciones presidenciales y de otros jefes militares, la publicación de La Habana parecía significar por lo menos una seria amenaza a los propósitos del ejército boliviano de

EL CHE GUEVARA EN BOLIVIA.

cumentos gráficos

DE IZQUIERDA A DERECHA: EL COCO PEREDO,
EL ÑATO, LOYOLA E INTI PEREDO.

EL CHE CON LOS GUERRILLEROS.

ROLLARON LOS

HASTA EL

67

/ I A

P ASCENCION

RIO MASA/50

San Matias

CRUZ

RIO SECO
26-6-67
LA CRUZ
27-7-67

ESPINO
31-5-67
CUADRICUADO
30-8-67
IRIBITI
10-8-67

SAMCAHUAZO
23-3-67
TRES CABEZAS
8-5-67

CAMIRI

BOYUIBE

VALAMONTES

PARAGUAY

LEYENDA

---·---	LIMITES
⊙	CAPITALES DE DEPARTAMENTOS
○	POBLACIONES IMPORTANTES
———	CARRETERAS
– – –	CAMINOS EN BUEN ESTADO
+-+-+-+	FERROCARRIL
∿∿∿	RIOS
★———	LUGARES DONDE SE DESARRO-LLARON LOS PRINCIPALES COMBATES.

/ N A

EL FUSIL DEL CHE, CON EL PRIMER BALAZO.

comunicado N° 1

Frente a la mentira reaccionaria la verdad revolucionaria.

El grupo de gorilas usurpadores, tras asesinar obreros y prepa-
rar el terreno para la entrega total de nuestras riquezas
al imperialismo norteamericano, se burló del pueblo en
una farsa comicial. Cuando llega la hora de la verdad
y el pueblo se alza en armas, respondiendo a la usur-
pación armada con la lucha armada, pretende seguir
su torneo de mentiras.

En la madrugada del 23/3, fuerzas de la 4ª división
en acantonamiento en Lagunillas, en número aproxima-
do de 35 hombres al mando del mayor Hernán Plata
Ríos se internaron en territorio guerrillero por el cauce
del río Ñacahuazú. El grupo íntegro cayó en una em-
boscada tendida por nuestras fuerzas. Como resultado
de la acción, quedaron en nuestro poder 25 armas
de todo tipo, incluyendo 3 morteros de 60 mm con
su dotación de obuses, abundante parque y equipo.

Las bajas enemigas fueron: siete muertos, entre ellos
un teniente, y 14 prisioneros, cinco de los cuales
resultaron heridos en el choque, siendo atendidos por
nuestro servicio sanitario con la mayor eficiencia que
permiten nuestros medios.

Todos los prisioneros fueron puestos en libertad
previa explicación de los ideales de nuestro movimiento.
La lista de bajas enemigas es la siguiente:
Muertos: Pedro Gómez y Rubén Amenazag, Luis
Alvarado, Cecilio Vázquez, Amador Almaráz, Entipa
Gallardo y el delator y jefe del ejército apellidado Var
feja. Prisioneros: mayor Hernán Plata Rejo, cap.
Eugenio Silva, soldados Alfor Toríbio, Pancho, side
Modesto Toledo, Gabriel Deneves, Anebar, Armando
Martínez Sánchez, Felipe Ríos, Giles, Juan Ramón
Martínez, Leoncio Esponda, Poroda, Miguel Rivera,
Macutino Sánchez, Adalberto Martínez, Eduardo Ruez
y amigo Terceros. Los demás accidentalmente nombra
dos resultaron heridos.

Al hacer público la primera acción de guerra
establecemos lo que será normal de nuestro ejér-
cito, la verdad sin escenas, nuestros hechos de-
mostrarán la justeza de nuestras palabras. Lamen-
tamos la sangre inocente derramada por los sol-
dados caídos, pero con morteros y ametralladoras
no se hacen prisiones indirectos como afirman los
fantoches de uniformes galonados, pretendiendo
crearnos la leyenda de vulgares asesinos. Tampoco
hubo ni habrá un solo campesino que pueda

- 57 -

gran parte de nuestra tropa y de la forma de obtener infor-
maciones salvo las que, traicionando su clase, se pres-
tan a servir de guías o delatores.

Están abiertas las hostilidades. Los comunicados falla-
ron pregonan evidentemente nuestra posición revolucionaria,
hoy hacemos un llamado a obreros, campesinos, inte-
lectuales; a todos los que sienten que ha llegado la hora
de responder a la violencia con la violencia y de rescatar
un país vendido en tajadas a los monopolios yanquis y ele-
var el nivel de vida de nuestro pueblo, cada día más hambre-
ado.

 Ejército de Liberación Nacional de Bolivia

N°34

Ramos:

Desde veinte de marzo cables agencias internacionales procedentes la Paz informan encuentro en Monteagudo de guerrilleros con Ejército, con ... muerto ... y 1 cubano, y dos bolivianos guerrilleros prisioneros junto con armamento moderno y equipo todo después esta enmarcada por movilización de efectivos hacia esa zona; últimos cables involucran a dirigentes campesinos tipos y a hechos ... guerrillas. Así mismo cables especulan sobre posible dirección ahí esa ... guerrilla. Hasta hoy esta es toda información poseemos.

Ariel

Mayo 23

negociar por apreciables sumas el Diario del Che, cuyo original, en dos cuadernos, se encuentra en poder del alto mando.

"Muchos observadores no descartaban la posibilidad de que cuando menos una parte sustancial del Diario haya salido del país a través de fotocopias de algún modo obtenidas en el ejército. Se recuerda, a propósito, que durante el juicio contra Régis Debray el Fiscal Militar exhibió varias páginas fotografiadas del Diario como material de prueba de la acusación".

Y el día 3, en respuesta a esa duda introducida por la agencia AP, el señor Barrientos vuelve a declarar, y aquí hay un cable de La Paz, julio 3, agencia ANSA. Dice:

"El presidente Barrientos juzgó imposible que fotocopias en miniatura del Diario del Che Guevara hayan podido filtrarse del Comando de las Fuerzas Armadas".

Barrientos opinó que reminiscencias del [aparece mutilado el cable] de Pombo [posiblemente quiere decir: reminiscencias del Diario de Pombo] que fue ayudante de Guevara en las guerrillas bolivianas, más el conocimiento de algunas páginas del Diario, que fueron publicadas por la prensa nacional e internacional, facilitaron la elaboración del Diario que anuncia La Habana. El Mandatario recalcó que este último es apócrifo".

Se observan una serie de curiosas dudas, dudas en el propio Jefe de Estado Mayor, que en cierto sentido contradicen las declaraciones del señor Barrientos, dudas de una agencia norteamericana que admite la posibilidad, y algunas otras dudas muy interesantes.

Aquí tenemos, por ejemplo, un cable que dice:

DÓNDE ESTAMOS Y DÓNDE ESTÁ CADA CUAL

"Washington, julio 3 (CETEKA).—La sensación literaria y política norteamericana de estos días es la publicación del Diario del revolucionario cubano Ernesto Che Guevara.

"La autenticidad de algunos materiales es por lo menos dudosa e incita conflictos de cuál es el 'verdadero' Guevara.

"El primero en publicar las anotaciones de Guevara sobre la guerra de guerrillas hechas en Bolivia, fue el mensual radical *Ramparts*, de California. En esa edición se señala que la revista *Ramparts* obtuvo el derecho exclusivo para la imprenta del primer ministro del Gobierno de Cuba, Fidel Castro. *Ramparts*, con el Diario de Guevara, ya se está vendiendo en todos los quioscos de periódicos y pronto se acabará". Y así sigue haciendo un comentario sobre esta cuestión. Pero es el hecho de que esta agencia, agencia de noticias checa, país socialista, afirma aquí que "la au-

tenticidad de algunos materiales es por lo menos dudosa e incita conflictos de cuál es el 'verdadero' Guevara". Cosas verdaderamente paradójicas, que lo llevan a uno a preguntarse dónde estamos y dónde está cada cual.

Y verdaderamente paradójico cuando una agencia de Estados Unidos, que no se caracteriza ni mucho menos por ser simpatizante de las revoluciones, admite la posibilidad de que el Diario haya llegado, y una agencia socialista... Y yo realmente quise cerciorarme y pregunté: ¿pero CETEKA? ¿Seguro? ¿No habrá alguna interferencia? ¿Llegó por el teletipo de la CETEKA? "Sí, por el teletipo de la CETEKA". Hasta ahora, por lo general por ese teletipo llegan los informes de esa agencia, salvo interferencias.

Esta agencia pone en duda la autenticidad. De todas formas, en Checoslovaquia hay en estos momentos una gran libertad de prensa, y nosotros —desde luego— no cuestionamos el derecho de la agencia checa a dudar.

Pero, además, esa información llega de Washington, y bien puede ocurrir que un reportero allí fuertemente influido por la atmósfera de Washington, D. C., pues se sienta contagiado de las dudas acerca de la autenticidad del Diario y coincida casi prácticamente con Barrientos, y por supuesto, con el imperialismo.

IRRESPONSABILIDAD DEL GORILA

Ahora bien, viene nuestro análisis de estas dudas y nuestras pruebas.

Lo primero que resalta es el hecho un poco incomprensible, aunque explicable, de que el gobierno de Bolivia sin haber recibido siquiera un ejemplar se haya lanzado a hacer la afirmación de que el Diario es apócrifo, sin haber tenido siquiera el elemental cuidado de esperar que un ejemplar del Diario llegara a sus manos. Eso revela, en primer lugar, una gran temeridad; revela, además, que este señor que se guía por las agencias —no sé cual agencia será, puede ser cualquiera, "...no hay ni fósforos para leer de noche aquí"— piensa, igualmente, tal vez un poco midiendo a los demás por su catadura moral, de que semejante cosa pueda ser hecha. Es, además, un acto de increíble irresponsabilidad.

En segundo término, la más elemental lógica indica lo absurdo de semejante afirmación. Habiendo tenido ellos el original de ese Diario, podrían ellos haber intentado publicar un Diario apócrifo y habría sido muy difícil de demostrarlo. Claro, habríamos llegado a la completa convicción. Nosotros hablamos aquí cuando tuvimos que dar la dolorosa noticia, analizamos algunas páginas que habían salido publicadas y no tuvimos la menor duda de que eran

páginas del Che. De manera que nosotros estábamos en condiciones de conocer inmediatamente incluso cualquier alteración, por pequeña que fuese, en el Diario. Pero ellos tenían el original y habrían podido publicar una edición falsa.

Ahora, nadie que esté en su sano juicio puede concebir que alguien publique una copia falsa de un documento cuyo original está en manos de otro, siendo además ese otro un enemigo. Es algo insostenible la sola idea de que nosotros fuésemos a incurrir en semejante error; además de error, en semejante inmoralidad, que jamás acostumbra esta Revolución.

MIENTEN A SABIENDAS LOS TÍTERES BOLIVIANOS

Nosotros recibimos las copias fotostáticas y las sometimos a cuidadoso estudio; contemplando todas las posibilidades de que pudiese contener alguna modificación, algún fallo, algún error, alguna falsedad, las sometimos a cuidadoso estudio. No obstante que, al igual que a todos los ciudadanos de este país, la simple lectura del documento nos daba a nosotros esa seguridad por lo profundamente que conocíamos al Che, su modo de escribir, su estilo, su pensamiento, su temperamento, todas sus características personales. No obstante, no nos hubimos de atener exclusivamente a eso, sino que agotamos todos los medios para comprobarlo, y llegamos a la más absoluta conclusión de que se trataba del Diario del Che.

Podríamos, en todo caso, habernos equivocado —no inventar un Diario—, habernos equivocado en la apreciación. Mas no lo aceptamos, y asumimos toda la responsabilidad de nuestra conclusión y no tenemos realmente la más remota duda de que es el auténtico Diario. Y esto podrá ser comprobado.

Y cuando arribamos a esa conclusión, tratándose de un documento de esa importancia histórica, entonces decidimos publicarlo.

Los dirigentes de Bolivia, dirigentes por supuesto por encargo del imperialismo yanqui, mienten. Mienten, en primer lugar, cuando afirman que no ha salido de Bolivia ninguna copia del Diario del Che. Pretenden ignorar una serie de hechos. Pretenden ignorar, por ejemplo, el hecho de que un tal doctor González, agente de la CIA que actuó ampliamente en Bolivia, tomó fotografías de todos los documentos del Che, las cuales, por supuesto, inmediatamente las remitió a sus jefes en la CIA, prometiéndole al coronel Centeno Anaya que le enviaría una copia. Y efectivamente, a través de la Embajada de Estados Unidos en La Paz le envió una copia al coronel Centeno Anaya, la cual cayó en manos del general Ovando.

Pretenden ignorar de que en Bolivia el propio Alto Mando de

275

las Fuerzas Armadas ordenó un proceso reservado contra los coroneles Joaquín Centeno Anaya y Luis Antonio Reque Terán, el cual quedó a cargo del general Reyes Villa por haber vendido documentos incautados a los guerrilleros.

Pretenden ignorar que un periodista del *New York Times*, Juan de Onís, tuvo acceso a los documentos del Che, aunque no consta que haya sacado copias íntegras de los mismos.

Pretenden ignorar que otro periodista estrechamente vinculado a la CIA, Andrews Saint George, valiéndose de sus relaciones con ese organismo y utilizando el soborno, obtuvo copias de los documentos del Che. Con estos documentos Andrews Saint George soñó fraguar una verdadera fortuna, y a tales efectos se puso en contacto con distintas casas editoras. Y entre ellas se puso en contacto con una importante casa editora de Estados Unidos, la McGraw-Hill, a los efectos de hacer una amplia edición del Diario utilizando esos documentos.

CORRECTA ACTUACIÓN DE LA MCGRAW-HILL

Pero ocurrió que la McGraw-Hill, velando por su propio prestigio, no quiso asumir la responsabilidad de editar el Diario; hizo algo más: trató de obtener alguna forma de autorización legal para ello y envió emisarios para tratar de obtener de los familiares, que son los herederos legales de la propiedad intelectual del Che, el consentimiento para la publicación del Diario.

Naturalmente que se le contestó que no había interés en ese planteamiento que hacía. Y lógicamente, no podía haber interés porque nosotros ya teníamos el Diario, entre una de las razones; y otra de las razones, de que nosotros no podíamos, de ninguna forma, participar o consentir un tipo de impresión o de edición donde había mediado la gestión de un individuo vinculado a la CIA.

Naturalmente que no le contestamos a la editorial McGraw-Hill que teníamos el Diario, pero sí se le contestó categóricamente que no había interés en esa edición que ellos proponían.

Hay que reconocer que esta casa editora de Estados Unidos actuó con honradez, actuó con decencia. Tuvo la posibilidad de editarlo y, naturalmente, comprendiendo que no tenía derecho a editar como cosa propia un documento de esa naturaleza —en virtud de que quienes habían obtenido ese documento y de quienes lo habían obtenido eran precisamente los que habían asesinado al autor del documento y que no tenía, en puridad de derecho, razón moral ni de ninguna índole para presentarse como propietarios, y algo más, como vulgares mercaderes con relación a ese documento—, por lo

tanto esa editora no aceptó editarlo. Desde luego, no habría tenido tiempo de editarlo —lo advierto—; pero, en realidad, tampoco decidió editarlo.

Fue por ese motivo que Andrews St. George se dedicó a buscar otras casas editoras para tratar de hacer el negocio.

"LA LECHERA" ANDREWS ST. GEORGE

Ahora ocurre que aparecen una serie de noticias hablando de que el gobierno de Bolivia va a editar los documentos, ordenados por un experto en cuestiones latinoamericanas y experto en cuestiones anticomunistas. Y se habla también de que otros van a publicar el Diario o escritos o artículos sobre el Diario.

Y la primera pregunta que surge es por qué el gobierno de Bolivia durante ocho meses no editó los documentos. Y las razones son obvias. Los que hayan leído los documentos lo comprenden.

Lo cierto es que la publicación del Diario ha destruido más de cuatro cosas. En primer lugar, se logra la divulgación de un documento que el imperialismo y que los gorilas bolivianos estaban sumamente interesados en que no se divulgara. En segundo lugar, se desbarataron una serie de negocios turbios y groseramente mercantilistas en relación con este documento.

A algunos como el señor Andrews St. George les ocurrió lo del célebre cuento de la aldeana con su cántaro de leche arriba, hasta que se cayó el cántaro de leche y los millones ilusorios desaparecieron. Ahora están desesperados a ver qué hacen y qué pueden sacar de lo que invirtieron en estas negociaciones turbias y de lo que soñaban en obtener de la publicación del Diario.

Y ciertamente sus esfuerzos son ya verdaderamente tardíos, porque este Diario está siendo editado y en los próximos días irá apareciendo en todos los idiomas, editado por casas muy serias, dedicadas a publicaciones de este tipo, que saben con quién tratan. Y algo más: de decenas de países están llegando solicitudes al Instituto del Libro para publicar el Diario. Y lógicamente, todos estos trasnochados y desesperados esfuerzos no arrojarán absolutamente ningún resultado.

Ahora bien, ¿hay alguna manera de demostrar quién tiene la razón? Esto es elementalmente fácil y sencillo.

AHORA NO PODRÁN ALTERAR EL DIARIO

Hay un refrán que dice que más pronto se descubre un mentiroso que un cojo. En este caso se descubrirá más pronto un mentiroso que un inválido.

A estas horas no hay una sola copia del Diario del Che fuera de Bolivia, hay más de una copia del Diario del Che fuera de Bolivia; a estas horas, más con todos estos intereses entrelazados, con estos mercachifles de por medio desesperados por buscar su dinero, nadie puede ni siquiera intentar una alteración de ese Diario, o escribir con posibilidades de que alguien crea una versión falsa.

Naturalmente que para nuestro pueblo no sería necesaria ninguna de estas aclaraciones: el pueblo conocía perfectamente bien al Che y conoce perfectamente bien cuáles son los métodos de la Revolución —y esto incluso hasta los enemigos muchas veces lo reconocen—. Pero por si podía existir en alguna gente algunas dudas, y porque lógicamente el imperialismo y sus corifeos, anonadados por el golpe, trataran de poner en duda —como si ello fuera posible— el Diario del Che. . .

Pero es que nosotros no recibimos unas copias escritas a máquina de ese Diario. Si hubiésemos recibido las copias escritas a máquina, habríamos estado en condiciones de analizarlas e incluso llegar a una conclusión. Pero si nos preguntaran: "¿en qué se basaron?" nosotros podríamos decir: nos hemos basado en esto.

Y nosotros tenemos aquí todas las copias fotostáticas de las páginas del Diario del Che que se han editado. Cualquier mes, diciembre por ejemplo: todas las copias [*muestra las fotocopias*]. Son copias fotostáticas. Después les seguiré explicando.

Es decir, que tenemos todas las copias fotostáticas de las páginas editadas en el libro. Se puede sacar cualquier mes. Están absolutamente todas las copias correspondientes a la edición que hizo el Instituto del Libro. Cualquier mes, desde la primera hasta la última página.

MÁS PRUEBAS DE SU AUTENTICIDAD

Pero no sólo eso: tenemos más documentos todavía. Y así, por ejemplo, tenemos aquí 36 copias fotostáticas más, de documentos escritos por el Che, que no pertenecen al Diario, pero que son documentos escritos por él, como partes de guerra, mensajes, manifiestos, con relación a las cuales y sobre cuyo contenido habla precisamente en su Diario. Es decir, que el contenido de estos documentos está revelado en el Diario del Che. Así que aquí tenemos otras 36 copias fotostáticas de documentos que están guardados allí en esa caja fuerte, muy fuerte, que los entendidos aseguran, o los informados aseguran que está cerrada por una plancha con llave, más tres candados, pero que al parecer tiene muchas filtraciones.

Así que aquí tenemos otras 36 copias fotostáticas de documentos escritos por el Che en Bolivia.

Nosotros sabíamos que podía ocurrir esa cosa absurda —pero tal vez la única salida que les quedaba— de negar la autenticidad de los documentos, y en consecuencia tomamos las medidas pertinentes.

Pero no sólo eso, sino que tenemos todavía más copias fotostáticas de otros documentos escritos por el Che en Bolivia. De manera que va a ser muy difícil cualquier intento fraudulento de falseamiento del Diario.

Ahora bien, algunos dirán: "Pero, sí, ahí están las copias fotostáticas, la letra es exactamente igual a la letra del Che, el estilo, todas las cosas tan peculiares de su personalidad están reflejadas ahí. Mas, sin embargo, ¿no se podría hacer una copia parecida, inventar todo eso, descubrir alguien más genial que Cervantes, capaz de escribir con esa exactitud e imitar un personaje tan peculiar como el Che? ¿Es suficiente prueba?" Y nosotros diríamos: no, no es suficiente prueba. Pero hay una prueba definitiva que puede llevarse a cabo.

DEBE ESCLARECERSE QUIÉN MIENTE

En definitiva, el Instituto del Libro de Cuba ha publicado este Diario, es un documento histórico, los afectados han tratado de ponerlo en duda, y sin embargo la opinión mundial tiene derecho a saber a cabalidad la verdad. Alguien miente aquí y es necesario esclarecer quién miente, quién es capaz de engañar tan cínica y descaradamente a la opinión mundial.

Y hay una prueba muy sencilla. Nosotros invitamos a cualquier periodista de cualquier país del mundo a que venga a Cuba y reciba una colección completa de las copias fotostáticas del Diario y vaya a Bolivia a comprobarlo con el Diario original [*aplausos*]. Nosotros nos sometemos a esa prueba. Y mañana por la mañana, esta misma noche si lo desean, en cualquier parte del mundo donde haya Embajada de Cuba, cualquier periodista —no importa de qué periódico sea, no importa quién sea, si amigo o enemigo— no tiene más que dirigirse a la Embajada de Cuba, y las Embajadas de Cuba tienen instrucciones de concederle inmediatamente la visa al objeto de recibir su copia. Y por supuesto, pueden ir haciendo ya la solicitud de visa al gobierno de Bolivia.

RETO AL GOBIERNO DE BOLIVIA

Nosotros emplazamos al gobierno de Bolivia, por ser ésta la prueba definitiva y puesto que la opinión mundial tiene derecho a conocer

de manera absoluta la verdad, a que acepte esta prueba, a que concede autorización a esos periodistas para que vayan allí y se les muestre; no que les entreguen copia, no que los dejen retratar —aunque no veo por qué a esta hora no los dejarían retratar, sobre todo si se comprueba que estas copias responden al original—; a que los autorice de inmediato, sin evasivas, sin pretextos de ninguna índole, porque de lo contrario no habrá que discutir más y habrán quedado absolutamente desenmascarados ante la opinión mundial.

Y a tal efecto se está trabajando intensamente —gastando, por cierto, bastante papel de éste, que no abunda—, sacando las copias pertinentes. Y esta misma noche ya tendremos lista después de esta comparecencia, para entregarles a los corresponsales de prensa extranjera que radican en Cuba, una película con los negativos de todas las páginas publicadas en el Diario, es decir, con los negativos de las copias fotostáticas del Diario del Che.

Porque se ha dado ahora en hablar de la "versión cubana", y esto sólo puede ser aceptable si intrínsecamente "versión cubana" se identifica con la verdad y con la autenticidad, única versión que Cuba puede dar, porque sencillamente no se trata de una versión, sino de una copia fiel del Diario.

Y ADEMÁS DEL DIARIO 36 MICROFILMS

Y esta misma noche, por si desean ser los primeros en solicitar visa en Bolivia, los representantes de las agencias de noticias extranjeras radicados en Cuba podrán recibir la película con todas las copias fotostáticas que nosotros disponemos del Diario del Che. Y además, les entregamos otra película conteniendo los negativos de estas 36 copias fotostáticas adicionales. Y repito, todavía en esta pequeña caja de seguridad de cartón y sin ninguna llave, disponemos todavía de otras copias fotostáticas de otros documentos. Hay de todo. Incluso una foto —no tiene mayor interés— en Valle Grande de uno de los agentes de la CIA que estaba allí operando en Bolivia, un cubano de nacimiento [*muestra foto*].

Aquí hay una foto del general Ovando y otros bebiendo, festejando el asesinato del Che [*muestra foto*]. Por aquí se ve a este mismo agente de la CIA, el señor Ramos, participando en la faena, en la tarea, de aplicar formol al cuerpo del Che.

Hay incluso algunos documentos que no están ni siquiera, posiblemente, en la caja fuerte, como este documento donde se entregó al Ejército a uno de los guerrilleros heridos, que después fue asesinado, Jorge Vázquez Viaña —tiene distintos nombres en el Dia-

rio—, y que lo sacaron del hospital, lo asesinaron, lo montaron en un helicóptero y lo lanzaron en la selva.

Nosotros creemos que, a la postre, no les quedará otro remedio que aceptar la completa autenticidad del Diario y de los demás documentos.

Nosotros no realizamos labores de espionaje en Bolivia. Pero es que, sencillamente, toda causa justa tiene muchos simpatizantes en todas partes. Y aunque ahora no se pueda decir, algún día se sabrá.

BARRIENTOS Y LOS PERIODISTAS TIENEN LA PALABRA

Y reiteramos lo que dijimos en la introducción, de que no medió en absoluto ninguna compensación económica en la obtención de este Diario.

Ahora el señor general Torres tiene la palabra, el señor René Barrientos tiene la palabra, los periodistas tienen la palabra. Coincide que en estos días —si mal no recordamos el 4 de julio— llegará el señor Barrientos a Estados Unidos invitado por el gobernador de Texas, puesto que ya prácticamente no le hacen ni caso sus propios amos, y ni siquiera le dan jerarquía suficiente como para invitarlo oficialmente el gobierno, y viajará a Estados Unidos invitado por el gobernador de Texas, y allá en Texas en un rancho lo recibirá el otro texano, el señor Johnson.

Y los periodistas pueden llegar allí y preguntarle y emplazarlo. Ésta es una prueba definitiva, la única prueba incuestionable, y es la prueba que nosotros proponemos.

Ahora los periodistas tienen la palabra, los que impugnan o dudan de la autenticidad de este Diario tienen la palabra, y la posibilidad de fundar sus dudas en hechos sólidos, o en disiparlas completamente. Y nuestro pueblo, nuestro pueblo no tiene la menor duda, pero puede haber muchos en el mundo que no tengan los elementos para poder decidir, para poder arribar a una conclusión definitiva. Y ésta es la única posibilidad. Y si ello no se logra no será de ninguna forma por culpa nuestra. Nosotros, con los ojos cerrados, podemos someternos a esa prueba.

Y como les dije anteriormente, ahora mismo los periodistas comenzarán a recibir las películas con los negativos de que hemos hablado anteriormente.

Creemos que con esto no quede absolutamente ninguna duda sobre la autenticidad de este Diario.

Muchas gracias [*aplausos*].

Refuta el PC boliviano las notas del Che Guevara

LA PAZ, 7 de julio (AFP). El Partido Comunista Boliviano (prosoviético) reaccionó violentamente hoy contra las acusaciones contenidas en el *Diario de Campaña* de Ernesto "Che" Guevara.

En un comunicado, el PCB recuerda que "no invitó a 'Che' Guevara a venir a Bolivia, ni firmó compromiso alguno con él para que asumiese la dirección de la revolución boliviana".

Entre las acusaciones lanzadas contra los comunistas de Bolivia "ninguna cae mejor que la de haber rechazado las pretensiones de sometimiento a designios y dirección foránea porque los comunistas bolivianos no aceptamos la tutela de nadie, por revolucionario genial o experimentado que sea", agrega el comunicado.

Por su parte, el ala disidente prochina del partido se refirió también, en otro comunicado, al diario boliviano del "Che", cuya primera parte reproduce hoy el cotidiano *Crónica* con arreglo al texto trasmitido por Radio Habana.

La nota prochina expresa su confianza en el primer ministro cubano, Fidel Castro, y en sus declaraciones sobre la autenticidad del diario, cuya publicación "constituye una verdadera victoria de los pueblos y sus fuerzas revolucionarias para liberarse de la opresión imperialista por la única vía de la lucha armada".

Por último, el comunicado reitera que los militares bolivianos obtuvieron copias del último texto del "Che" para vendérselas a editoriales extranjeras.

El Día *(México, 10 de julio 1968) publicó en primera plana el siguiente cable:*

El Gobierno boliviano aceptó la autenticidad del Diario de Guevara

LA PAZ, 9 de julio (AFP, UPI, PL, REUTER, INFORMEX Y EFE). El gobierno de Bolivia reconoció hoy que el Diario de Campaña de Ernesto Che Guevara, publicado la semana pasada en La Habana y reproducido en varios países más, es auténtico, con relación al original que obra en su poder.

"Está admitida la autenticidad del Diario de Campaña de Ernesto Che Guevara publicado en Cuba y republicado aquí por el periódico *'Presencia' (diario católico de La Paz que reprodujo íntegramente el documento, alcanzando esta mañana una venta de 125 mil ejemplares),* debiendo los responsables de su entrega en Bolivia a personas extrañas procesadas y ejemplarmente sancionadas por la ley", dijo esta noche el presidente interino Luis Adolfo Siles Salinas a los periodistas, en una declaración muy escueta.

Por otra parte, el presidente boliviano, general René Barrientos, admitió hoy en Bogotá que el diario del Che publicado en Cuba podría ser auténtico. "Es muy probable —dijo Barrientos— que algunos de los acompañantes del Che hayan hecho fotocopias del texto, antes de la llegada del ejército"; más adelante afirmó que en las Cuevas de Ñacahuasú, donde operaban los guerrilleros, se encontraron máquinas fotoscópicas y otro material técnico.

Hablando en una conferencia de prensa, poco después de hacer su arribo a la capital colombiana, para realizar una visita de 48 horas, procedente de Nueva York, Barrientos admitió que él creía que el Che no había pedido clemencia y que había muerto luchando "como un héroe".

En tanto que el presidente interino Siles Salinas ordenó una "investigación exhaustiva" en los medios militares para establecer, según se dijo, cómo logró salir de Bolivia la versión auténtica del diario, a fin de aplicar sanciones a los responsables, el alto mando militar convocó para esta noche a una reunión de prensa, que se considera

muy importante, ya que los jefes del ejército, según se supo, ratificarán la autenticidad del documento publicado en Cuba.

El general Alfredo Ovando Candia, comandante en jefe de las fuerzas armadas de Bolivia, confirmó en conferencia de prensa la autenticidad del diario de Ernesto Che Guevara publicado en La Habana y anunció el establecimiento de un tribunal para investigar y aclarar el hecho.

En declaración escrita estableció, primero, que la versión publicada en La Habana corresponde al original del diario de Guevara que se encuentra en el despacho del Estado Mayor del ejército.

Segundo, que como la misma opinión pública ha debido deducir, dicho documento no tiene significado militar alguno ni encierra en sí datos o pormenores que pudieran considerarse secretos de Estado y que lo que preocupa, en cambio, es la forma como pudo haber llegado a Cuba.

Tercero, que para aclarar esto y dar las sanciones que corresponden, el comando en jefe ha organizado un tribunal investigador de que forman parte personas ajenas al alto mando militar que en ningún caso tuvieron acceso a la documentación capturada en la lucha contra la invasión castrista.

La declaración ratifica también que la muerte de Guevara fue resultado de las heridas que recibió en combate y dice que es por consiguiente mendaz la información de que los coroneles Ayoroa y Selich o el capitán Prado hubieran ordenado su ejecución.

La declaración también anuncia que las fuerzas armadas bolivianas publicarán otros documentos de origen guerrillero mucho más importantes que el diario de Guevara, que darán al mundo una idea más clara de la flagrante invasión que sufrió el país.

Final del Discurso del Comandante Fidel Castro, pronunciado el 24 de julio de 1968

Antes de terminar quiero que me permitan ustedes hacer referencia a un asunto que no tiene nada que ver con esta fábrica, pero que es de actualidad. Es una cuestión de política internacional, pero que está relacionada con el ministro de Bolivia que se asiló en Chile. Nosotros queremos expresar que efectivamente fue el ministro del Interior del gobierno de Bolivia quien hizo llegar las copias fotostáticas del diario del Che. Hizo llegar las copias fotostáticas del diario del Che a manos de personas vinculadas con el Ejército de Liberación Nacional de Bolivia, y que hizo esto en forma absolutamente desinteresada, indignado por la forma en que el régimen boliviano había tratado al Che asesinándolo cobardemente después que herido en el combate fue hecho prisionero, e inconforme con la política general de Bolivia que la tiraniza y está atada de pies y manos al imperialismo norteamericano.

El ministro del interior del gobierno de Bolivia durante muchos meses tuvo la actitud de cooperar con el movimiento revolucionario de Bolivia incurriendo en riesgos extraordinarios para su vida. Gracias a su actitud fue posible disponer de la copia del diario del Che y echar abajo los fabulosos negocios que alrededor de este documento se estaban fraguando por elementos corrompidos del gobierno de Bolivia y determinadas empresas imperialistas.

Al llegar a Chile el ex ministro de Bolivia, el gobierno imperialista de Estados Unidos y la CIA han tratado por todos los medios de lograr que lo condujeran de nuevo a la frontera de Bolivia; han ejercido para ello todo tipo de presiones. El embajador yanqui en Chile se ha estado moviendo activamente en ese sentido, incluso idearon y divulgaron la patraña de que posiblemente el ex ministro Arguedas estaba implicado en alguna maniobra del régimen de Bolivia contra Chile y es que esta suposición fue difundida por la CIA para confundir a la opinión pública en Bolivia y para lograr de alguna forma y mediante estas artimañas la entrega al régimen de Barrientos del ex ministro del interior de Bolivia.

Naturalmente que la CIA está preocupada porque el ministro Arguedas conoce al dedillo todas las actividades de la CIA en Bolivia, y muchas de las actividades de la CIA en América Latina. Por eso han estado desesperadamente inventando artimañas e incluso engaños para tratar de lograr la devolución del ex ministro. Devolverlo a Bolivia sería entregarlo a los esbirros de Barrientos y la CIA para que lo asesinen. Hay que decir incluso que aun cuando le fuese concedido por las autoridades de Chile el permiso para asilarse en aquel país o para marchar hacia otro país, no dudamos que la CIA haga todo lo que esté a su alcance para eliminarlo físicamente por su enorme preocupación, dado el hecho de las informaciones acerca de las actividades de la CIA que conoce el ex ministro Arguedas. Ésa fue la razón por la que el gobierno revolucionario tomó la decisión de ofrecerle al ex ministro de Bolivia asilo político en nuestro país.

Nosotros esperamos que todas las presiones del imperialismo y la CIA no sean suficientes para pasar por encima del tradicional espíritu de hospitalidad del pueblo de Chile. Los insultos de Barrientos al pueblo de Chile no son fingidos, sino que su irritación es muy real y muy cierta, dada la importancia que tiene para su régimen la actitud del ex ministro, y sobre todo la actitud de apoyo al movimiento revolucionario y su actitud de denunciar todas las actividades criminales de la CIA en Bolivia, como a raíz de su asilo en Chile llegaron toda una serie de infundios, una serie de campañas para confundir a la opinión pública de Chile.

Es por lo que nosotros nos consideramos en el elemental deber de exponer cuál ha sido su actitud del ministro del Interior de Bolivia.

¡Patria o Muerte, venceremos!